中国海洋大学人文社会科学学术出版基金资助

农村社区管理学

NONGCUN SHEQU GUANLI XUE

同春芬　党晓虹　王书明◎编著

知识产权出版社
INTELLECTUAL PROPERTY PUBLISHING HOUSE

内容提要

本书从农村社区的特点入手，以西方自治理论、新公共管理理论及治理理论为研究视角，对中国农村社区管理体制与模式、农村社区人口管理、文化管理、环境管理、卫生服务管理、财务管理、土地管理、治安管理、农村社区服务、农村社区社会保障、农村社区社会工作以及社区发展等内容进行全面的阐述。本书立足于广大农村社区，探讨符合中国农村实际的社区管理体制、机制与模式，是国内第一部系统研究农村社区管理的著作。

本书可作为公共管理、社会学专业基础教材，可供本科生、研究生使用，亦可作为普通高等院校通识课程、选修课程教材。同时对于相关领域的社会科学研究和农村管理工作者来说，也是一本很有价值的参考书。

责任编辑：纪萍萍

图书在版编目（CIP）数据

农村社区管理学 / 同春芬，党晓虹，王书明编著．—北京：知识产权出版社，2010.8

ISBN 978-7-5130-0171-7

Ⅰ．农…　Ⅱ．①同…　②党…　③王…　Ⅲ．①农村—社区—管理—研究—中国　Ⅳ．①C912.82

中国版本图书馆 CIP 数据核字（2010）第 173800 号

农村社区管理学

同春芬　党晓虹　王书明　编著

出版发行：知识产权出版社

社　　址：北京市海淀区马甸南村 1 号		**邮　　编**：100088	
网　　址：http://www.ipph.cn		**邮　　箱**：bjb@cnipr.com	
发行电话：010-82000893　82000860 转 8101		**传　　真**：010-82000893	
责编电话：010-82000860-8130		**责编邮箱**：jpp99@126.com	
印　　刷：北京中献拓方科技发展有限公司		**经　　销**：新华书店及相关销售网点	
开　　本：787mm×1092mm　1/16		**印　　张**：15.25	
版　　次：2010 年 8 月第 1 版		**印　　次**：2010 年 8 月第 1 次印刷	
字　　数：300 千字		**定　　价**：45.00 元	

ISBN 978-7-5130-0171-7/C・106（3119）

序

截至目前，国内出版的社区管理著作、教材已有不少，但大多将城市社区作为研究对象，尚没有专门的农村社区管理学的著作，从这个意义上说，该著作的出版，弥补了农村社区管理研究的不足，同时也为从事农村社区领域的研究者及实际工作者提供了本领域的最新信息、资料及多视角的思考空间。

一般而言，农村社区是指居民以农业生产活动为主要生活来源的地域性共同体或区域性社会。在我国，由于制度设计上的原因，农村社区管理体制是建立在村民自治基础上的，但是，伴随着农业税的取消，村民自治的基础更趋薄弱，村民自治内容虚化，自治能力不足的问题更加凸现。该书正是针对这些问题，从我国农村社区的特点入手，遵从历史、现实、未来的历史逻辑，从管理学的角度切入，以西方自治理论、新公共管理理论及治理理论为研究视角，在注重理论研究的基础上，更重视对中国农村社区现实问题的探讨，尤其是汲取了社会学、政治学、公共管理学、经济学等学科的营养，探讨符合中国农村实际的社区管理体制、机制与模式。从这个意义上讲，该书是国内第一部系统研究农村社区管理的书籍。

总体上说，该书对我国农村社区管理体制、农村社区管理模式以及农村社区管理内容等提出了符合实际的见解，其特色主要体现在三个方面。

首先，在农村社区管理学的体系、结构的设计上，作者充分汲取了管理学、社会学的前沿理论，结合我国农村社区管理的实际，确立了系统的研究和分析框架。作者首先从农村社区的特点入手，详细论述了农村社区的含义、特点与功能，紧接着从比较宏观的视角讨论了我国农村社区的管理体制与管理模式，之后又分别对农村社区人口、文化、环境、卫生服务、财务、土地、治安以及农村社区服务、农村社区社会保障等进行了具体分析，最后对农村社区发展、农村社会社会工作进行了实事求是的探索。

其次，该书广泛吸取了国内外社区管理研究领域的最新成果，尤其是以西方社区治理理论为研究视角，借鉴国外一些国家和地区在农村社区管理方面的经验，探索符合中国国情的农村社区管理体制和模式，在注重理论研究的基础上，更重视对中国农村社区现实问题的探讨，将理论与实际紧密地结合起来，这是该书的第二个特色。

再次，该书从管理学的角度切入，对一些重要概念的内涵和外延都做了比较完整的和全面的阐述。尤其是在每一章后面精心选择了与本章内容相关的

"阅读延伸材料"，这些材料有的是概念辨析、有的是典型经验、有的是理论探讨，无疑，这些材料有助于读者更好地学习、理解和掌握相关知识，并引发深入的思考。

应该说，推动社区建设，加强农村社区管理，是加快城市化进程、构建和谐社会的重要举措。提高农村社区管理水平，对提高社区居民生活质量、文明程度，满足群众需求，巩固基层政权，维护社会稳定具有重要意义。基于此，该书是一个具有创新意义的尝试。

娄成武
2010 年 7 月

目　录

第一章

农村社区概述

自德国社会学家费迪南德·滕尼斯之后，人们对于社区的性质、类型、特征及其存在形式进行了大量的研究，也有不少分歧和争论，但社区已成为“社会学中最根本及最具深远意义的基本概念”[1] 确是不争的事实。虽然人们至今对社区的内涵与外延不乏歧见，但都将社区视为一定地域范围内的人们基于共同的利益和需求、密切的交往而形成的具有较强认同的社会生活共同体。“一定的地域”、“共同的纽带”、“社会交往”以及“认同意识”是作为社区的最基本的要素和特征。本章对社区及农村社区的概念、要素、特征与类型进行了简要的梳理与概括。

第一节　社区的概念、要素和类型

一、社区概念的提出及发展

1. 社区概念的提出

社区一词最早是由德国著名社会学家费迪南德·滕尼斯提出来的。他在1887 年出版了一本书，后由美国人查尔斯·罗密斯译成英文，书的名字叫做《社区与社会》(*Community and Society*)。英文 community 的初始含义是指人们生活的共同体和亲密的伙伴关系。在这本书中，滕尼斯关于“社区”概念的本义，意指一个人生于斯长于斯的场所，这种生活场域不是后天选择的结果，而是因为亲族关系不得不与这生活的场所同生共死。在这里，社区基于血缘、亲族、共居处以及共同的态度、经验、感情和气质，血缘与地缘融为一体。一句话，社区是指那些有着相同价值取向、人口同质性较强的社会共同体，其体现的人际关系是一种亲密无间、守望相助、服从权威且具有共同信仰和共同风俗习惯的人际关系；这种共同体关系不是社会分工的结果，而是由传统的血

---

[1] 涅斯伯特:《社会学传统》(英文版) 巴斯特出版社，1966 年版，第 47 页。

缘、地缘和文化等自然造成的；这种共同体的外延主要限于传统的乡村社区。

而“社会”的概念则不同于“社区”，它总是和劳动分工以及法理性的契约联系在一起，其体现的人际关系是一种自私自利的、缺乏感情交流与关怀照顾的人际关系，其外延是指人口异质性特征鲜明、价值取向多元化的城市社会群体。❶

在滕尼斯看来，社区和社会是两个完全不同的概念，社区和社会是任何群体组织中不可缺少的两个结构性要素，体现了两种截然相反的人际关系。

2. 社区概念的丰富和发展

随着西方国家工业化和城市化的发展，人们纷纷涌进城市，许多传统的东西被打破、被丢失，城市人口的高流动性和异质性，使得人际关系淡化、情感淡漠。这种状况使得城市居民越来越远离滕尼斯原意的社区。另外，工业化和大量的新增人口使得现代都市内部逐步形成了一些个性鲜明的人口居住区和功能性区域，如城市中心的商业区、贫民居住区、富人区、黑人区、白人区、少数民族聚集区等。在这种背景下，滕尼斯所提出的“社区”逐渐引起了社会学家的研究兴趣。20 世纪 20 年代以后，美国的社会学家把滕尼斯的社区（Gemeinschaft）译为英文的 Community，并很快成为美国社会学的主要概念。美国的芝加哥学派把社区问题作为其研究的重点，对美国不同类型的社区及其发展变迁进行了深入的研究，获得了颇为丰富的研究成果。

“社区”一词是在 20 世纪 30 年代经美国“转口”引进中国的。费孝通谈到 20 世纪 30 年代初期翻译滕尼斯著作及汉译词汇“社区”的形成过程：“当初，Community 这个词介绍到中国来的时候，那时的译法是‘地方社会’而不是‘社区’。当我们翻译滕尼斯的 Community 和 Society 两个不同概念时，感到 Community 不是 Society，形成了互相矛盾的不解之辞，因此，我们感到‘地方社会’一词不恰当，那时，我还在燕京大学读书，大家谈到如何找一个确切的概念。偶然间，我就想到了‘社区’这么两个字样，最后大家援用了，慢慢流行。这就是‘社区’一词的来由。”❷ 从此后，“社区”逐渐成为中国社会学的通用语。

从滕尼斯提出“Gemeinschaft”（社区）概念至今的 100 多年来，随着社会变迁和社会学学科的发展，社区研究逐渐引起了社会学家的关注，“社区”的内涵也不断得到丰富。由于在不同国家、不同地域、不同文化以及不同的历史发展阶段中，社区研究有着不同的实践，因此，学者们对于社区内涵和外延的界定出现了多元化的趋向，对于究竟何为社区，也就出现了众多的分歧性的

❶ 斐迪南·滕尼斯：《共同体与社会》，商务印书馆，1999 年版，第 53～94 页。

❷ 费孝通：《费孝通文集》（第五卷），群言出版社，1998 年版，第 530 页。

意见。

由于社区在西方社会的发展形式十分丰富，可以说社区包罗万象，无所不在，所以学者关于社区的界定也是多种多样的，很难形成一种统一的认识。有的从社会群体、过程的角度去界定社区，认为社区是具有共同利益和信念的人在共同参与和组织多样性生活的过程中所构成的群体；有的从社会系统、社会功能的角度去界定社区，认为社区是享有共同利益和共同功能的人组成的群体；有的从地理区划（自然的与人文的）的角度去界定社区，认为社区是居住在一定地方的人共同生活、实现自治的共同体；还有人从归属感、认同感及社区参与的角度来界定社区。这些定义与滕尼斯提出的社区概念相比，不论内涵还是外延都发生了很大的变化。滕尼斯的社区是指有着共同的文化意识、社区成员对社区有着强烈的归属感的共同体，它代表的是传统的乡村社会。后人对社区的理解则相当广泛，已不把它仅仅局限于传统的社会团体。在现阶段，社区已成为社会学中最基本的分析单位，并已发展成为功能多样、结构复杂、内涵丰富的社会实体。❶

社区的定义众说纷纭，但归纳起来不外乎两大类：一类是功能主义观点，认为社区是由有着共同目标和共同利害关系的人组成的社会团体，即功能社区；另一类是地域主义观点，认为社区是在一个地区内共同生活的有组织的人群，即地域性社区。功能社区是有特殊目的的人所组成的群体，社区成员的目的和手段不是特别明确，组织化的程度也不是很高，但是它强调为了共同的利益而参与群体的活动。我国大部分社会学者则采用地域主义观点给社区下定义，认为社区是指由居住在某一地方的人们组成的多种社会关系和社会群体，从事多种社会活动所构成的区域生活共同体。当社区被界定为一个相对独立的地域性社会之后，与滕尼斯提出的 Gemeinschaft 所具有的丰富内涵相比，社区概念已经发生了一定的偏离。❷

笔者认为，社区是聚居在一定地域上共同生活的人群共同体和多种社会关系的结合体，是从事经济、政治、文化活动而组成的相对独立的区域性社会实体。

二、社会学视野中的社区

显然，滕尼斯《社区与社会》一书的出版，标志着社区研究的开始和社区理论的诞生。

西方社会学家的早期社区研究大致经历了几次方向的变化。从 1800 年前

---

❶ 姜振华、胡鸿保："社区概念发展的历程"，载《中国青年政治学院学报》，2002 年第 4 期。

❷ 姜振华、胡鸿保："社区概念发展的历程"，载《中国青年政治学院学报》，2002 年第 4 期。

后到 1915 年的研究，可以称为社区研究的第一阶段。这一阶段主要集中在对城市社区贫民的生活状况和社会问题的研究上。研究的典型事例是关于芝加哥牲畜围场的恶劣生活条件，伦敦城市的罪恶和贫困，匹兹堡钢厂工人的恶劣劳动条件，纽约市贫民窟居民的悲惨生活状况等。这些研究揭示了大城市背后丑陋的一面，其中涉及纽约市贫民窟的研究是一本题为《看其他一半人怎样生活》的书，它的作者是雅各布·里斯。里斯是美国《太阳报》的一名记者，他花了 22 年的时间专门采访纽约市的贫民窟，披露生活在那里的居民的悲惨处境，书中还揭示了贫民窟与城市犯罪的相互关系。该书的出版在美国社会引起了强烈的反响，也反映了统治阶级对于贫民窟带来的社会问题表现出的恐慌。里斯的著作带给美国社会的影响是历时一代人的社会改良运动的出现。

社区研究的第二阶段以 1915 年 R. E. 帕克发表《城市》一书为开端，它是社区研究进入分析阶段的标志，社会学家研究的重点从如何改善贫民的社会状况转向对城市社区生活的分析。帕克是 20 世纪 20～30 年代叱咤美国学术界的“芝加哥学派”的领军人物。芝加哥学派是美国芝加哥大学社会学系为代表的几代学者及其城市社会学的统称。

美国社会学家帕克和 E. W. 伯吉斯认为，社区不仅是人的聚集，也是组织制度（institutions）的汇集；社区与其他社会群集的根本区别是组织制度而不是人。社区的组织制度中包括家庭和其他机构，如教会、学校、运动场、社区议事厅、地方剧院和工商企业，这就是我们生活的社区。[1] 社区还指人类社会群集之间形成的共生关系（symbiosis）。所谓共生关系是指群体关系中的个体互相独立又互相依存的关系，任何个体都不可能脱离其他个体存在，人们为了获取有限的生活资料，形成了既互助又互争的关系，这种关系在社区内外都存在着，而互相竞争的关系对社区的存在和发展是有利的。[2]

芝加哥学派肯定了城市社区的存在。帕克认为，人类社会生活可以理解为两个方面：一是人类为了基本生存而进行的相互竞争，竞争使强者占据市区的有利位置，弱者居住在较差的位置，如西方社会存在的富人社区和穷人社区。二是人在传统、纪律和道德约束下的相互合作。社会生活的第一个方面被称为“社会”，而第二个方面被称为“社区”。显然，后者较前者是一个更有人情味的地域。

社区研究的第三阶段以 1929 年罗伯特·林德夫妇发表有关美国中西部城

---

❶ ［美］R. E. 帕克，E. W. 伯吉斯等著，宋峻岭等译：《城市社会学》，华夏出版社，1987 年版，第 111 页。

❷ ［美］R. E. 帕克，E. W. 伯吉斯等著，宋峻岭等译：《城市社会学》，华夏出版社，1987 年版，第 3 页。

市研究的著作——《米德尔敦》为标志。随着第三阶段社区研究的开始，对社区生活的研究开始转向以理论为基础的科学分析。此时，社区研究著作如雨后春笋大量涌现，所有著作的一个基本特点就是用更科学、更精密的方法论来进行社区研究。

20 世纪随着城市化的发展，现代城市出现的问题向传统社区理论提出了挑战：社区究竟还存不存在？滕尼斯笔下的“传统社区”是否已经消失。一些学者认为，现代城市社会是由目的和价值取向各不相同的人群组成的，是由社会分工和契约联系起来的、缺乏感情的、关系疏远的组织和团体。因此，随着城市化单位发展，社区将会逐渐消失。这一学说的代表人物是美国学者沃斯，他在 1937 年出版的著作《城市化，作为一种生活方式》中提出，城市化之所以造成社区的消失，是因为城市的本质是异质性的，“由社会异质性的个人组成的较大规模、较高密度和永久性的聚落”。在城市中，每一个人都要面对大规模、高密度和多样化的环境，唯一的选择就是适应各种规范。在处理与他人的关系上表现为冷漠、粗暴和无情，人们时常感到孤独无援，同时经济竞争和劳动分工使家庭、学校、工作地点、朋友、亲属之间的社会交往和生活都发生了分离。沃斯得出的结论是：社区的传统作用正在下降。20 世纪 60 年代，另一位美国学者赫伯特·甘斯的著作揭示了美国城市族裔社区中依然存在强有力的纽带关系后，许多学者开始承认城市化后社区依然存在的事实。他们认为，正是由于城市化使大量的人口聚集在一起，为社区发展提供了更大的社会空间和基础。社区的发展，能解决由城市化带来的多样化对社会秩序造成的破坏作用。美国学者桑德斯的理论也是这一学派的代表，桑德斯批评沃斯等人有关社区消亡的观点，认为社区是特定的地域范围内比较持久的社会互动系统，这种系统同样存在于城市当中。桑德斯从人、社会关系、社会团体、社会类群、次体系和主体系六个层面剖析社会结构，认为社区是家庭、经济、宗教、教育、媒体、卫生、福利及娱乐等主体构成的一个整体。[1]

三、社区的构成要素与类型

1. 构成社区的基本要素

一般来说，构成社区的基本要素有五个。

第一，一定数量的人口。以一定社会关系为基础组织起来进行共同生活的人群是构成社区的首要因素，人口数量的多少、密度的大小、素质的高低等决定着社区的发展。

第二，一定范围的地域空间。社区的地域要素是社区各种地理条件的综

---

[1] 谢芳著：《美国社区》，中国社会出版社，2004 年版，第 8～11 页。

合，是社区存在和发展的基本自然条件。社区的地域要素不仅为社区成员提供活动场所，提供生产、生活场所和部分资源，而且很大程度上影响着社区的发展。

第三，一定规模的社区设施。社区是人们参与社会生活的基本场所，人们的活动总是依赖于一定的设施进行的。所以，一定规模的社区设施是构成社区的重要因素。

第四，一定特征的社区文化。各具特色的社区文化，是社区居民在长期的共同生活中积淀而成的，是许多社区相对独立、相互区别的一个主要标志。社区文化是社区认同感、归属感和社区凝聚力、影响力的重要基础。

第五，一定类型的社区组织。作为具有多重功能的地域性生活共同体，社区是一个有组织、有秩序的社会实体。每个社区都要有相对独立的组织机构来管理社区的公共事务，调解人际关系和民间纠纷，维护社区的共同利益，保证社区生活的正常进行。

上述基本要素也可以归纳为三大类别，即人群要素、自然物质要素、社区文化要素。这些基本要素在特定地域内的有机结合，就构成了一个现实的社区。

2. 社区的类型

社区分类可以有多种标准。根据社区的功能可以把社区划分为经济社区、政治社区、文化社区等；以社区的内部组织形式为标准可以把社区分为整体社区和局部社区。整体社区包括人类社会生活的各个方面，局部社区涉及的生活内容比较单一。最常见的是按照经济结构、人口密度和人口聚集规模等多重标准进行的分类，它包括三种类型：农村社区、集镇社区和城市社区。

依据地域群体的不同特质划分的社区类别，大体可分为地理区域的社区和区位体系的社区两大类。

地理区域的社区是指有一定地域边界的社区。主要依据是是否为自然状态和是否从事农业生产活动，区分为不同的社区类型。依据前者可以分为自然社区和法定社区。自然社区以自然居住群体的形成、发展来确定，如村落。法定社区以行政治理的权力范围来确定，如乡、镇、县、市等。依据是否从事农业生产活动可以分为农村社区和都市社区。农村社区是以农业生产活动为基本特征、人口相对分散的社区，都市社区是以从事非农业生产活动为基本特征的、人口相对集中的社区。小城镇社区则是发展规模较小、人口集中程度较低的、以从事非农业生产活动为主的社区。在中国，它是联结农村社区和都市社区的中间环节。

区位体系的社区是指按照人类生活必需品的生产与分配的区位过程和规模来划分的社区。美国社会学家 R. D. 麦肯齐在《人类社区研究的区位学方法》

一文中，将社区分为四种类型：① 基本服务社区。这类社区既是基本生活资料分配过程中的第一环节，又是其他制成消费品分配过程中的最后一个阶段，诸如农业村镇、捕鱼、采矿、林业等社区。社区的规模主要取决于当地消耗自然资源的生产事业的性质和形式，以及它与周邻地区贸易往来的密切程度。② 商业社区。它是指在生活资料分配过程中履行次要功能的社区，是原料和商品的集散中心。其规模取决于行使各地产品分配功能的程度。③ 工业城镇。它是商品制造业的中心，兼备基本服务型社区和商业社区的功能。它的发展规模取决于该地区内工业的发展余地及市场组织的状况。④ 缺乏自身明确的经济基础的社区，如当代的一些娱乐旅游地点、政治和教育中心。这类社区的发展在经济上依靠其他社区，在商品的生产以及分配过程中并不承担特殊的功能。

第二节　农村社区的概念、特征和功能

一、农村社区的概念和特征

1. 农村社区的概念

农村社区是世界各地的重要社区类型之一，是人类社会生活的主要形式。由于我国农村人口众多，农村社区的数量之多、分布之广远甚于城市社区。早期的农村社会学家杨开道先生在《农村社会学》（1929 年）一书中认为，农村是一种以农业作为主要职业的地方共同社会，它里面有四种要素：第一是农民，第二是共同生活，第三是在同一区域里面，第四是农业为主要职业。一般说来，“农村”一词指的是人口密度较低，绝对面积不大，比较封闭，以农业生产为主要经济基础，人们生活基本相似，而与社会的其他部分，特别是城市有明显不同。

关于农村社区的概念，学者的定义多种多样：项继权认为，“农村社区是一定地域范围内的人们基于共同的利益和需求、密切的交往而形成的具有较强认同的社会生活共同体”[1]；徐永祥认为，“农村社区指的是居民以农业生产活动为主要生活来源的地域性共同体或区域性社会”[2]；娄成武等认为，“农村社区指的是以从事农业生产为重要谋生手段的人口为主的，人口密度和规模相对较小的社区”[3]；于显洋认为，“农村社区指的是以农耕为主要生产功能或生活

---

❶ 项继权：“论我国农村社区的范围与边界”，载《中共福建省委党校学报》，2009 年第 7 期。

❷ 徐永祥：《社区发展论》，华东理工大学出版社，2000 年版，第 43 页。

❸ 娄成武、孙萍：《社区管理》，高等教育出版社，2003 年版，第 11 页。

方式的社区，这种社区内的居民大多以农耕及副业为主，居民的居住方式是以村落为主，而且村落的规模通常较小”[1]；胡申生认为，“农村社区指以村镇为活动中心，以从事农业生产为主的社会区域共同体”[2]；黎昕认为，“农村社区是指社区成员以从事农业生产（包括农林牧渔）活动为活动的主要内容，人口密度稀疏，人口聚集规模相对较小的社区”[3]；李佃胜认为，“农村社区是相对于传统行政村和现代城市社区而言的，是指在农村地域中以行政村或中心村等一定的地域为范围，以农民为主体的同质人口组成的，以多种社会关系和经济关系相连的，以多种社会群体结成的富有人情味的、开放的社会生活共同体”[4]。

笔者认为，农村社区又称为农村共同体，或乡村社区、村落社区，是社区的一种基本类型，是以农业生产为主要谋生手段，由一定的人群、一定的地域、一定的生产和生活设施、一定的管理机构和社区成员的认同感等要素构成的区域社会共同体。

农村社区既是农村社会的有机构成单元，又是农村社会的缩影，具有经济、政治、文化、社会等多重功能，是农民参与各种生活的基本场所，并以聚落作为自己的依托或物质载体。

关于农村社区地理范围的具体界定，学者们有不同观点。有的学者认为一个集镇连同周围的若干村庄或散居的农家构成的“集镇区”是一个具体的农村社区；有的学者认为一个乡（镇）政府辖区是一个具体的农村社区；有的学者认为，一个自然村庄是一个具体的农村社区；也有的学者认为一个“行政村”或“建制村”是一个具体的农村社区。

本书考虑现阶段我国农村社区建设中的社区界定，这里的农村社区是指“建制村”或“行政村”。这主要是因为，与自然村庄相比，建制村作为村委会辖区共同体，具有明确的地域范围，具有权威的社区组织和管理机构，便于有计划、有组织、有领导地协调、动员该地域范围内的居民群众和社会力量参与农村社区建设活动；便于农村社区建设与村民自治有效衔接。而且建制村比较适中的辖区面积和人口规模，也便于合理配置社区公共资源，组织单个自然村无力开展的社区建设活动，兴建单个自然村无力兴建的社区公共服务设施。实际上，由于多数建制村是由若干自然村所组成的，建制村范围的社区建设内在地包含着自然村层次。伴随着建制村社区建设的发展，我国农村社区建设可以

---

[1] 于显洋：《社区概论》，中国人民大学出版社，2006 年版，第 38 页。

[2] 胡申生：《社区词典》，上海古籍出版社，2006 年版，第 45 页。

[3] 黎昕：《中国社区问题研究》，中国经济出版社，2007 年版，第 6 页。

[4] 李佃胜：“关于建设农村社区的思考”，载《社科纵横》，2007 年第 1 期。

在“建制村”的基础上向乡镇和自然村两头延伸，形成乡（镇）—建制村—自然村有机联系的基层社区体系。

2. 农村社区的类型

人类最早的社区形式是农村社区。农村社区的发展极不平衡，地区之间差别比较大。研究者可以根据自己的研究需要，从不同的角度对农村社区进行分类，最常见的分类有。

第一，按照规模大小和分布形态划分，农村社区可以划分为散村、集村、集镇等类型。① 散村社区。它是最初形成的或因特殊地理环境而形成的零散的小村落。这类社区的特点是：一般发育程度低，聚居程度不高，三五家、七八家在一起，非亲即故。居民大多从事种植业、养殖业，经济单一，居民往来频繁，相知甚深，守望相助，关系密切。但这类社区一般与外界较隔绝，信息不灵，交通不便，居民传统观念强，比较保守，社区变迁缓慢，社会流动较少。随着社会经济的发展，散村社区往往逐渐向集村社区过渡。② 集村社区。它是人数较多，规模较大，居住较集中的村庄，一般是几十户甚至几百户聚居在一起，多以平原、沿海、交通沿线、三角洲等地为聚居点。集村社区的人际关系不如散村密切，血缘氏族关系开始淡化，常以一个或数个大姓宗族杂以外来的居民共同聚居。社会组织、社会制度则较散村多。集村多有服务中心，有的集村已有“期集”或集市。[1] ③ 集镇社区。它的规模更大，兼有村和镇的双重特点，但更具有村的属性。集镇有小型的工商业中心，集中了更加复杂的居民成分和经济结构，人际关系更疏远，血缘关系更加不明显，通常由周围的多个村落在一个交通便利以及其他设施相对完备的中心地区形成的。“这种社会实体，是以一批并不从事农业生产劳动的人口为主体组成的社区。无论从地域、人口、经济、环境等因素看，它们都既具有与农村社区相异的特点，又都与周围的农村保持着不能缺少的联系。”[2]

第二，按照社区经济活动的性质划分，可以分为农业社区、林业社区、牧业社区、渔业社区等。农业社区主要以农业和副业为主要的经济来源；林业社区则以经营林业和果业为主，在我国通常存在于山地林区；牧业社区，以畜牧业为主，包括流动的、固定的、半固定的居民点，随着经济、技术的发展，一些少数民族流动性的畜牧方式已经不多见了；渔业社区，包括滨海的小渔港区及养殖渔业社区，这类社区以养殖鱼虾为生。另外还有盐业社区、矿区、港区、民族社区以及水库移民形成的库区等。

第三，按照社区的发展水平划分，农村社区可以分为发达的农村社区、发

---

[1] 刘君德，靳润成，张俊芳：《中国社区地理》，科学出版社，2004 年版，第 156 页。

[2] 费孝通：《小城镇大问题》，宁夏人民出版社，1992 年版，第 9 页。

展中农村社区、欠发达的农村社区，主要是中西部偏远山区的散村社区。

第四，按照地理因素划分，可以划分为平原农村社区、滨湖农村社区、沿海农村社区、山地农村社区等。

第五，按照与行政区的关系可以划分为行政村社区和自然村社区两类。行政村是指乡镇行政区和村自治体所属范围，社区与行政区相统一，是一种法定的社区，[1] 是为了方便管理，将许多小村，以一个中心村落为主，只设立一个村委会，管辖它所联系的附近多个村落，这种处于行政联系状的自然村就是行政村；[2] 自然村社区是指所有以自然状态分布的农村社区，包括大、中、小村，是一个非行政的社区实体。

第六，按照与城市社区的空间距离来分，农村社区可以分为城郊农村社区，远郊农村社区和“城中村”社区。城郊社区主要是距离城市较近，处于城市边缘并且有城市公交的一些地区，这些地区的农村社区多以发展为城市居民提供肉奶蛋禽等副业为主。远郊农村社区因为距离城市远，城市公交系统难以布及，一般经济发展较慢，农民生活水平较低。“城中村”社区是我国城市化进程中出现的一种特有现象。随着改革开放的深入，发达的都市迅速扩张起来，原来的近郊农村社区被纳入城市发展的版图，虽然地域上是城市的范畴，但本质上还是传统的农村，具有城市和农村的双重性质。

第七，特殊类型的农村社区。包括中国在内的许多国家都存在这样的情况，在一些特殊的背景下，出于经济发展，或者政治的、军事的因素的考虑，如国家推行的移民垦殖计划所形成的移垦农村社区，我国新疆地区的农场社区和云南边疆开发热带橡胶的农场均属于此类社区。

第八，根据农村社区形成的途径进行分类，可分为在长期的生产和生活中自然形成的自发型社区和由政府、组织或精英规划创建而形成的规划型社区两种类型。对于前者来说，人们的“共同的纽带”及认同和归属感是在生产和生活的交往中自然形成的，而后者则是有意识的推动和创建的。

当前我国农村社区是一种典型的规划型社区，是国家民政部在全国农村社区建设试验中要求各地“按照地域相近、规模适应、群众自愿的原则，科学界定农村社区的区域范围，明确农村社区的定位”[3]。其实质是根据现实状况合理规划、建设农村社区。根据 2008 年 12 月民政部在吉林长春、江苏海门、山东诸城及云南昆明召开的“全国农村社区建设实验工作经验交流会”的汇报资料，在全国 304 个农村社区建设实验县（市、区），共有 20 400 个村作为农村

---

[1] 刘君德，靳润成，张俊芳：《中国社区地理》，科学出版社，2004 年版，第 9 页。

[2] 王霄：《农村社区建设与管理》，中国社会出版社，2008 年版，第 21 页。

[3] 全国农村社区建设实验县（市、区）工作实施方案，民政部，2007—03—29。

社区实验村，占全国 64 万多个村的 3.19%。从各地的实验来看，农村社区的建置主要包括五种模式：[1]

（1）一村一社区。这种模式是在现行的村委会的基础上，一村只设立一个社区。从统计来看，有 226 个县市区实行了“一村一社区”的建置，占实验县（市、区）总数的 76.09%，是农村社区建设的最普遍的模式。重庆市规定，“农村社区原则上一般以现有建制村为基本单元，一个建制村设置为一个农村社区”。

（2）一村多社区。这种模式是在一个村设立两个或两个以上的社区。在实际操作中，一般以自然村或村民小组为单位成立社区。全国共有 21 个实验县（市、区）实行“一村多社区”，总实验单位总数的 7.07%。湖北省远安县在洋坪镇双路村实行“撤组建社”，按照“一村多社区”的模式，把原来的 7 个村民小组撤销，重新按照以前的 15 个自然村落为单位设立 15 个社区。江苏省一些地方则以自然村为单位建立“自然村社区”。广西也根据人口居住分散，自然村较多的实际，按照地域相近、习俗相似、产业趋同、利益共享、规模适度、群众自愿的原则，以一个或多个自然村为基础，设置农村社区。

（3）多村一社区。这种模式是在相邻的两个或两个以上的村中选择中心村或较大的村为单位设立社区。全国共有 45 个县（市、区）实行“多村一社区”，占实验单位总数的 15.15%。如山东诸城就采取这种形式。诸城市委、市政府要求在农村社区建置中，要按照便于服务、便于开发利用社区资源的要求，根据各地实际情况，合理确定社区服务范围，服务半径一般掌握在 3～5 个村，居住户数为 1 000～3 000 户，有条件的地方可达到 3 000 户以上。规模较小的，可以适当增加村庄个数。为此，诸城对全市农村社区进行统一规划，合理布局，确定全市设立 156 个农村社区，涵盖全市 1 257 个村庄、70 多万农民。由此，平均一个社区覆盖 8 个村、4 487 人。在“多村一社区”建设中，一般选择一个中心村设立社区服务中心。诸城市委、市政府还出台政策鼓励支持和推动规模小的村庄村民逐步向中心村集聚发展，以促进中心村的发展，整合优化社区资源、提高利用效率和服务水平。

（4）集中建社区。这种模式是在新规划的农民集中居住的居民小区设立社区。主要有两种情况：一种是农（牧）民聚居设社区。如江苏、成都、天津等地都提出“农村人口向城镇集中、居住向规划社区集中、工业企业向园区集中”，支持和鼓励农民“迁村腾地”、“集中居住”。随着规划小区的聚居、人口的增多，为了加强管理、提供服务，单独设立社区。另一种是以甘肃阿克塞县为代表的在人口自然聚居的地区设立社区。阿克塞县是甘肃省唯一以哈萨克族

---

[1] 项继权：“论我国农村社区的范围与边界”，载《中共福建省委党校学报》，2009 年第 7 期。

为主体的自治县，全县辖 2 乡 1 镇 10 个村。全县人口 9 100 人，牧民所占比例较大，基于牧民农忙时分散放牧而农闲时在县城集中居住的实际情况，在开展农村社区建设实验工作的过程中，将全县 3 个乡镇 10 个村整合成 1 个民族新村牧农村中心社区，建立牧农村社区服务中心，下设 3 个牧农村社区服务站，配套党员服务站、社区工作站、文体活动中心、警务室、社区保障事务所、图书阅览室、医疗服务站、便民服务站、居民学校等，由此形成全县设立“一社区一中心三站”的社区模式。

（5）社区设小区。在实行“多村一社区”或“一村一社区”的地方，大都在社区之下设“小区”。“一村一社区”的地方大都以村民小组或自然村为单位设立“小区”；而在“多村一社区”的地方大都以村为单位设立“小区”。社区设立社区服务中心，而小区则设立社区服务站（点）。陕西省规定，原则上一行政村建立一个社区服务中心，经济条件较好或规模较大、居住分散的行政村，可在每个自然村设立社区服务中心，由此形成“社区—小区”的组织结构。吉林省将农村社区定位在村一级，但根据东北农村村屯距离较远的状况，要求各试点村积极将服务向自然屯延伸。要逐步在离村中心较远的自然屯设立服务网点，建立集农民议事与活动于一体的服务站点或农家大院。如桦甸市、扶余县、长春市宽城区及二道区等实验县（市、区）已经开始在部分自然屯设立服务站点。

不难看出，当前不同地区农村社区的建制基础及规模范围不尽相同。有的将社区定位于自然村或村民小组一级，有的定位于村委会一级，有的则是若干自然村联合组建，还有少数地区农村社区是超出乡镇甚至是以县域为基础设立社区（如甘肃阿克塞县）。[1] 有的社区是在传统的自然聚落的基础上建立的，有的则是通过“迁村腾地”及农民集中居住而重建的。

3. 农村社区的特征

迄今为止，农村社区一直是人类历史上古老而又十分重要的社会共同体。在我国，传统的农村社区具有以下几个方面的特征。

第一，地域特征。农村社区地域比较广阔，人口密度比较低，同质性强，流动性比较小。

第二，经济特征。农村社区的经济特征是以农业生产劳动为主的、自给自足的经济，经济活动比较简单。其简单性表现在许多方面：经济活动的内容比较简单、经济活动的方式比较简单、经济活动的组织比较简单、经济活动水平比较低，等等。

---

[1] 不少地方的村民小组与村落范围并不一致，特别是南方地区村落分散，一个村民小组通常包括若干自然村落。

第三，社会特征。农村社区通常是以血缘和地缘关系为基础建立起来的，家庭在社区中起着非常重要的作用。

第四，文化特征。农村社区的经济特征和社会特征决定了农村社区的文化特征，主要表现出区域性、封闭性、经验性等特征，并且具有鲜明的地方特色。农村社区的价值观念和行为规范比较保守，传统观念和习俗是调整成员关系的主要手段，因此农村社区思想观念的变化比较缓慢。

第五，心理特征。农村社区居民心理趋于保守性和情感性，主要表现出地方观点重、乡土观念浓厚、重亲情、家庭至上以及祖先崇拜等心理特征，保留了较多的传统观念。同质性和单元性是传统农村社区的显著特征。

改革开放以来，农村社会结构发生了很大变化，大量农民从农业劳动中转移出来从事其他各种职业，农村社区异质性增加，并且出现了阶层分化，形成了不同的阶层。与城市社区相比，农村社区的内在凝聚力更强、生产功能更突出、生态地位更重要。在城乡统筹的进程中，农村社区出现了分化。其中在一体化进程中受城市化或城镇化影响较大的行政社区村，其村的建制虽然存在，但“农”的色彩将越来越淡。如成都市锦江区的红砂村、温江区的红旗村等，正在向涉农街道转变，其发展趋势是城市化。还有一些社区虽然是农村，仍是以土地为主要的生产资本，但第一产业的重要性和比重已大大降低；居民普遍身兼多业多职，社区内有数量不等的流动人口；辖区内有了外来的企业、单位等，这是属于城郊型的农村社区。还有相当多数的以农为主的农村社区，其建设目标是坚持村民自治，改善生产和居住条件，建设安居乐业的生态家园，今后的发展趋势是基础设施齐备、公共服务完善、生态环境良好、人口规模和密度减少的新型农村社区。新型农村社区除了表现出传统农村社区的一般特征外，还出现了自己的新特征。综合来说，它的特征表现在以下六个方面。[1]

第一，不同于传统农村社区的以农业生产为主的生产、生活内容，新型的农村社区不一定是这样的。随着我国市场经济的确立和搞活，农村社会经济已经发生了翻天覆地的变化，农村社区不再仅仅依靠农耕作为自己谋生的手段，在农村社区中出现了第二产业和第三产业部门，且已占据了重要地位，发挥了重要作用。

第二，区别于传统农村社区以农民为主要构成人口，新型农村社区的构成人口成分出现多样化。新型农村社区的人口构成由农民、工人、社会服务者等多种成分共同形成。

第三，规模较小，人口密度较低，居住分散。这是由现有的农村经济水平条件和现有的农村土地的产出水平决定的，单个的农村社区无法容纳过多的劳

[1] 刘君：《农村社区建设问题研究》，四川大学硕士学位论文，2007年版，第6～7页。

动力，也无法养活过多的人口。同时，由于地理原因和农业种植便利的需要，居民一般住得比较分散。

第四，人际关系密切，同质性较强。相对而言，农村社区与外界的交往不多，居民的流动性较小。另外，农村社区人口规模较小，这就使得居民的交往主要集中在社区内进行，人们的人际关系因而比较紧密，农村社区居民之间了解比较深。在农村社区，血缘、地理的影响很大，同一社区居民在生活方式、心理情感、宗教信仰方面的差异很小，人口的同质性特征很明显。

第五，农村社区生产力较低也是它的特征之一。这个特点和农村地区的现代化水平较低，人口素质较低，农业技术水平不高有关。在落后的生产力水平条件下，很多农村社区的经济活动主要是凭借手工式半机械化方式进行的农业生产。

第六，文化具有家族特征，乡土文化浓厚。在农村社区中，血缘关系、亲缘关系是社区居民联系的纽带，在此基础上形成的文化必然带有家族的许多特征。这种特征的影响有两个方面：一方面它可以繁荣经济，发展生产，继承传统文化；另一方面它也在许多方面不适应现代社会的要求，在一定程度上阻碍着农村社区的现代化，束缚着人们的思想。

二、农村社区的功能

农村社区以亲缘和血缘为纽带，以居民为基础，在农村社区经济建设和社会发展中发挥了重要的作用。总的来说，农村社区的功能主要体现在以下几个方面。

（1）经济功能。农村社区最重要的功能就是发展社区经济。如何发展农业和其他产业，增加农村社区居民的收入，提高他们的物质文化水平是社区发展经济的目的所在。对广大农村居民来说，发展农村经济，一靠集约经营、规模经营和专协组织经营，二靠普及科技，三靠传递信息。与此同时，在搞好一般农业生产的同时，发展当地的特色经济，要结合当地的实际情况，培育和发展社区特色经济，不断壮大社区经济能力。

（2）政治功能。农村社区的政治功能主要是由社区自治组织来实现的。政治功能主要体现在：贯彻和执行国家的法律、政策；通过社区居民手中的选举权、被选举权和监督权参与社会政治责任等。一句话，农村社区的发展前途在很大程度上依靠着自治水平的高低。农村社区自治主要体现在：第一，组织和动员群众的功能。组织和发动群众开展自治活动，是农村社区村民自治的重要形式。农村社区村民自治意识的强弱关系着社区最终能否实现提高其成员理论政策水平、文化素养、生活质量、农村文明程度的目标。第二，维护社会秩序的功能。通过村民自治来维护农村社会治安和调解民事纠纷。

（3）传承文化功能。农村社区文化由一系列要素组成，这些文化为农村社区所共同拥有，同时又制约着人们的思考方式和行为方式。弘扬优秀农村传统文化，开展具有特色的、丰富多彩的文化活动，以传统文化为纽带并通过社区的道德约束和纪律约束来树立正确的人生观、价值观、世界观是文化功能的具体要求。

（4）管理功能。农村社区是村民自我管理、自我教育、自我服务的基层群众性自治组织。加强农村社区民主政治建设，必须从制度建设入手，以加强民主管理为重点，全面强化农村基层组织建设，用制度规范工作，约束行为。要健全和完善公推直选村干部制度，确保民主选举落到实处；健全和完善村民会议和村民代表会议制度，确保民主决策落到实处；健全和完善村民自治章程等规章制度，确保民主管理落到实处；健全和完善“一事一议”民主协商制度，确保农村社区公共服务的各项具体工作落到实处；健全和完善村务公开等制度，确保民主监督落到实处；尤其要健全和完善“鉴别和论证特别重大问题制度”，确保重大问题决策的科学性和正确性。

（5）服务功能。农村社区服务功能的基本要求是通过便民服务和福利性照顾，来满足农村社区居民的日常生活需求。如农村老年人服务、残疾人服务、留守儿童服务、文体服务、卫生服务、治安服务、科技和信息服务等。

（6）提供社会保障功能。农村社区是各种农村社会保障的基础环节。一般来说，农村社区的社会保障由两个方面组成：一方面利用社区集体资产向社区成员提供医疗、教育、卫生等社会保障；另一方面邻里之间的互助也加强了社区的社保功能，成为农村社保的一支有力的辅助力量。

阅读延伸材料

“社区”及其相关概念辨析

1. 相对于“社会”的“社区”

按照滕尼斯的观点，“社区”是指那些有着相同价值取向、人口同质性较强的社会共同体，其体现的人际关系是一种亲密无间、守望相助、服从权威且具有共同信仰和共同风俗习惯的人际关系，它不是社会分工的结果，而是由传统的血缘、地缘和文化等自然因素造成的，其外延主要限于传统的乡村社区。而“社会”则总是和劳动分工以及法理性的契约联系在一起的，其体现的人际关系是一种自私自利的、缺乏感情交流与关怀照顾的人际关系，其外延是指人口异质性特征鲜明、价值取向多元化的城市社会群体。

2. **相对于“社团”的“社区”**

从传统上看，西方普遍存在着与政治国家相对的市民社会。犹如国家政治体系中存在着纵向的“条”（部门）与横向的“块”（地方）及其相互关系一样，在市民社会中也存在着纵向的“条”——“社团”（association）与横向的“块”——“社区”（community）及其相互关系。“社团”强调的是其组成人员共同的职业性，“社区”强调的则是其组成人员共同的地域性，它们都是市民社会中不同的利益群体。

3. **相对于“单位”的“社区”**

今天所讲的“社区”（community）其实是与“单位”（unity）相对的。中国所特有的“单位”，具有组织形式的行政性、资源配置的非契约性、社会行为的身份性等特征。它既是一种高效的社会资源动员、配置与社会控制的制度，也是一种高能耗低效率的生产制度；既是传统计划体制的产物，也是计划体制的主要支柱之一。在中国社会由计划经济转向市场经济的发展过程中，原有的“单位制”开始松动，出现了许多“单位人”退出单位、许多“单位事”社会化的新形势，客观上产生了用“社区”取代“单位”的需要，以“社区”接纳原有的“单位人”，办理原有的“单位事”，承担原来由“单位”所行使的社会功能。从一定意义上可以说，正是“单位”的衰落导致了“社区”的兴盛。

4. **相对于“政府”的“社区”**

相对于“政府”（government）的“社区”（community）概念。它是一个一定地域范围内所住居民自治的组织，同时又要接受政府的领导。

摘选自：童星，赵夕荣：“‘社区’及其相关概念辨析”，载《南京大学学报》，2006 年第 2 期。

第二章

农村社区管理体制

农村社区是世界上分布最广的社区类型，是一个广阔的社会活动区域。农村社区是农村社会的基本单元、农民生产生活的基本场所，是农村社会管理的基础。农村社区管理体制是指农村社区管理的组织体系及运行机制。它具体由农村社区组织的组织结构、职责划分、管理方式、运行机制和工作制度等组成。本章对农村社区管理的目标、内容及管理体制进行了探讨。

第一节　社区管理的含义与特征

一、社区管理的含义

管理是对组织的资源进行有效整合以达到组织既定目标与责任的动态创造性活动。管理的基本问题就是对组织资源进行有效配置，并达到组织目标。

社区管理是目前使用非常频繁的一个词，它经常和社区建设连用，甚至用社区建设代替社区管理。其实，社区管理是一个内涵相当丰富、外延相当复杂的范畴。由于人们所处的历史条件、文化传统不同，也由于社区的结构、功能和发展水平不尽相同，故社区管理的内涵和外延并不是一成不变的。也就是说，社区管理是一个历史性的范畴，是一个随着时代变化而不断发展着的范畴。在我国，社区管理的概念是在我国由传统计划经济体制向市场经济转轨时期，伴随着改革的不断深化，社会结构、人们的生活方式、思想文化以及行为方式等各方面的变化而提出来的。于燕燕在《社区建设基础知识》中认为："社区管理是指社区权力机构运用一定的原理和方法，为达到社区管理的目标而进行的协调活动。"陶铁胜在《社区管理概论》中认为："社区管理是指在街道范围内，由街道党工委、街道办事处主导的，社区职能部门、社区单位和社区居民积极参与的区域性、全方位的自我服务和自我管理。"方明、王颖在《观察社会的视角——社区新论》中认为："社区管理，即通过一定的方法、手段，有目的地影响社区各系统，实现有效的控制，使之适应社区发展的方向，并按社区规划发展。”娄成武、孙萍主编的《社区管理学》中认为：“所谓社区管理，就是指社区党组织在基层政府组织的领导下，社区居民与居民委员会在业主委员会、物业公司、社区中介组织等组织的辅助下，为维护社区整体利益、推进社区全方位发展，采取一定的方式，对社区的各项公共事务和公益事业进行的自我管理。”

笔者认为，所谓社区管理，是指一定的社区内部各种机构、团体或组织，为了维护社区整体利益，促进社区的发展和繁荣，满足社区居民物质与精神等各方面的需求而进行有效调控和自我管理活动。从这个定义可以看到：

第一，社区管理的主体是多元的。既有作为主导的街道党委和政府派出机构——街道办事处，也有政府各职能部门在社区的派出机构，主要有警署、工商所、税务所、环卫所、粮管所等，也有驻区的各种企事业单位，如物业公司、医院、学校、商店、其他企业等，当然，另外一个重要的主体就是居民，以及居民的自治组织。

第二，社区管理的内容是社区的各项公共事务和公益事业。包括社区服务、社区卫生、社区文化、社区教育、社区环境、社区治安、社区经济等具体内容。

第三，社区管理的性质是政府的有效调控与群众的自我管理的结合。社区是由社区成员通过各种维系力联系起来的共同体，按照我国相关法律的规定，社区应当实行居民自治。社区作为居民自己的家园，无论是从其本质还是从其发展实践来看，走向自治应该成为社区管理体制建设的基本方向。

第四，社区管理的目的，是促进社区的和谐发展，满足社区居民的物质和精神文化生活需要，全面提高居民生活质量和社区居民的素质，促进社区的和谐与进步。

二、社区管理的特征

由此可见，社区管理具有以下特征。

1. 区域性特征

社区具有地域要素，是地域性社会。社区管理的区域基本上都局限于社区的范围之内，管理的方式也是发动社区内的各类管理主体，进行自我组织、自我服务和自我管理。这种管理主体和管理对象的同一性，使社区管理的区域性特征更加明显，如果社区外的管理机构延伸至社区内来实行管理，那么社区的自我管理机制将无法正常运行，如果本社区管理机构的管理对象越出了社区的范畴，那么社区管理主体和管理对象的一致性将不复存在。

2. 层次性特征

不同的学者对社区管理的地域范围有不同的定义，有的认为是街道辖区，有的认为是居委会辖区。其实，这种分歧恰恰表明了社区管理的层次性特征。首先，社区管理的目标范围应当是居委会辖区，即我们正常理解的社区。在这个区域内，它所涉及的管理的性质主要是居民的自我管理，也就是自治。它所涉及的管理内容则包括了上述的诸方面。但是，从中国实际情况看，要做到社区的居民自治和自我管理，当前的主导力量，从总体上说，并不是居民，而是党和政府，特别在操作的层次上，是街道党工委和街道办事处。社区管理已经是它们的主要工作职责，这其中包括三个方面的工作内容：

(1) 按照法律规定，落实社区的居民自治。包括法律的宣传，居民的发动，指导与组织社区选举、推荐居委会干部人选。事实证明，政府的主导作用是搞好新形势下社区管理的决定因素。

(2) 在日常工作中，对经过民主选举的社区居委会依法进行工作上的指导，同时将政府的管理事项落实到社区，并协调相关的组织和管理主体形成社区管理的合力。调动必要的政府资源特别是财政资源，对居民自治组织进行必要的扶持，其方法一是钱随事走，二是专项扶持。

(3) 对居委会进行必要的考核，这种考核可以是直接的，也可以是间接的，即通过颁布相应的考核标准，由社区居民通过代表大会对其进行日常的和定期的考核。

社区管理在事实上是上述两种层次的结合。结合得好，社区管理就会产生好的结果；结合得不好，社区管理就可能还是旧面貌，或者产生各种问题。

3. 互助性特征

社区管理的互助性主要表现在：首先，生活在社区中的居民之间以及他们与社区单位、群众团体之间有着十分复杂、密不可分的关系，作为社区管理四级网络的居民委员会和小区居民之间的关系就是一个很好的说明，居委会干部是居民推举并通过小区居民直接选举的方式产生出来的，他们是小区居民的代表，要为居民说话，维护小区居民的利益。但居委会作为两级政府、三级管理、四级网络这种城市管理体制中的重要一环，它又要担负一部分街道机构交办的任务，居委会的这种双重身份，使它成为连接居民和政府的桥梁，三者之间有了紧密的联系。其次，这种复杂而又紧密的关系建立的基础是各社区成员之间的联系以及平等关系，每个社区成员既是管理主体，又有接受别人管理的义务。最后，在这种关系基础上建立起来的社区管理只能是社区成员共同参与的平等、互利、互助式的自我组织、自我服务、自我管理的模式，解决社区的矛盾和困难所采取的方法也只能是社区成员的互助行动。

4. 复杂性特征

社区管理的复杂性是由社区的人口要素、结构要素和社会心理要素所决定的。这些要素决定了目前社区存在着以下的情况。

（1）人口密度高，流动性大，外来人口的数量在不断增加。

（2）社区成员的异质化程度高。各社区单位的性质、行政级别、规模、从事的行为各不相同，而且数量众多，特别是随着市场经济的不断发展，出现了大量的新经济组织，它们的情况各不相同，异质化程度很高，而社区居民的异质化程度也在呈逐步提高的趋势。其表现一是人口结构的变化，老年人的比例增加，二是从事职业及收入水平的分化程度提高，学历高、有技术和技能的年轻人就职于新兴高科技行业的比例高，其收入相应也高，中年人的分化程度最高，下岗待岗人员不少，但大多数单位的领导和骨干也是有经验、有特长、年富力强的中年人。此外由于住房制度的改革和房屋租赁政策的出台，社区居民中住房富裕的，将房屋出租导致大量的借居者及外来人口进入社区，进一步加剧了异质化程度。社区成员的异质化程度越高，其需求就越不统一，要通过社区管理来满足这些需求也越难，越复杂。

（3）社区成员之间的交流难度增加，次数减少。造成交流困难的主要原因有：一是竞争压力大，工作已不仅仅限于上班时间，以致影响交流；二是生活条件改善，特别是居住条件的改善，使居民大多住上了独立成套的住房，但同时也淡化了人们的交往意识，同时增加了交往的难度；三是由于社会上不安定因素，治安状况不尽如人意，居民注意自我保护，邻里之间，特别是不熟悉的邻里之间交流极少；四是通信工具的发展，如电话、传真、网络的出现，使居民能跨越空间的阻隔进行远距离的交流，甚至可以在虚拟空间中和虚拟的人物进行交流，而这一切降低了他们对在社区内进行面对面交流的需求程度。

社区管理要协调和发动这些数量众多、异质性强、交流意识淡漠的社区成员来参与社区管理，为自己与他人服务，当然不是一件轻松的事。

5. 综合性特征

由于社区成员的数量多，差异性强，所以他们各自的资源优势和需求也各不相同。社区管理就是要充分利用社区的各种资源，满足多样化的需求；另外，社区管理的主体也不是单一的，而是各方面力量的共同参与，要综合利用这些力量；最后，社区的功能也不是单一的，社区管理要综合利用社区的各种功能，故社区管理具有综合性特征。

6. 动态性特征

不同社区管理主体有不同的目标、需求和利益所在。比如政府的派出机构——街道，既要指导社区自治，又要考虑稳定和物质、人力资源的不足对这种自治的限制。不但更大范围的制度因素会对街道这一级机构行为的意识、取向以及规则产生决定性的影响，同时其领导人和工作人员的素质也决定了他们对社区管理的水平。社区单位情况更加复杂，条条管的部门可能会具有置身其外的行为特点，企业可能更多地考虑经济利益，而其中的社会团体则更多地考虑各种活动的开展，但他们的活动也许会产生与政府意向不完全一致的效果。至于居民，出于对自身切身利益的关注，往往对自治的兴趣和愿望强烈，但在民主水平和技能方面有较大的差异，同时，异质化也使得居民可能会产生社区参与的态度的不同。由于当前物业管理与居民自治还有相当的分离，所以矛盾也不断产生。由此我们可以感受到社区管理是一种过程，它不但在不同城市和社区的起点不同，而且路径也不一定一致，同时它的动态性及过程性特别突出。要言之，社区管理还不是一个稳定的、成型的管理形态，而是一个进行中的状态，是一个完善中的状态。从总体上看，我国城市的社区管理正处于一个变革时期，虽然目标和任务已经确定，但是它的成型和完善，还有待时日。

第二节　农村社区管理的目标与内容

一、农村社区管理的目标

农村社区是世界上分布最广的社区类型，是一个广阔的社会活动区域。农村社区是农村社会的基本单元、农民生产生活的基本场所，是农村社会管理的基础。所谓农村社区管理，是指在农村社区地理区域范围内，由村党组织、村委会及其他组织或团体，为了维护农村社会稳定，提高农民生活质量和文明素质，增强农村社区服务功能，拓展农村各项社会事业而进行的一系列行政管理及村民的自我管理活动。

农村社区管理的目标是：以满足农村社区群众日益增长的物质和精神文化需求、提高农民综合素质、促进农民全面发展为目的，以扩大基层民主、完善村民自治、健全农村社区管理和服务体制为重点，大力推进政府公共服务向农村社区延伸覆盖，推动农村经济、社会又好又快发展，以实现村民自治、管理有序、服务完善、治安良好、环境优美、文明祥和的总体目标。

所谓村民自治，就是村民通过村民自治组织依法办理与村民利益相关的村内事务，实现村民的自我管理、自我教育、自我监督和自我服务，从而实行民主选举、民主决策、民主管理、民主监督的基本社会政治制度。我国农村社区是一个“微型社会”，融经济、政治、文化和社会事务于一体，需要各种组织处理村中事务。而在村级组织体系中，党的基层组织居核心地位，村党组织与村民委员会是领导与被领导的关系。村党组织的职责之一就是领导和推进村级民主选举、民主决策、民主管理、民主监督，支持和保障村民依法开展自治活动，但不是包办代替。这是因为，党的基层组织是国家协调与社会关系的重要途径。自治的发展必然产生国家通过什么力量来维系与社会的关系，从而保证基层群众自治的健康、有序发展的问题。显然，在当代政治结构中，解决这个问题的最好途径是动用同时维系国家与社会的党的组织。具体来说，就是通过加强党在社区中的基层组织建设，强化党对社区事务的领导和参与，在保障基层群众自治健康发展的同时，保障国家对社会的有效协调。与此同时，农村自治组织与自治活动要在这种社会中发展，就需要有一个主导性的力量，否则，村民自治将变成无序的民主，或为宗族势力和社会恶势力所控制，甚至会走向封建性的“土围子政治”，演变成破坏农村社会稳定、阻碍农村改革发展的异己力量。因此，基层群众自治的发展需要有效的政治力量支撑。在中国农村社会的政治生活中，这个主导力量自然是党的基层组织。

所谓管理有序，就是要实现社区行政管理和社区自我管理的有效衔接、政府依法行政和居民依法自治的良好互动。具体地说，就是要正确处理党的领导、村（居）民自治和依法办事的关系，健全和完善党领导下的村级民主自治机制。政府和职能部门要按照宪法和有关法律法规规定，不断转变职能，强化社会管理与服务，努力实现政府行政管理与基层群众自治有效衔接和良性互动。积极探索“权力下放、重心下移，权随责走、费随事转”的基层管理体制。积极倡导政府有关职能部门实行职责、权力、人员、经费同步下放社区，为居民提供方便、快捷的服务。充分发挥农村社区社会组织在社区管理中的作用，形成“小政府、大社会”的管理框架和运行机制。建立健全社区村（居）民自治章程或村（居）规民约、社区村（居）民会议和村（居）民代表会议制度、社区居民财务公开制度、社区民主评议和民主监督制度，引导社区居民参与社区公共事务管理，推行社区决策、执行、监督三位一体的管理体制，落实议事、听证、公示、舆情反馈“四项制度”，多方保障民主决策、民主管理、民主监督制度的实施。

所谓服务完善，就是要构建以公共服务机构为依托、专业经济组织为基础、其他社会力量为补充，公益性服务和经营性服务相结合、专项服务和综合服务相协调的新型农村社区服务体系。构建农村社区公共服务体系，积极为社区居民提供医疗卫生、计划生育、残疾预防康复、就业指导、文化教育、社会福利、社会救助、生活照料和技术技能培训、科技信息咨询等公共服务。鼓励农村专业经济组织、专业技术协会、中介组织、志愿者组织、社区活动团队建设，支持其提供多种形式的生产生活经营服务。构建农村社区市场化服务体系，积极发展农资供应、农产品购销、日用品超市以及金融、保险代办等服务网点，充分利用市场机制，为社区居民提供多层次、全方位的市场化服务。发扬和睦友爱、邻里互助、尊老敬老的优良传统，组织社区居民开展各种自助、互助服务，解决生产生活困难。

所谓治安良好，就是要建立党委领导、政府负责、社会协同、公众参与的农村社区治安建设新机制。加强农村社区法制教育。深入开展“法律进社区”

活动，突出抓好社区居民和管理人员的宣传教育，提高干部群众的法律意识，增强依法行政、依法办事的自觉性。大力开展农村社区法律服务。在农村社区设立法律援助工作站，积极构建法律援助组织网络。加强农村社区治安综合治理。大力加强社区警务工作，实施“重心下移、警力下沉、职权下放、保障下倾”，综合运用人防、物防、技防等手段，增强社区防控体系的整体效能。深入开展平安创建活动，依法防范和打击传销、盗窃、毒品等各类严重危害社会秩序的违法犯罪活动。加强对农村社区刑释解教人员、服刑人员的安置帮教和监管工作。深入开展农村社区预防违法犯罪工作，切实加强矛盾纠纷排查调解处工作，充分发挥人民调解的基础性作用，努力把矛盾纠纷隐患和不安定因素化解在社区，消除在萌芽状态。

所谓环境优美，就是要切实加强农村环境保护。统筹城乡环境保护，改善农村环境，扎实推进社会主义新农村建设。突出抓好农村饮水安全，把保障饮用水安全作为农村社区环保工作的首要任务，提高农村饮用水质量和自来水普及率。严格控制农村地区污染，积极推进乡村工业结构、布局调整，推行农村社区污染集中治理，有效减少农村地区污染物排放总量。深入开展农村社区环境综合整治，积极创建文明生态村、绿色社区，加快消除农村“脏、乱、差”等现象，改善居住条件。加强农村生态保护与建设，坚持生态保护与治理并重，努力遏制新的人为生态破坏。加大宣传力度，树立生态文明理念，提高农民的环境意识，调动农民参与农村环境保护的积极性和主动性，推广健康文明的生产、生活和消费方式。

所谓文明祥和，就是要深入开展社会公德、家庭美德、个人品德教育，坚持以人为本，构筑良好的社区人文体系，努力建设诚信友爱、文明祥和的人文社区。要推动形成知荣辱、讲正气、促和谐的良好风尚，形成男女平等、尊老爱幼、扶贫济困、团结友爱、礼让宽容的人际关系，形成出入相邻、守望相助的邻里关系。要通过各种形式的创建活动，大力提高家庭成员的思想道德素质，弘扬男女平等、夫妻和睦、尊老爱幼、勤俭持家、邻里团结的家庭美德，在家庭中营造民主、平等的和谐氛围。在全社会深入贯彻公民道德建设实施纲要，大力弘扬公平正义、诚信友爱的社会风尚，创建团结互助、融洽相处的邻里关系和整洁舒适、安居乐业的生活环境，形成家庭成员之间、家庭与社会之间、家庭与自然之间和谐相处的新局面，从而实现社区内学有所教、劳有所得、病有所医、老有所养、住有所居，体现出社区对农民的保障功能，在增强农民的社区认同感的基础上提升农民对国家和社会的认同，保证国家和社会和谐、稳定、持续发展。

二、农村社区管理的原则

由于现代化进程中农民自身存在的天然缺陷，使得他们在面临市场经济、现代科学技术、风险社会、全球化及城市化与生产生活社会化等新鲜事物时，缺乏相应的应对措施。这种现实必然给农村社区管理带来现实困难。为了提高农村社区管理的效率，降低管理成本，更好地为农村社区居民服务，农村社区管理必须遵循如下具体的原则。

一是坚持党组织领导和村民自治相结合的原则。在农村经济、社会发展格局发生深刻变革的背景下，农村基层管理体制能否创新、乡村组织结构能否优化，直接关系到农民经济、政治、文化等切身利益，关系党在农村执政基础的稳固。因此要充分发挥村级党组织在农村社区管理中的领导核心作用，坚持加强党的领导、完善村民自治与推进社区服务的有机统一。正确处理加强党的领导与完善村民自治的关系，既要巩固村级党组织的领导核心地位，又要保证村委会依法履行职责，还要充分发挥农村社区作为群众自治组织的作用。当前农村居民对民主政治的热情已不仅仅停留在直选村委会及其成员的水平上，他们对民主管理、民主决策、民主监督的要求越来越高，全面追求社会政治生活各个方面的民主。农村社区不具备村委会的“半行政管理”性质，是自我服务、自我管理、自我教育的组织。通过采取议事恳谈会、户主会等形式开展活动，使每个农村居民具体的民主权利和实际利益都得到尊重，使农村居民更具有认同感。可以说，社区自治是更微观、更具体、更彻底的村民自治形式。

二是坚持以人为本、服务农村社区居民的原则。农村社区的主体是农民，着眼点在于服务农民。在行政力量逐渐退出村庄或以新的方式如财政转移支付的方式显示其存在的条件下，农村社区可以整体地、循序渐进地形成村庄各种公共产品的积累机制，满足农民的政治、经济、社会、文化、卫生、科技、教育等全面发展的需求。农村社区建设要把服务社区居民、提高居民生活质量作为根本出发点和归宿，从农村居民的基本需求和迫切需要解决的热点、难点问题入手，大力整合农村社区各类服务资源，努力探索农村公共服务体系建设，积极推进农村公共服务体制改革，解决好影响农村社区居民生产生活的紧迫问题，不断满足居民日益增长的物质文化需求，全面提升农村社区居民生活质量。建立农村“社区服务中心”，顺应民意，本着自愿参与、量力而行、互帮互助、形成合力的原则，积极服务村民。

三是坚持因地制宜、实事求是的原则。坚持一切从实际出发，先易后难，紧密结合农村实际，突出地方特色，加强分类指导，积极探索创新农村社区建设模式。我国农村情况千差万别，农村社区建设和管理要结合当地实际，在不同地区、不同村落，其着眼点和着力点不同，不搞“一刀切”。要从辖区经济社会发展水平的实际出发，根据城乡结合部农村社区、小城镇中心村和开发区周边农村社区、传统农村社区等不同类型，挖掘不同社区的特点和优势，培育独具特色、功能各异的新型农村社区。

四是坚持统筹管理、渐进创新的原则。农村社区本身是由若干要素构成的系统，社区文化、社区卫生、社区治安、社区计划生育、社区环境、社区财务、社区社会保障等是相互联系、相互作用的，农村社区管理需要从社区整体利益出发，进行综合性的统筹管理，以满足社区内全体居民、组织及团体的共同利益。同时，由于中国农村地域广阔，人口众多。十里不同天，三里不同俗，不同社区之间的经济基础、自然条件、传统习惯千差万别。因此，农村社区管理不能强求一律，而应采取多种模式，不能用一个标准来衡量，也不能用一种速度来推进，而应该循序渐进，在实践中不断探索。

三、农村社区管理的内容

农村社区管理的内容主要包括以下九个方面。

1. 农村社区人口管理

人口管理是农村社区管理的重要内容。首先，有效控制农村人口增长，可以缓解人口对资源、环境的压力，促进农村经济发展和社会进步。其次，农村社区人口管理关系到人口素质总体水平的高低。再次，做好农村计划生育管理，稳定低生育水平是构建和谐社会、建设新农村的重要前提。

2. 农村社区文化管理

农村社区文化管理是一项长期而艰巨的任务。这是因为，文化是社区的重要因素，也是社区建设的灵魂。因此，农村社区文化管理主要任务包括：用科学发展观武装村民的头脑，剔除封建思想；开发文化资源，继承和发扬优秀的传统文化；加快农村社区文化基础设施建设；丰富村民的文化活动，形成浓厚的文化氛围，等等。

3. 农村社区环境管理

环境管理是农村社区管理的切入点和重要内容之一。主要涉及三个方面：一是农村社区环境管理的含义、任务与手段；二是当前我国农村社区环境问题的表现及原因；三是改善农村社区环境管理的具体措施。

4. 农村社区卫生服务管理

社区卫生管理是农村社区管理的重要组成部分。农村基层政府及农村社区卫生机构的主要任务是向农村社区居民提供方便、安全、快捷的旨在促进村民健康、预防疾病、医疗、卫生保健和康复服务等，建立和完善的农村公共卫生服务体系，切实解决好困难群众看病难、看病贵的问题。

5. 农村社区财务管理

财务管理是农村社区管理的又一项重要内容。它是指对直接归农村社区集体占有、支配、管理的各种资产所发生的一切收入、使用、分配等财务活动的核算、计划、监督与控制。主要包括收入管理制度、现金管理制度、支出管理制度、资产资源管理制度等。管理的主要目的是做到农村社区财务公开和民主管理。

6. 农村社区土地管理

土地管理是农村社区管理的重中之重。其主要内容包括地籍管理、土地利用管理和耕地保护管理。加强农村社区土地管理，是我国基本国情的需要，是确保我国粮食安全的需要，是维护社会稳定和国家长治久安的需要，是认真贯彻落实科学发展观、确保国民经济持续健康发展和维护当前改革发展良好局面的当务之急。

7. 农村社区治安管理

治安管理是农村社区管理的重要内容之一。具体包括农村社区秩序管理；群体性治安事件管理；户口管理；民用危险物品管理；特种行业管理；道路交通安全管理；消防管理等。重视农村社区治安管理，是保持农村地区社会秩序安定的需要，是促进农村地区各项建设顺利进行的前提和重要保障。

8. 农村社区服务

社区服务也是农村社区管理的主要内容。农村社区的服务就是指在村民自治委员会领导下 ，以农村社区中的各村落为依托，具有社会福利性的社区公共性服务活动。其主要内容是为村民提供老年人服务、残疾人服务、便民服务、文体服务、卫生服务、治安服务、科技和信息服务等。目的在于通过社区服务使村民提高自助、互助能力和整个社区的生活质量。

9. 农村社区社会保障

农村社区社会保障作为农村社会保障的基础，是国家社会保障体系不可分割的一个组成部分，是农村社区管理的重要方面。它是在农村社区这一特定地区、针对农民这一特定人群所实施的社会保障。它主要包括农村社区医疗保险、农村社区养老保险、农村社区最低生活保障制度等。

第三节 农村社区管理体制

一、农村社区管理体制的内涵及管理方式

农村社区管理体制是指农村社区管理的组织体系及运行机制。它具体由农村社区组织的组织结构、职责划分、管理方式、运行机制和工作制度等组成。

按照党的十六届六中全会及十七大报告的精神，社区管理要“实现政府行政管理和社区自我管理有效衔接、政府依法行政和居民依法自治良性互动”。形成“党委政府领导、民政部门牵头、相关部门协同、村级组织主办、社会力量支持、居民广泛参与”的新格局，建构起政府公共管理与社区自我管理良性互动、公共服务与社区自我服务相互补充的新型体制平台。

对于民政部门与农村基层政权机关来说，其工作任务和管理方式包括：① 创造农村社区管理的基础条件。其手段一是进行基础设施建设和生活环境治理。在工作方式上，“以村庄的整理和整治建设为切入点，充分发挥政府的主导作用，统筹城乡生产力和人口布局，科学规划城乡的基础设施、公共服务和居民社区建设，推动社会公共资源向农村倾斜、城市公共设施向农村延伸、城市公共服务向农村覆盖、城市文明向农村辐射，促进乡镇企业向工业园区集中、农村人口向城镇集中、农民居住向农村新社区集中、农田经营向农业专业大户集中，把传统村落整治建设成为……农村新社区”。二是夯实社区管理的微观基础，如加强以村党组织为核心的村级组织配套建设，抓好村委会办公用房、村民活动场所建设，明确政府及其职能部门在农村社区建设中的职责和任务，引导农民在自愿的基础上建立各类社区民间组织和中介服务组织，探索完善农村社区建设的领导体制、工作机制和经费投入机制。② 健全三个网络。综合服务网络；社会治安网络；社会保障网络。③ 对群众进行思想文化引导和对社区开展工作引导。一是以阵地建设引导群众；二是做农村管理方式创新的发动者、经验总结者、典型推介者、力量整合者、制度建设者、机制建立者。④ 整合社区干部资源，发现、培养和选拔社区工作人才。进行农村社区社会工作人才队伍建设政策研究，将农村社会工作和社会工作人才队伍建设纳入农村社区建设试点内容；可以通过乡镇下派、整合现有村干部资源、向社会公开招聘等方式，按总人口的一定比例，配备社区工作站专职社工。

对于农村社区居委会来说，其根本点在于民主治理和社区服务。民主治理主要表现为主导建章立制、领导社区自治、整合社区资源，体现群众意志。社区服务主要表现为组建机构、布局网点、规范程序、统一标准，体现社会公平正义。其工作任务和具体管理方式包括：① 制定社区居民共同认可、具备权威性和普遍约束力、操作性较强的社区章程，以“法”管理农村社区，这是社区管理的治本之策。② 以村两委会为主导，以其他社会组织为支撑，以村社区综合服务站为平台，建立以村民为主体的新型农村民主管理机制。要在农村社区党组织领导下，进一步规范村民会议、村民代表会议、村两委联席会议、村民选举、村务公开和民主管理、民主评议等项制度，健全和完善民主选举、民主决策、民主管理、民主监督等村民自治机制，不断增强农民自我教育、自我管理、自我服务能力，使广大农民群众真正拥有知情权、参与权、选择权、监督权，真正给农民平等权利、让农民当家做主，实现管理民主的经常化、制度化、规范化。③ 有效地开发、聚集和运行好农村社区资源。一是组织资源。社区管理迫切需要领导班子坚强有力，充分发挥社区党组织的战斗堡垒作用和党员的先锋模范作用，要以创新精神推进农村基层党组织建设。二是财力资源。近年来，中央财政支出向“三农”领域倾斜，水、电、路等许多农村公共设施建设纳入了整体建设规划。社区居委会既要将国家资金管好、用好，又要寻求集资的途径，提高理财的本领。三是文化资源。社区居委会要广泛发动农民群众，制定既契合当地人文传统，又具有时代特征、个性鲜明、简单易行的村规民约，促进农村良好风气的形成。借助社区文化设施，建设文化信息资源共享工程农村基层服务点。开发地方性的文化资源，强化人们对社区的认同感和归属感。④ 社区党组织和居委会要善于利用各种力量开展服务活动。一是借政府之力开展服务活动；二是借群众之力开展服务活动；三是借社区内其他社会团体、社区服务组织的力量，在社区党组织和自治组织领导下开展各种社区服务。

二、我国农村社区管理体制的发展阶段

任何形式的社区管理体制都是特定的历史条件的产物，我国农村社区管理体制也是随着社会经济条件变化而变化的。新中国成立以来我国农村基层社区管理体制大致经过了三个阶段的变迁，即村乡体制时期（1949—1958 年）、人民公社体制时期（1958—1983 年）和乡政村治体制时期（1983 年至今）。

第一阶段：村乡体制时期（1949—1958 年）。根据项继权教授的研究，新中国成立初期至 1958 年，我国农村基层政权体制主要有两种情况：一种是实行区、村两级政府体制，即在县以下设立区政权和村政权，分别召开区村人民代表会议，选举产生区政府和村政府，对本地区实施行政管理。这种体制在北方地区比较普遍。在这种情况下，村是一级政府，为农村基层政权。另一种是区乡建制，即在县以下设立区公所，作为县政府的派出机构，在区公所之下设立乡政权，召开乡人民代表大会，选举产生乡人民政府，而在村一级不再设立村政权。当时在南方的多数省实行这种体制。在这两种情形下，“村”和“乡”分别是不同地区的农村基层政权组织。1954 年 9 月，我国颁布了新中国的第一部宪法，宪法取消了过去的区村制和区乡制两种体制并存的制度，对全国农村基层政权进行了统一的规范，规定实行乡镇人民代表大会制度，乡镇为农村基层政权。同时也规定，人口居住集中的乡，乡人民委员会可直接领导居民组进行工作。面积较大、居住分散的乡，乡以下可由若干自然村分别组成行政村，行政村下按自然村划定居民组开展工作。从新中国成立初期的村乡制来看，有三个重要特征：从管理规模来看，新中国成立初期“村的规模一般很

小，平均每个行政村不足 900 人，东北各省人数较多，平均每村 1 500 人，内蒙古地广人稀，每一行政村面积较大”。从组织性质来看，新中国成立初期村乡制具有明显的行政化特点，除区公所作为县级派出机构或一级政府之外，村或乡也是“政府”组织。从组织基础来看，新中国成立初期的村乡制是建立在个体所有或私有制基础之上。农民和农户拥有土地、生产工具等生产资料的所有权，劳动生产和经营的自主权。不过，随着农村合作化和集体化的发展，新中国成立初期的基层乡村制度已经不能容纳日益扩大的集体组织，也不适应国家集体化发展的目标。为此，在集体化过程中，我国废止了原有的村乡制度，转变为人民公社体制。❶

第二阶段：人民公社体制时期（1958—1983 年）。20 世纪 50～80 年代，为建构集权体制的微观基础，将“一堆分散的马铃薯”式的农民组织起来，实现乡土社会的整合，在农村社区管理领域，我国实行公社体制。在组织结构上，建立人民公社—生产大队—生产队三级组织；在组织功能上，实行“政经合一”、“政社一体”、“党政不分”，即经济组织与人民公社组织合一，国家基层政权组织与人民公社组织一体，实行党的一元化领导；在权力配置上，国家通过社队体制垄断所有权力和资源，农民既没有经营自主权，也没有社区自治权；在运行机制上，主要采取行政机制进行社区管理。农村社区管理的乡政权制是建立在计划经济及城乡分离的二元化制度条件下，它本身不仅是计划经济体制的产物，也是计划经济的重要基础，同时也是维系城乡二元化体制的基本制度安排。宏观层面的计划经济体制和城乡二元体制借助微观层面的乡政权制实现了国家对农民直接、全面而刚性的控制，但客观上导致了农村社区的行政化和城乡社区治理的离散化。❷

第三阶段：乡政村治体制时期（1983 年至今）。20 世纪 70 年代末 80 年代初以来，以实行家庭联产承包责任制为发端的农村市场经济体制改革瓦解了社队体制的经济基础，使农民获得了经营自主权和独立性。为承接社队体制解体释放出的公共管理功能，实现农村的再度整合，我国实行乡村体制，即“乡政村治”或“乡村分治”治理体系。根据制度文本，与社队体制相比较，乡村体制具有四大特征：在组织结构上，国家政权组织与村民自治组织分开，乡镇政府是国家农村基层政权，村民委员会是村民自治组织；在组织功能上，乡镇政府作为国家农村基层政权，依法行政，从事行政管理和提供公共服务，村民委员会作为村民自治组织，依法自治，从事“自我管理、自我服务、自我教育、

❶ 项继权：“从‘社队’到‘社区’：我国农村基层组织与管理体制的三次变革”，载《理论学刊》，2007 年第 11 期。

❷ 卢爱国：“农村社区体制改革模式：比较与进路”，载《理论与改革》，2009 年第 5 期。

自我监督”；在权力关系上，乡（镇）村之间不是行政上的上下级和直接的“领导关系”，而是“指导关系”；在运行机制上，乡镇政府采取行政机制从事行政事务；村民委员会采取自治机制从事自治事务。

乡村体制尤其是村民自治制度的创建极大地激发了农民对民主的热望，也极大地推进了中国的民主进程。然而，村民自治在实际运行中没有实现文本上的预期绩效，反而产生了新的问题：其一，村民自治组织的行政化。在行政惯性支配下，为实现政府意志，乡镇政府往往借助国家权力系统中的党组织将社会转型期滋生的大量行政事务“转代理”给村民委员会。华中师范大学农村问题研究中心调查统计发现：20 世纪 90 年代末河南一个村民委员会要完成的“上级”任务多达 100 余项。村民委员会主要扮演行政代理人角色。其二，村企合一。根据中央规定，大多数村集体经济组织与村民委员会实行“两块牌子、一套人马、交叉任职”，出现了“政企不分”问题。其三，城乡分离的延续。乡村体制是社队体制的延续，村民自治制度运行的相当时期里，人民公社时期形成的“城乡隔绝”的二元社会结构继续沿袭并且有日益扩大的趋势。

换言之，农村社区管理体制的几次转换都没有真正破解农村社区行政化和城乡分治的困境，而且这种困境随着农村税费改革和综合配套改革的推进日益凸显。村民委员会的行政化和农村社区民间组织的缺失使公共财政支持下的公共服务向下延伸时缺乏合适的组织依托；城乡社区长期分治使农村社区服务供给水平低，农村社区公共产品极其短缺。

三、当前我国农村社区管理体制创新的目标取向及实现途径

我国农村社区管理体制改革的关键是：在以工补农的背景下，重新确立农村社区管理的目标取向，即由主要服务于资源提取转向主要提供优质的社区公共物品和服务，大力发展社区事业，不断提高居民的素质和整个社区的文明程度，努力建设管理有序、服务完善、环境优美、治安良好、生活便利、人际关系和谐的新型农村社区。

在此基础上，完善农村社区管理体制还要立足于农村社区的价值重构，即重建协作伦理与和睦共处的价值观。传统意义上的中国乡村都有共同的伦理与价值体系，但由于资源与环境的差异，每个村庄形成了各自不同、与自然相适应的生产与生活传统，其伦理与价值体系有所不同。以推动“社会幸福”为目标的新农村建设必须尊重每一个农村社区文化与传统的核心价值，支持农村社区各主体的利益追求，着力提高其满足需求的能力。[1]

---

[1] 吴法，邹静琴：“农村社区管理体制创新的理论资源与实践模式探讨”，载《山东科技大学学报》，2007 年第 4 期。

与此同时，要重构社区管理的组织体系及其职、责、权关系。在农村社区管理体制创新过程中，应借鉴新公共管理理论和治理理论以及各国农村社区管理体制创新成功的经验，在重新定位社区内外各类组织的职、责、权边界的基础上，建立一种由多元主体共同参与的网络管理体系。这就需要使各类组织从过去纠缠不清的复杂关系中解脱出来，实现各参与主体的职能优化，从而发挥最大的整合优势。第一，社区党支部的主要职责应该是监督和保障职能。依据村民自治的有关法律规定，社区党支部应该承担监督村民自治的各项工作是否符合法律规范，保障村民自治依法推进的职能。该组织应该作为乡镇党委和政府的派出机构，由乡镇任命，并由乡镇负责工作经费。第二，行政性事务应该由相应的行政部门来独立承担，禁止转嫁给村委会。即乡镇政府应该在理顺自身职能的前提下，将少数必需的政府部门，如税收部门、计生部门、公安部门等下沉到社区，与村委会建立合作机制，而不是简单地将这些事务转嫁给社区组织。第三，专业性服务应该由社会性服务组织提供。原先依附于政府的各种事业单位，如供水、供电、供气、农业技术推广等基础设施提供机构；文体中心、幼儿园、小学、医疗保健中心等教育、文化医疗类机构；慈善、福利类组织都要从依附于县或乡镇的行政系统中独立出来，成为独立的社会性服务组织；此外，还应培育农民协会、农村经济合作社等各类服务于农民社会、经济生活的中介组织。社会性服务组织与政府的关系应该是：前者是具体的服务者或生产者，政府则是服务的安排者、管理者和监督者。第四，社区外的政府立法机构和指导机构应该负责制定与应用法律制度，以确立地方性的集体选择规则，并指导社区利益相关者建立民主协商机制。第五，村委主要负责社区内共同利益的主张和维护。村委会必须从与政府部门、党组织、村集体经济组织所形成的“纠缠不清”的关系中摆脱出来，主要负责社区内的公共事务。第六，社区内部小范围的公共事务，可以通过村民自主结盟来提供，这可以预防村民对村委会的过度依赖。第七，私人物品不能由村委会包办。凡是可以通过市场提供的物品是私人物品，如家电维修、理发、美容等收费性便民利民服务项目，应该由市场提供，村委会不应包办代替；而村委会创办的便民、利民服务网点，可以通过承包租赁的方式由个体户和私营企业来具体经营。

最后，要突破思维定势，实现管理机制和手段的创新。第一，必须改变自上而下的行政主导型管理机制，建立法律约束机制、协商对话机制和参与机制。政府要通过“社区外政府立法机构”强制性输入法律、法规和政策以及“社区外政府指导机构”的强有力指导和协调，逐步建立社区内政府机构、社区自治组织、社区中介组织、村企、村民之间的民主协商机制，合作治理社区公共事务，有效满足村民需求，从而构建社区内的民主协商规则。在此基础上，提高村民参与程度，注重互助机制，通过有效的沟通和让村民能有效且持续的参与来降低彼此的不信任感，让基层组织与村民在知道彼此的底线后，通过“协商机制”找寻一个可以妥协与忍受的选择，这是农民素质不断提高和觉醒的必然结果与佐证。第二，要改变对农村社区公共事业供给资金的方式。如国际上大力推行的凭单制度，既有利于削弱职业性利益集团对政府公共服务决策的影响，使企业为争夺消费者手中的有价证券而展开竞争，从而提高服务质量，也有利于杜绝政府部门在提供公务服务中的权力寻租现象，对此应该积极予以借鉴。第三，要改变以往不重成本、不讲效益、不注重投入效果的缺陷，引入竞争机制，发挥市场竞争在农村管理中的作用，提高社区管理的管理效率。政府可以把部分公共事业承包给私营企业，政府只负责确定公共服务的数量和质量标准，并监督承包合同的执行。这样做，既可以为私营经济发展腾出空间，又可缩小政府规模、节约成本，还可提高公共服务效率。目前，这一形式在乡村治理中运用得还很少，可以有计划地进行试点和探索。

阅读延伸材料

莒南县相沟乡掀起一场深刻的农村管理体制变革

山东省临沂市莒南县相沟乡位于莒南县城西南 10 公里，原有行政村 54 个，面积 120 平方公里，人口 4.2 万。2006 年以来，该乡适应新农村建设的要求，在 2004 年行政村规模调整的基础上，对农村基层行政体制进行了大胆改革尝试，将具备条件的 32 个村整合为 10 个居民社区，打造了与中央“大部制”改革相呼应的“大村庄制”农村社区，实现了农村基层管理体制的重大变革，大大地解放和发展了农村生产力，推进了城乡一体化和新农村建设进程。该乡的做法得到了国家民政部和上级有关部门的充分肯定，被《中国社会报》和有关新闻媒体誉为一场史无前例的农村管理体制改革、中国新农村建设的重要篇章。

资料来源：中国临沂两型社会建设网，2009—12—27。

第三章

农村社区管理模式

模式是对事物存在方式的高度抽象和概括，是经验与理论之间的一种知识系统。农村社区管理模式就是指人们对农村社区管理实践进行反思和概括得出的具有代表意义的典型形式或是可以使人参照执行的标准样式。本章对农村社区管理模式的内涵进行了界定，介绍了国外农村社区管理的几种模式，对我国农村社区管理的几种模式进行了总结。

第一节 农村社区管理模式及其国际经验

一、农村社区管理模式及其构成要素

“模式是对事物存在方式的高度抽象和概括，是经验与理论之间的一种知识系统”[1]，是某种事物的标准形式或使人可以照着做的标准式样。它具有模型、原型、样式、模范、典型、榜样及款式等多种含义。按照美国著名社区工作专家罗斯曼的看法，模式是较为具体、详细和紧凑的内在形式或典范。模式是处于较为松散的一般性取向和较为严谨的“理想类型”之间的位置。

农村社区管理模式就是指人们对农村社区管理实践进行反思和概括得出的具有代表意义的典型形式或是可以使人参照执行的标准样式。我国农村社区管理模式就是我国各地农村社区既有的、能对社区建设和管理产生示范效应的典型经验的概括。

按照娄成武、孙萍教授的观点，社区管理模式包括“标准样式”、“服务形态”、“模型与范式”和“工作模式”四项内涵。首先，模式是事物的标准形式或使人可以照着做的标准样式，也就是根据社区管理需求的变化，把辖区内部有关组织的功能进行优化组合，构成一套区域共同体的社区管理方式。其次，实际工作部门流行的模式概念的基本含义是指社区管理形态与运行机制，即社

---

[1] 娄成武，孙萍：《社区管理学》，高等教育出版社，2006年版，第64页。

区管理是如何和通过什么途径提供的。再次，有的学者的基本观点是，所谓模式包含“模型”和“范式”两层意义。从模型的角度看，模式具有理论意义，它是一种实施理论或操作理论。从范式的角度看，它是一种榜样或样式。最后，工作模式是指如何推进社区管理或社区发展实践的操作化工作模式。❶

社区管理的构成要素既是社区管理模式的重要组成部分，又是社区管理模式的分析层面。欧美国家社区管理模式构成要素多种多样，反映了欧美国家的社会环境与制度安排。

美国著名学者罗斯曼选择十一种模式要素，并且借助这些要素界定和区分三种经典的社区管理模式。这些要素是社区行动的目标类型、关于问题结构和问题状况的假设、基本的变迁战略、变迁策略和技术特点、实践者的主要角色、变迁的媒介、对待权力结构的取向、社区服务对象系统或构成人员范围、关于社区亚群体利益的假设、服务对象人群或组成人员的概念，以及服务对象角色的概念。

1995 年，英国学者波普尔提出划分和区分社区管理模式的主要标准包括四项：社区工作战略、社区工作者的主要角色和称号、工作机构的类型和活动、代表性人物与著作。

1996 年，美国学者魏尔提出区分和界定不同社区管理模式的五个构成要素是：期望的结果、系统的目标或变迁的目标、社区的主要组成人员、关注的领域、社会工作的角色。❷

二、欧陆国家赋予农业新价值的乡村治理模式

欧陆国家的一项重要农业政策是：说服农民在耕种过程中，改变过去密集种植和使用大量化学药剂助长的耕种习惯，接受可持续发展的经营理念。农民的角色与价值不再只是作物生产者，更多地被赋予维护世人所赖以维生的土地与提供更高质量作物的使命。确立了这种新价值之后，欧洲乡村发展通常建立在中央与地方政府“合作协调”(coordinating) 的机制上，各国政府普遍通过授权给地方政府的策略来促进乡村发展，其乡村政策强调“公—私合作伙伴关系”(pubic-private partnership) 以及维护公众参与的机制，即政府不再垄断公共事务，并建立种种制度性方案如“公办民营”、“公私合产”、“公私协力”等方式来让民间参与。但是，鉴于非营利民间组织在经营及管理能力上往往不够成熟，无法完全承担参与共同治理的责任，政府还须通过不同的指导与训练过程，让非营利民间组织具备基本的“治理能力”，这样，非营利民间组织欲

---

❶ 娄成武，孙萍：《社区管理学》，高等教育出版社，2006 年版，第 65 页。

❷ 王育山，刘继同：《中国社区建设模式研究》，中国社会科学出版社，2004 年版，第 42～43 页。

分享公共事务“治理权”的诉求才具有正当性。[1]

三、加拿大纽布朗斯维克省的新乡村治理模式

加拿大纽布朗斯维克省提出一种崭新且具实验性质的乡村地区治理模式。纽布朗斯维克省自从1995年“地方自治法案”通过以来，便积极筹备一个由9人组成的“自治法审查咨询委员会”以检验现在地方政府的权力结构与服务内容。从1996年2月到1997年3月，历经13个月对“地方服务地区”(Local Service Districts，LSDS)委员会进行资料收集与访问后，自治法审查咨询委员会发现省与“地方服务地区”间在权力、服务与权责方面经常产生冲突。地方服务地区经常抱怨省级政府无法依照地区居民的意愿提供具体的服务；同时，地方的决策权经常不被重视。而上级政府在财政预算日益紧张、不得不缩减过去所提供的服务项目时，经常面临究竟要缩减哪些政府服务项目或哪些地区预算的问题。因此，长久以来，地方服务地区与省级政府经常处于一种紧张与对立的状况，而地方政府之间也因为要争取经费，而处于相互竞争和无法合作的困境。因此，解决这一问题，使双方达到双赢是新的乡村治理模式的当务之急。[2]

新乡村治理模式无意推翻现有的地方行政机构，而是鼓励地方服务地区政府积极转变为更具效率且彼此相互依赖的新乡村政府。这一机制具有几个特点：① 新乡村地区虽被赋予政府的职责，但并非完全自治，也无须再雇用人员与增加机构；② 为了保护某些地区的独特性，认同并允许原有的“地方服务地区”成为特区或保留地（wards），这些特区保存有自己的税法与规划不同的服务项目；③ 每个新乡村地区允许有5～7个保留地，如此将减少原有“地方服务地区”数量与提升行政效率；④ 设立非正式“地方服务地区”咨询委员会，来督导新乡村地区行政与服务，各个保留区也可通过非政府咨询委员会来处理行政事务；⑤ 每个保留区选举一个代表，并撤销原有“地方服务地区”行政议会，以降低政府层级与相关行政支出；⑥ 新乡村地区或保留地代表的选举也配合加拿大全国三年一度的大选来产生；⑦ 地方税制并没有改变，但必须能够支付地方治安与交通服务开销；⑧ 为让更多市民参与决策，将举办社区重大咨询与决策会议；⑨ 人民请愿权并没有改变，但是必须确定区分不同地区层级，以符合法定人数的要求。

---

[1] 王培刚，庞荣：“国际乡村治理模式视野下的中国乡村治理问题研究”，载《中国软科学》，2005年第6期。

[2] 王培刚，庞荣：“国际乡村治理模式视野下的中国乡村治理问题研究”，载《中国软科学》，2005年第6期。

四、韩国新村运动中的农村社区管理模式

自20世纪70年代开始，韩国在朴正熙主持下开始新村运动。在韩国，农村没有地方自治的基础，农民们没有习惯也没有途径自我组织起来，他们在社会发展中缺乏主动性。新村运动的第一个目标是农村启蒙，即政府通过一些具有感召力的活动和国民喜闻乐见、容易接受的形式对农民进行教育和培训，逐渐在农民中建立起“勤勉、自助、协同”和“干，就能成功”的新村理念。新村运动的第一步是在1970年免费发给全国33 267个村庄每村335袋水泥，平均每户4袋，用于村庄建设。政府制定了一系列建设项目，但项目的具体建设方式却是由村民开会自主讨论决定，这激发了农民对新村运动的积极性。如果说朴正熙时期的新村运动还体现着政府在特定时期对农村经济干预的加强，以及在资源分配、计划指导和组织动员等方面的加强干预。那么在朴正熙之后，政府则更加致力于建立和完善民间组织，将政府主导的“下乡式运动”转变为民间自发的、更注重活动内涵的活动，政府只是通过制定规划、协调、服务以及提供财政支持等手段，来调整农业结构，提高农民收入。[1]

总的来说，大力发展和利用农村民间组织来推进农村建设是韩国新村运动的一个重要经验。在新村运动中，韩国政府始终致力于建立和不断完善民间组织，基层农民的组织化程度不断提高。从开展新村运动的第二年开始，韩国政府引导各地农村兴建用于集中讨论活动的场所——村民会馆。村民会馆逐渐发展为不仅用来开会，而且用来举办各种农业技术培训班、交流信息、开座谈会以及用做农民协会办公地，妇女会在村民会馆中还举办了公共交易场。此外，它还收集包括农业生产统计资料和农业收入统计资料在内的各种统计资料，向村民展示本村发展计划和发展蓝图。20世纪80年代以后，韩国政府开始引导建立和完善全国性“新村运动”的民间组织。1980年12月1日，作为非政府社团法人的“新村运动中央会”成立，标志着分散各地的农村民间组织开始转变为全国性的自成体系的机构。他们负责全国新村运动的组织、协调、宣传和评价工作，此外还有金融、图书、培训、宣传职能和资源。韩国政府还出台了一部《新村运动组织育成法》，从法律层面来保障农村民间组织的各项权益，“新村运动”从此实现了政府推进方式向民间组织或者团体方向的转换。

五、日本农村社区的双向混合型管理模式

日本农村社区采取的是“地域中心”的管理模式，“地域”相当于中国农

---

[1] 吴法，邹静琴：“农村社区管理体制创新的理论资源与实践模式探讨”，载《山东科技大学学报》，2007年第4期。

村的“乡镇”一级行政区域，其管理机构被称为“地域中心”。地域中心是由区政府根据人口密度和地理半径来划分的行政管理机构，隶属于区政府地域中心部。“地域中心”的主要工作职责很多，包括征集民众意见、组织民间公益团体对所需全体给予支持援助等。“地域中心”作为一定区域的行政管理机构，其职能比较单一，职责亦十分明确，主要侧重于地区事务管理和为本地居民服务，在工作管理界限方面没有形成交叉的情况，能够集中精力和力量把该办的事办好。同时，在社区发展和管理方面，地域中心和社区社会团体组织相互配合，给社区自治、社区管理及其发展提供了较大的弹性空间，给基层社区的管理改革提供了广泛的操作平台。[1] 但是从其发展缘起来看，“地域中心”仍是一个政府下派机构，不能完全代表民众进行利益话语权的表达。在这种态势下，日本农村社区居民自发建立了一个团体服务制度——住区协议会制度，它是地地道道的农村社区居民参与公共事务管理的群众自治组织，它的功能是协调促进、制衡“地域中心”的工作和工作偏误，这种制度的最大特点是居民自愿加入并直接参与民主管理，使政府能听到居民的呼声，使政府的计划更符合当地地区的实际。从这种模式的发展轨迹来看，日本的社区管理是双向的（混合型），一边是官方的“地域中心”，另一边是民间的“住区协议会”，相互等量，齐驱并进，互不交叉，两者的最终落脚点都是为民服务，共同保障日本社会的稳定、良性发展。

第二节　我国农村社区治理模式

一、社区治理理论

“治理”原意是控制和操纵，主要用于与社会公共事务相关的管理活动和政治活动中。治理是研究社会关系的全新理念，强调通过合作、协商的方式对公共事务进行管理，弥补国家和市场在社会资源配置过程中的不足或失效之处，它是使相互冲突或不同利益得以调和并且采取联合行动的持续的过程。研究治理理论的学者格里·斯托克认为，治理具有五个基本特征：① 治理意味着社会管理者不仅仅来自政府和社会公共机构，还包括民间组织、私人组织及各种合作组织；② 治理表明，在现代社会中，国家正在把原先由它独自承担的责任转移给公民社会；③ 治理明确肯定了在涉及集体行为的各个社会公共机构之间存在着权力依赖；④ 治理意味着参与者最终将形成一个自主的网络，它与政府在特定领域中合作并分担政府的行政管理责任；⑤ 治理意味着办好

---

[1] 聂林：“国外社区管理模式比较”，载《社会观察》，2004年第5期。

事情的能力并不仅限于政府的权力、权威，政府有责任使用新的方法和技术，更好地对公共事务进行控制和引导。治理的实质就是建立在市场原则、公共利益和认同之上的合作。其管理机制所依靠的主要不是政府的权威，而是合作网络的权威。其权力向度是多元的、相互的，而不是单一的和自上而下的。❶

由此可见，治理不是一整套规则，也不是一种活动，而是一个过程。这种过程的基础不是控制，而是协调。它既涉及公共部门，也包括私人部门。它并非是一种正式的制度，而是持续的互动。治理不完全依赖政府的传统权威和权力，也不完全依赖市场的价格协调机制，而倾向于多元主体之间的信任与合作。治理是社会政治体系中所有被设计的行为者互动式参与的共同结果，可以被看做一种社会政治体系模式。另外，治理结构具有多样性。治理主体间的界限是模糊的，为实现共同目标，治理往往体现为主体间多样化的行动、干预和控制，可以是契约性合作，也可以是国家让渡部分管理权给社会其他组织。

西方学者主张用治理代替统治，试图以此弥补社会资源配置中市场的失效和政府的失灵，但是治理也不是万能的。因此一些学者又提出“善治”的概念。俞可平认为，善治就是使公共利益最大化的社会管理过程，其本质特征是政府与公民对公共生活的合作管理，是政治国家与公民社会的一种新颖关系，是两者的最佳状态，是国家权力向社会回归的还政于民的过程。❷ 将治理理论应用于农村社区治理中，意味着单一的农村社区管理组织模式被多元行动组织模式所取代，传统的组织壁垒被跨组织、跨层级的信息和资源流动冲开，单向的行政权力运作机制变为垂直双向和横向的依赖互动关系。

社区治理就是指在一定的地域范围内，由政府与社区自治组织、非营利非政府组织辖区单位以及社区居民共同管理社区公共事务，推进社区持续发展的活动，并体现了为社区范围内不同主体依托各自资源进行的相互作用的模式。❸ 社区治理的内容包括社区服务、社区环境、社区治安、社区自治、社区文化体育卫生及完善的社区组织体系等多个方面。美国政治学学者埃莉诺·奥斯特罗姆经过研究发现：“社区治理通过借助既不同于国家，也不同于市场的制度安排，可以对某些公共资源系统成功地实现开发与调适。”❹ 社区治理可以弥补国家和市场在调控和协调过程中的某些不足，成为国家和市场手段的补充。社区治理强调居民参与，要求社区发展的各项规划、社区建设的实施以及

---

❶ 俞可平：《治理与善治》，社会科学文献出版社，2000 年版，第 31～35 页。

❷ 俞可平：《治理与善治》，社会科学文献出版社，2000 年版，第 8～11 页。

❸ 魏娜：“我国城市社区治理模式：发展演变与制度创新”，载《中国人民大学学报》，2003 年第 1 期。

❹ ［美］埃莉诺·奥斯特罗姆·余逊达，陈旭东译：《公共事务的治理之道》，上海三联书店，2000 年版，第 25 页。

社区事务的处理等都必须体现社区居民的广泛参与，与居民的要求相适应。它要求社区组织和社区公民与政府共同承担社区建设的责任，有责任感的公民和负责任的政府在社区治理中同等重要。政府通过社区建设，发挥自身的组织与资源等优势，在社区居民的广泛参与下，共同推进社区的建设与发展，从而达到有效治理社区的目的。从以上的论述可以看出，社区治理的主体是多元的，既包括政府、社区组织，又包括社区公民；社区治理的客体是社区公共事务，而社区治理的实质就是在多元主体共同参与的情况下对社区公共事务进行的一系列管理活动。

综上所述，农村社区治理是指农村社区范围内政府、社区组织、社区单位、非营利组织、社区成员共同管理社区公共事务的活动。

二、我国农村社区治理的特点

与我国传统农村的基层社会管理相比，农村社区治理有着显著的特点。

第一，就主体而言，由二元主体转变为多元主体。我国传统农村的基层社会管理中，基层政府和基层群众自治组织是仅有的两类管理主体。而在农村社区治理中，主体的多元互动是必然要求，除了基层政府与基层群众自治组织之外，还有集体经济组织、合作组织等。因此，农村社区的公共事务需要多元主体的参与和决策，政府与农村社区之间要形成积极而有成效的合作信任关系，以善治（良好的治理，就是使公共利益最大化的社会管理过程）为目标，实现农村社区公共利益的最大化。

第二，就过程而言，从强调行政控制到强调村民参与。传统农村的基层社会管理中行政功能的地位非常突出，上下级科层色彩浓厚，而社区治理强调居民参与，要求社区内部发展的各项规划、社区建设的实施以及社区事务的处理等都必须体现社区居民的广泛参与，与居民的要求相适应，并体现为各个主体间的一种互动关系。

第三，就结构而言，由垂直管理转变为横向互动结构。我国过去的农村社区管理体制结构是从上级政府到村委会，再到居民，只有垂直的关系，没有横向的联系。而在农村社区治理结构中，社区主体多元化，农民与村民委员会之间、居民与政府之间的关系由单向运行转变为双向互动。大量社区中介组织的培育和发展，在居民和政府之间成为一道沟通和联系的桥梁，从而将社区中的行政力量、自治力量和社会力量构筑成横向的网状结构。[1]

---

[1] 李长健，朱汉明，胡纯："关于不同类型农村社区治理模式的思考"，载《山东商业职业技术学院学报》，2009 年第 5 期。

三、我国农村社区治理的模式

进入21世纪以来，我国开始了农村社区建设实验，各实验区充分利用改革先试权，在农村社区建设实验过程创造了多元治理模式。

（一）社区体制改革与治理模式

从农村社区事务治理主导角色看，目前我国农村社区体制改革与治理模式可归纳为村落自组织模式、村社合一模式、村企主导模式、联村建社模式四种。[1]

1. 村落自组织模式

村落自组织模式，是指在没有外部指令的强制前提下，村落社区成员通过面对面协商，自发组织并治理村落社区事务的制度安排和运行模式。本模式的代表主要有江西省和湖北省秭归县。其基本特点：以自然村落为治理空间，治理边界和受益主体清晰，治理空间较小；以村落民间组织为主要治理主体，在行政村党组织领导和村民委员会指导下建立村落社区志愿者协会或社区理事会从事村落社区治理；以自治和志愿为治理机制，民选经济能人或农村“耄耋”通过协商民主治理村落社区事务。

村落自组织模式的最大优点在于：原生形态社区的空间定位和村落自组织的角色定位，为社会生活共同体和乡村自治新单元的构建提供了坚实的基础。从实践看，湖北秭归和江西都是根据自然属性定位社区空间，作为社区服务（管理）主体组织的村落社区志愿者协会和社区理事会都不是作为乡级行政机构出现，而是行政边界之外的民间组织；不是向上级政权负责，而是直接向农民负责，这既营造了乡村治理结构新元素，又大大提升了村民自治的生机和活力。村落自组织模式的限度在于：村落社区自组织的制度设计并没有触动村民委员会这一法定自治组织的行政化问题，而且由于村落社区自组织与村级行政机构的责权关系还存在一些“暧昧地带”，村落社区自组织代行村民委员会许多功能，这一方面可能使得“后税费时代”的村民委员会出现贵族化和边缘化问题；另一方面也可能导致村落社区自治组织行政化问题。此外，社区自组织成员的志愿性和兼职化使村落社区自治热情面临挑战。

2. 村社合一模式

村社合一模式，是指村民委员会与社区服务（管理）组织在成员上交叉任职，在功能上合一的社区治理制度安排和运行模式。本模式的典型代表主要有山东省胶南市、重庆市永川区、南京市、湖南省、湖北省等地。其基本特点：建制村与社区在空间上合一；村党组织和村民委员会主导社区建设，村“两

---

[1] 卢爱国：“农村社区体制改革模式：比较与进路”，载《理论与改革》，2009年第5期。

委”下设社区服务（管理）组织，村“两委”成员与社区服务（管理）组织领导成员交叉任职；村民委员会自治管理与社区服务职能合一，村民委员会依托社区服务（管理）组织代理地方政府部门委托的各项涉农行政管理和公共服务事务；社区工作者队伍专兼结合，以村“两委”成员为主体，动员和组建社区志愿者队伍或政府购买公益岗位，解决社区服务人员配置。

村社合一模式以建制村为社区空间设置农村社区服务（管理）组织，专门承接地方政府下沉职能，实现了村级政治资源、经济资源、社会资源和组织资源的整合，改变了传统乡村组织重行政管理轻公共服务的倾向和行为，提高了政府公共服务效能，一定程度上改变了长期以来农村社区公共产品短缺的现象。与村落自组织模式相比较，本模式尤其注重市场中介组织的培育，农民在享受城市文明的同时，又获得了经济发展。但是，本模式由于村民委员会与社区服务（管理）组织在成员上交叉任职，在功能上合一，这将带来两个方面的问题：一是作为自治组织的村民委员会在功能和管理幅度上将日益扩大，村民委员会行政化趋向可能加重；二是社区服务（管理）组织的专业性质可能因与村民委员会一体化而被混淆和淡化，社区服务人员的兼职化和业余性使社区服务效能面临着严峻的考验。

3. 村企主导模式

村企主导模式，是指村民委员会、村办企业（企业集团）、社区服务（管理）组织在成员上交叉任职、在功能上合一的社区治理制度安排和运行模式。村企主导模式在江苏、浙江等集体经济较为发达的农村社区较为普遍，此外内蒙古东达集团建设的生态移民新村也属于此列。其基本特点：首先，组织结构上，村民委员会、村办企业（企业集团）、社区服务（管理）组织负责人实行“一套班子、三块牌子、交叉任职”。同时，农民大部分是村办企业（企业集团）的职工。其次，组织功能上，社区自治管理、社区行政管理、社区建设（服务）职能、企业经营管理没有分开。再次，主导力量上，村级组织是社区建设的主导者。由于有强大的集体经济支撑，社区建设的主要资金不是来源于政府拨款，而主要来源于村级组织。村级组织在社区规划、社区基础设施建设、农民社会福利、市场化服务、行政管理等方面扮演着广泛而重要的角色。

村企主导模式通过村企合一，以企业作为社区建设的主导力量，通过作为经济组织的企业与作为社会组织的社区服务（管理）组织和村民委员会相结合，把企业发展目标与社会发展目标相联系，可以实现社会效益和经济效益双赢，充分发挥作为资源配置手段之一的市场在社区建设中的作用。但从长远来看，这种模式的弊端在于：一是缺乏专业化。毕竟企业的长处在于发展经济，而不是社会管理，一味强调企业对社区的管理反而容易分散企业的精力，也不利于企业的专业发展。二是企业的市场化管理方式有其弊端，容易压抑居民群众的自我管理能力。市场化的管理方式特点主要是依靠经济杠杆，效率高，与经济利益直接挂钩。但社会生活中的问题尤其是涉及人与人之间的互动，社区生活关系等问题不是单纯依靠经济调节就可能实现的。三是企业发展的制约。企业是营利组织，企业发展的最主要目标是追求利润。企业经营社区，直接介入社区建设和社区管理，势必分散企业生产经营的精力，重现计划经济时代的“政企不分、企社不分、企事不分”问题。四是村民自治的缺失。由于村民委员会与社区服务（管理）组织、村办企业（企业集团）在人员上的同一、在事务上的繁杂，容易导向市场化管理替代村民自治管理，村民自治难以有效展开。

4. 联村建社模式

联村建社模式，是指介于行政村与乡镇政府之间，以一定服务半径设置社区服务（管理）组织，专门承接社区行政事务和公共服务的制度安排和运行模式。本模式创建于我国东部沿海经济发达的农村社区和一部分人口密度较大的中西部平原地区，其典型代表主要有山东诸城市和浙江舟山市。其基本特点：以一定服务半径为标准在多个建制村的基础上设置社区；建立社区服务（管理）组织和社区党总支，两个组织交叉任职，成员主要来源于联合建社区的各村干部、乡镇干部调配或人事部门招聘的大学生村官；社区服务（管理）组织的性质定位为服务农民的平台，主要承接政府部门依法延伸的社区行政事务和社区公共服务，村民委员会回归法定的自治组织性质，主要承担村自治事务、互助服务以及村集体经济的运营。

与村落自组织模式、村社合一模式、村企主导模式相比较，联村建社模式的最大绩效是，在乡（镇）村之间设置社区管理（服务）专门机构，剥离原来由村民委员会承接的社区行政管理事务，有利于村民自治组织从繁重的行政事务中解脱出来，真正履行自治职能，这是“村民自治制度的深化和完善”。但是，由于人事上的行政吸纳和职能上的行政化，在实践运作中社区管理（服务）组织容易成为乡镇政府的派出机构。这一制度安排将可能形成县政府——乡镇政府——社区组织纵向垂直管理体制，不仅导致委托代理链条的延长，行政成本的增加，而且有悖于我国相关法律。本模式同样没有完全解决政府行政管理、社区公共服务、社区自治管理、村级经济组织经营管理在组织、人员和功能上的分开。联村建社模式中，社区组织行政趋向难以避免主要表现为相互联系的两个方面：人事上的行政吸纳，例如山东诸城将社区服务（管理）组织成员纳入乡镇干部管理体制，浙江舟山社区工作人员工资由市、县（区）、乡镇（街道）三级财政（各1/3）支付；职能上的行政化，无论是山东诸城的社区发展协调委员会还是浙江舟山的社区管理委员会都主要承担社区行政事务和社区公共服务。[1]

（二）社区治理模式类型

按照政府和社区之间权能关系的不同，社区治理模式可以分为三种类型，即行政主导型治理模式（以政府主导与社区落实相结合）、合作型社区治理模式（以政府推动与社区自治相结合）和自治型社区治理模式（以社区主导与政府支持相结合）。农村社区治理模式的类型基本符合社区治理模式的基本类型。[2]

1. 农村社区行政主导型治理模式

在农村行政主导型治理模式中，基层政府组织是农村社区治理的主体，承担着社区治理的责任，通过行政手段能够发挥政府组织、社会资源和社会力量的优势，通过对农村社区资源和农村社区组织的控制而达到治理的目的，在短时间内体现出社区建设的效率。改革开放初期，虽然在经济领域内旧体制逐渐被打破，但在行政管理领域，政府仍然是农村社会管理的主体。村民委员会虽然在法律上是基层群众自治组织，但实际上是被纳入到政府体系中的组织，其独立性受到很大的限制。基层政府对村民委员会进行领导，村民委员会的组建、经费来源、任务确定基本上都是由基层政府包办。由于行政主导型治理模式未给社区自治组织和社会中介组织留有发挥作用的余地，限制了社会组织的发展，对社区自治能力的提高和社区建设的深入开展是不利的。

2. 农村社区合作型治理模式

合作型社区治理模式是由政府对社区进行间接和宽松的干预，由政府部门人员与地方及其他社团代表共同组成社区治理机构，社区组织和治理以自治为主，政府有关部门负责对社区工作和治理进行规划和指导，并提供较多的经费支持。在国际上，很多国家都采用这种模式，例如以色列和日本。伴随着新农村建设的深入开展，政府可以通过授权把权力转移给农村社区内的社会组织，由其履行原本由政府承担的部分职能。农村合作型治理模式是指农村社区自治能力不断得到加强，农村社区自治组织在法律规定范围内的权利不断得到体现，尤其是农村社区的民主选举、自我管理、自我教育与自我服务的能力。在农村社区资源投入方面，主要还是依靠政府投入，农村社会组织投入作为辅助，同时逐渐增加更多渠道的资源投入。农村社区公共事务处理的好坏与否与农村社区居民的切身利益紧密联系。此外，农村的社区管理制度和组织体制为

---

[1] 詹成付，王景新编著：《中国农村社区服务体系建设研究》，中国社会科学出版社，2008 年版，第 59 页。

[2] 李长健，朱汉明，胡纯："关于不同类型农村社区治理模式的思考"，载《山东商业职业技术学院学报》，2009 年第 5 期。

农村居民参与农村社区管理提供了可能性，农村社区群众还可以参与社区管理者的选举、社区公共事务的决策以及社区公益活动，而且范围更加广泛。

3. 农村社区自治型治理模式

农村自治型社区治理模式主要表现为农村社区自治组织真正成为农村社区治理的主体，真正成为承担农村社区公共事务管理与决策的自治性组织。政府与农村社区自治组织共同为农村社区提供资源，共同使农村社区吸收社会资源的能力得到提高。随着农村社区的民主政治不断发展，农村社区民主政治发展的基本特征逐渐成为在法律保障下的民主选举、民主治理以及民主决策。在这种治理模式下，农村社区成为一种具有一定灵活性的组织体系，在该体系内各种组织组成的资源不断进行互补，同时信息互通。政府通过法律、制度为农村社区组织的发展提供保障的同时进行监督和管理。在国际上，发达国家大多形成了较完备的自治型社区治理模式，如欧美、澳洲、日本等，社区就是其基层社会管理单位，社区自治组织权限职责清晰，机构健全，社区内建有自治性的社区委员会、社区董事局、社区服务顾问等组织机构，社区治理的各项服务性工作一般是由非政府非营利性组织具体操作实施的。

合作型的社区治理模式是适合我国当前农村的实际情况的。这种模式的治理主体由二元（基层政府和基层群众自治组织）转变为多元（基层政府和基层群众自治组织、农村社区组织、其他非营利性组织、辖区单位、农村居民），治理过程由行政控制转变为民主协商，治理体系由垂直结构转变为横向结构，治理关系由依附与庇护关系逐步转变为信任与互惠关系。但是，我国农村社区治理模式还不能仅仅停留在合作型阶段，最终要向自治型过渡，实现善治的目标。

第三节　我国农村社区管理的发展趋势

一、构建新型农村社区管理体制

社区本身具有层次性和结构性，这也决定了社区管理体制的层次性和结构性。农村社区新型管理体制的构建应该体现出多个层次和多个系统的组合，而且也应该体现社区管理主体的多元化。新型的农村社区管理体制应具有以下这样几个特征。

第一，多层级性。既由市、区、社区或者县、镇、社区组成三级管理模式，区别于倒金字塔形的直线模式，这种模式扩大了社区的管理权限，让其具有发挥直接接近民生，了解情况的优点。同时，服务的思想理念又使得政府行为、社会行为和市场行为有机的结合，形成一种有序的、高效的社区管理体制。在这种结构中，各级关系明确，各司其职，同时各自又有自己活动的主要范围，市、县一级主要负责的是主导责任，区、镇一级负责的是规划、监督、沟通等，而社区一级具体负责落实社区发展中的各项事务。

第二，多系统的结构。新的管理体制要由政府内的系统和社区内的系统共同组成。具体地说，就是政府系统内的区、镇以及各个职能部门参与社区管理，为避免条块分割，驻社区内的政府职能部门比如派出所、卫生所等应归社区领导。在社区系统内由提供各类管理的社区管理体系和提供各类社区居民服务的社区服务体系参与社区的具体管理。这两个构成部分有机结合，共同构成完整、配套的社区管理机构。

第三，多元化的社区管理主体。有的学者反对将社区管理主体多元化，认为这样将造成管理混乱的情况。在没有明确规定这些主体的职权范围的情况下的确是会出现这种情况的，但并不能就此认为多元化必然导致这样的事发生。社区管理主体的多元化，可以使管理队伍出现社会化、职业化、专业化，也可以有效的整合社区内的资源，综合社区的各种力量共同致力于农村社区的发展，形成群策群力建设社区的大好局面。

第四，多样化的运行机制。新型的运行机制要摆脱单一的依靠行政命令来维持运转的现象，而实现行政手段、法律手段、经济手段的综合运用，主要依靠法律和经济手段。在运行机制之中还要包括这样几个机制的确立与完善：责任考评机制，以改变过去责任不明、职责不分、管理混乱的缺陷；市场竞争机制，通过这一机制实现社区企业化的经营管理，加强社区的经济意识和服务意识；引入法律机制，实现社区管理整个过程的法制化。

二、重建农村社区的信任和认同

英国学者齐格蒙特·鲍曼曾经说过，“共同体是一个‘温馨’的地方，一个温暖而又舒适的场所。它就像是一个家（roof），在它的下面，可以遮风避雨”；“在共同体中，我们能够互相依靠对方。如果我们跌倒了，其他人会帮助我们重新站立起来”[1]。然而，令人遗憾的是，废除人民公社体制后，中国农民已经不再完全依赖集体组织和农村社区，人们的职业、身份、利益、观念等等进一步分化、多元化，同质性的社会和社区日趋多样化和异质化，其社区认同在不断弱化。建立在集体经济和政治控制基础上的农村社区或基层共同体走向衰落，而农民对于原有的集体及农村社区的认同和归属感已经淡化，乡村社区及共同体陷入信任与认同危机。如何重建农村社区和共同体的信任和认同，成为亟待解决的问题。

---

[1] ［英］齐格蒙特·鲍曼，欧阳景根译：《共同体》，江苏人民出版社，2007 年版，第 2～3 页。

从近几年的实践来看，农村社区管理及共同体建设应走“服务之路”，即通过“服务”将分散的人们重新联系起来，在“服务”的基础上重建社区认同。在任何社会中，人们的生产和生活都不可能是孤立的，都存在一定的共同的需求。正是基于共同的需求，人们之间建立和形成了不同类型的社会组织。从根本上说，人们所指出的历史和现实中种类繁多的“共同体”，也是基于共同的需要而形成的。是否能够满足人们的共同的或公共的需求，是一个社区或共同体赖以存在的基础，也是形成人们认同和归属感的条件。[1]

早在2003年10月，党的十六届三中全会通过的《关于完善社会主义市场经济体制若干问题的决定》就从“农村社区服务”、“社区保障”及“城乡社区自我管理、自我服务”的角度提出农村社区建设问题。2006年10月，《中共中央关于构建社会主义和谐社会若干重大问题的决定》进一步明确提出，“全面开展城市社区建设，积极推进农村社区建设，健全新型社区管理和服务体制，把社区建设成为管理有序、服务完善、文明祥和的社会生活共同体”。在农村社区建设与管理实践中，各地普遍推行“一站式服务”。不少省市要求按统一标准、统一规范建设农村社区服务站，实现“统一管理体制、统一服务标识、统一窗口受理、统一服务规范”。通过设立农村社区综合服务站，将各类服务纳入社区服务中心，面向社区公众提供集中式服务。一些地方县市及乡镇政府直接选派人员进驻农村社区服务中心，将“服务送到农民家门口”。

因此，在新的历史时期，“服务”将是人们与社区及国家联系的纽带，也是人们对于国家和社区认同的基础。完善的公共服务和社区服务，不仅将农民与社区联系起来，赢得人们对社区积极的、发自内心的支持、信任、认同和归属感，同时也增强人们对于国家和社会的认同感，增强国家政权的合法性并促进整个社会的融合。加强农村公共服务，通过服务增强人们的社区归属感和认同感，这是当前农村社区管理的正确方向，也是构建新型社会生活共同体的必由之路。

三、规范农村社区权力运行机制

现有农村社会环境已经发生了显著变化，原有乡村组织体制与管理机制已经不再适应新型乡村治理模式的需求。而在宏观环境发生变化的同时，农村微观管理和组织体制还很不适应。农村社区建设与管理的一个重要方面就是在支持各种类型社区组织发展的基础上，重构运行效率更高、管理成本更低的新的社区管理体制和运行机制，使社区真正成为承接政府公共服务的重要平台，承担起促进农村政治民主、经济、社会全面发展的载体。《村民委员会组织法》

[1] 项继权：“中国农村社区及共同体的转型与重建”，载《华中师范大学学报》，2009年第3期。

第 2 条第 1 款规定："村民委员会是村民自我管理、自我教育、自我服务的基层群众性自治组织，实行民主选举、民主决策、民主管理、民主监督。……"第 3 条规定："中国共产党在农村的基层组织，按照中国共产党章程进行工作，发挥领导核心作用；依照宪法和法律，支持和保障村民开展自治活动、直接行使民主权利。"这就要按照"四个民主"的要求，通过完善民主制度、严密工作流程、规范权力运行、强化公开监督等措施，逐步形成一个自我管理、自我监督、自我服务、自我发展的运转机制，不断提高农村社区基层民主管理规范化水平。做到民主管理制度化、各种程序流程化、各项监督公开化。在基层党组织的领导下勇于创新农村社区组织体制与机制。首先，要确立农村社区建设与管理的主体。在村级党组织的领导、村委会的具体组织指导下，组建农村社区理事会，作为农村社区的建设主体，具体推进社区建设与管理。其次，设立具体的办事机构。根据农村生产生活的需要，在社区理事会中设立一些具体的服务组织，如互助救助组、环境卫生服务组、民间纠纷调解组、文体活动组、公益事业服务组等组织承担具体各项公共服务功能。再次，组织一批愿办事、会办事的服务人员。要精心选择一批老党员、老干部、老模范、老教师、老复员军人，充分利用他们德高望重、阅历丰富、社会关系多、主意办法多、村民易接受的优势，让他们作为理事会的主要成员，带领和服务群众，开展农村社区建设。要积极引导居住在村内的退休干部、无职党员、致富能手、外出务工人员等加入理事会，担任互助组组长，不拿或少拿报酬，自愿为社区村民服务。最后，加强农村社区建设的领导机制。农村社区建设与城市社区建设一样，涉及多个部门和不同领域，应将农村社区建设纳入各地社区建设领导协调机构统一管理，建立联席会议制度，确保在人力、财力、物力上有充分保证，并形成规范有效的领导机制和工作运行机制。[1] 总之，要依照国家法律，建章立制，综合配套，民主管理，将农村社区管理的内容、目标和方法纳入制度化、法制化、规范化轨道，实现农村社区管理的科学化。

阅读延伸材料

材料 1：盐池县在外来干预下实行草原社区管理和使用情况

常山子共有 102 户，人均草原面积 46 亩。禁牧前全村 1 700 多只羊，目前 1 400 多只，平均约 15 亩草原放一只羊。2004 年被选为县外援办的项目村

[1] 李增元："治理转型与共同体构建"，载《东南学术》，2009 年第 3 期。

后，在外援办有关人员的指导下，围绕本村草原的利用，先后召开了 9 次村民代表或全体农户代表会议，最终将全村的人口分成 3 组，将草原划分为 9 块。成立了草原管理小组，制定了详细的草、畜管理制度。规定每 20 亩草原只能放牧 1 只羊，以及每年的 11 月到次年的 5 月为休牧期。同时按照自筹 1∶2 的比例支持项目，建立了草原管理基金。该方案得到了村民的普遍认同。

材料 2：盐池县石井坑村自发的草原利用形式

石井坑自然村共有 42 户，207 人，草原面积 5 700 亩，羊只存栏约 600 只。2003 年秋季草原围栏 3 400 亩，围栏前分三个小组，两小组围了一个草库仑，1 900 亩，另一小组围栏 1500 亩，人均 16.4 亩。2002 年 11 月禁牧后，仍存在偷牧现象。2003 年春天村民发现偷牧处草的返青明显好于禁牧区，队长便和部分村民代表商议，决定在村里草料紧张的情况下合理利用草原，同时考虑保护草原生态，共同协商制定了季节性休牧措施，规定每年的 3～8 月为休牧期，此期间队委若抓到放羊的，每只按 50 元罚款；若队委不抓，群众发现，就相应对队委罚款，其余时间可放牧（但在全县统一禁牧期只能夜间放牧）。不过在禁牧背景下，只形成了口头协议。在社区团体制定的规则约束下，据反映，确实没有村民在共同商定的休牧期内放牧。不过，在 2004 年实际实行中，因草长得很好，草料又短缺，于是村民再次开会，决定从 7 月开始放牧。当询问政府在解除禁牧政策后，是否仍按所形成的协议对草原进行利用，村民们普遍持肯定态度。

摘选自：张树川，龙治普，齐顾波，李小云：“草原社区管理模式研究——以宁夏盐池为例”，载《草地学报》，2007 年第 5 期。

第四章

农村社区人口管理

人口是社区的基本要素。农村社区人口问题是一个十分重要的问题，这是因为农村社区的人口问题往往会影响农村社区其他各方面的发展，可以反映出深层的社会问题。本章着重就我国现阶段农村社区人口的结构、人口政策、农村社区人口与计划生育政策推行状况、所面临的问题以及解决措施等方面进行了初步探讨。

第一节　农村社区人口结构

一、农村社区人口的概念

在界定农村社区人口的概念之前，首先应清楚人口以及社区人口的概念。对于人口的概念，到目前为止没有统一的界定，不同的学者各有各的界定方式。大体上有以下几种界定方式：在马克思看来，人口是“一个具有许多规定和关系的丰富的总体”；佟新认为，人口是指生活在特定社会制度、特定地域，具有一定数量和质量的人的总称，是一个社会各种文化、经济和政治活动的基础[1]；吴忠观认为，人口，就是指生活在一定时间、一定地域、一定社会生产方式、具有一定数量和质量的人所组成的社会群体[2]；于显洋认为，人口是指存在于一定时间和空间范围内，生活在一定社会生产方式下，具有一定数量和质量，并表现为一定结构的有生命的个人所组成的不断运动的社会群体[3]。

虽然这些概念表述不尽相同，但是对于人口的内涵都有着以下几个方面相同的蕴涵。一是人口是数量和质量的统一，人口数量指的是人口规模的大小，而人口质量则是对人口征服、改造世界的能力条件等因素的总称，包括身体素

---

❶ 佟新：《人口社会学》，北京大学出版社，2006年版，第3页。

❷ 吴忠观：《人口学》，重庆大学出版社，2005年版，第9～10页。

❸ 于显洋：《社区管理概论》，中国人民大学出版社，2006年版，第126页。

质、文化素质和道德素质等方面。人口的数量和质量是不可分割的两个方面。二是人口总是生活在一定的时间、一定的地域之内。人口总是处在不断变化之中的，谈人口问题就必须界定人口的存续时间、空间这两方面的维度。三是人口总是与一定的生产方式相结合，而且人口与生产方式又是相互影响的两个方面。四是人口是由人所组成的社会群体，它是一个群体概念。

关于社区人口的概念，也可以从以上几个方面来把握，只是它在地域上有了更多的空间上的限制。因此，可以将社区人口界定为：某一社区内全部个体所组成的具有一定纽带联结关系的社会群体。[1] 相对而言，农村社区人口就是在人口概念的基础上对人口的地域、空间范围进行了更为细致的限定。所以可以将农村社区人口理解为：在一定区域内以从事农业为特征的、有一定社会组织、社会制度、活动中心、认同意识的人群共同体。

二、我国农村社区人口的基本特征

根据刘清芝博士的分析，我国农村社区人口结构具有以下特征。[2]

第一，地域性。农村社区人口结构是除城镇以外的乡村地域内的人口结构。人口结构是一定地域的人口结构，可以是世界的、一个国家的人口结构，也可以是一个省、一个市的人口结构。这种地域性的人口结构可以进行不同空间范围内的比较分析，研究不同地域内人口结构的异同。农村人口结构反映的是乡村地域内的人口内部关系及其比例关系。这种地域性特征使得农村人口结构在人口的自然结构、经济结构和社会结构方面凸现出与城市人口结构的差异。

第二，复合性。农村社区人口结构是多种质的规定性的综合体。农村社区人口结构主要是反映农村人口的不同质的规定性——如年龄、性别、就业、收入、消费、教育、婚姻家庭等，并依据这些不同质的规定性来划分农村人口。宏观层面将农村人口结构划分为自然结构、经济结构和社会结构三个部分，微观层面进一步细分为年龄结构、性别结构、就业结构、收入结构、消费结构、教育结构和婚姻家庭结构等。农村人口所具有的反映人们之间相互关系的这些质的规定性是客观存在的，依据这些规定性而划分的农村人口结构的各个组成部分之间是密切联系的，彼此相互影响、相互作用。因此，认识这些规定性及其相互关系是分析、研究农村人口结构的重要条件。随着社会的发展与进步，这种反映农村人口结构的某些规定性可能会发生变化。

---

[1] 于显洋：《社区管理概论》，中国人民大学出版社，2006年版，第127页。

[2] 刘清芝：《中国农村人口结构综合调整研究》，东北农业大学博士论文，2007年版，第14～15页。

农村社区人口结构又是质与量相结合的统一体。农村人口结构除了具有一定质的规定性，同时还反映内部构成要素的量的比例关系。从数量方面认识农村人口结构，才能真正把握农村人口结构的发展状态，即是否合理化，从而真正反映一定社会的人口问题及其所带来的社会经济问题。

此外，研究农村社区人口结构，既要研究农村人口结构自身及其各个组成部分的内在联系，还要研究农村人口结构与社会、经济等因素的关系，分析农村人口结构变动的影响因素，探索出农村人口结构的发展趋势和规律，以及研究农村人口结构对农村社会经济发展的影响。这既是人口理论研究本身的需要，也是农村人口发展实践的客观要求。

第三，动态性。农村社区人口结构是一定静态时点与动态变化的统一。人口结构是一个历史范畴，它会随着时间的推移而不断变化。同时又具有相对稳定性，是一定静态时点上的人口状态。所以说，人口结构都是某一时点的人口状况，也只有同一时点上的人口结构才具有可比性。通常所说的人口结构都是相对的时点即一段时期内的人口结构。这样，人口结构既可以进行横向的比较分析，又可以进行纵向的比较。

三、我国农村社区人口的结构现状

人口结构是指依据人口所具有的各种不同的自然的、社会的、经济的和生理的特征，把人口划分成的各种组成部分所占的比重及其相互关系。[1] 所谓社区人口结构，也称社区人口构成，是指社区人口本身在一定时间的内部组合状态，一般用组成部分的比例关系来表示[2]。社区人口是由各种相互关联的组成部分构成的。就人口构成因素的特点和性质而言，可以分为社区人口的自然结构、地域结构和社会经济结构三大类。在此仅就农村社区人口的自然结构如性别结构和年龄结构以及社会结构方面的文化素质结构进行简要分析。

（一）农村社区人口的性别结构

社区人口的性别结构反映一个社区内全体人口中男女人数的比例关系。农村社区人口性别结构就是指在某一农村社区中，男性与女性人数的比例关系。通常情况下，反映人口性别结构的指标有两种：一种是分别计算男性和女性在人口总数中的百分比，即性别结构比，又称为性比重。其计算公式为：

男（女）性比重＝男（女）性人数/人口总数×100％

另一种是计算男性人数对女性人数的百分比，即性别比，又称为性比例。

[1] 吴忠观：《人口学》，重庆大学出版社，2005 年版，第 105 页。

[2] 于显洋：《社区管理概论》，中国人民大学出版社，2006 年版，第 128 页。

其计算公式为：

性别比＝男性人数/女性人数×100％

一般来说，用性别比表示人口的性别结构是最常用的方法。[1]

据统计，2004年末我国人口总数为129 988万人，其中农村人口75 705万人，占全国总人口的58.24％。我国农村人口的基数很大，所占总人口的比重在不断下降，从1978年的82.08％下降到2004年的58.24％，下降了23.48个百分点，但是农村人口的绝对数量从1978年到1995年呈现上升趋势，之后又有所下降。[2]

国际上一般将人口性别比在95～105之间视为基本平衡，否则称之为“人口性别比失衡”。20世纪80年代以前，我国出生人口性别比一般都在国际社会认可的正常值范围之内。进入80年代以后，出生性别比持续超出正常值范围，一直在107以上，且有持续攀升的趋势。依据“五普”和近年的抽样调查提供的数据，1990—2000年的出生性别比在111、114、115、117、118、119、120、122、123、118左右。2004年，全国出生人口性别比为121.18。这在世界上是属严重偏高的国家。尤其我国的农村人口的性别结构更为严重失衡。2004年我国农村人口性别比为106.09，高于全国总人口性别比（全国总人口性别比103.45）；2004年农村出生人口性别比为122.21，也高于全国出生人口性别比。

（二）农村社区人口的年龄结构

人口年龄结构是一定时点、一定地区各年龄组人口在全体人口中的比重，通常用百分数表示。人口年龄结构是人口结构中最基本的结构之一。[3] 人口年龄结构的计算方法有三种：一是逐龄计算，即以1岁作为年龄组距，分别计算各年龄组人口数及其在总人口中的比重，表示人口在各年龄组中的分布状况；二是以5岁作为年龄组距来划分人口年龄组，计算人口年龄结构；三是根据实际需要、单独从总人口中划分出特殊年龄组来分析人口年龄结构。例如，1～6岁为学龄前儿童组，7～12岁为学龄儿童组，18～22岁为义务兵役年龄组等。

人口年龄类型是指根据反映人口年龄构成的一定指标，按照一定的标准将人口区分为不同的类型。通常划分为三种类型，即年轻型人口、成年型人口、老年型人口。目前，国际上通用的划分人口年龄结构类型的标准，如表4-1所示。

---

[1] 吴忠观：《人口学》，重庆大学出版社，2005年版，第109页。

[2] 刘清芝：“社会主义新农村建设中的农村人口问题分析”，载《东北农业大学学报》，2007年第1期。

[3] 佟新：《人口社会学》，北京大学出版社，2006年版，第147页。

表 4－1 划分人口年龄结构类型的标准数值❶

类型	老年人口系数（%）	儿童少年人口系数（%）	老少比（%）	年龄中位数（%）
年轻型	<5	>40	<15	<20
成年型	5～10	30～40	15～30	20～30
老年型	>10	<30	>30	>30

数据来源：刘洪康，吴忠观主编：《人口手册》，西南财经大学大学出版社，1998 年版，第 460 页。

通常情况下，人们一般把年龄结构与性别结构综合起来使用，称为性别年龄结构。而且，可以把男女各年龄组（5 岁组）分左右划成条状，形成一个整体上像金字塔的图形，称为人口金字塔。用人口金字塔可以表示人口性别年龄结构的三种类型：一是年轻型，金字塔呈下宽上尖的正方形，即增长型；二是成年型，金字塔呈吊钟形状态。塔身较直，只在高龄部分收缩，即静止型；三是老年型，金字塔成壶型，塔型下窄上宽，青少年人口越来越少，开始收缩。❷

目前我国的人口年龄结构加速老龄化的趋势十分明显。如表 4－2 所示，如果把 65 岁以上老年人口比例作为衡量老龄化程度的指标，那么，2000 年我国 65 岁以上老年人口占总人口的比例为 7%左右，中国刚刚跨入老龄社会的门槛。以后这个比例呈加速上升状态。

表 4－2 未来中国人口增长趋势❸

年份	人口数（亿）	65 岁以上老年人口比例（%）
2000	12.7	7.0
2010	13.8	8.3
2020	14.7	11.8
2030	15.3	14.0
2040	15.4	20.9
2050	15.2	21.8

数据来源：国家计划生育委员会《中国未来人口发展与生育政策研究》课题组：《中国未来人口发展与生育政策研究》，《人口研究》2000 年第 3 期。

就农村人口的年龄结构来看，我国农村已经进入老年型社会。据统计，2004 年，我国 65 岁以上的农村老年人口有 6222.7 万人，占农村总人口比重的 8.4%，仍然超过联合国规定的老年型社会 7%的标准；0～14 岁年龄段有 1.59 亿人，占农村总人口比重的 21.5%，15～64 岁的农村劳动年龄人口有 5.16 亿人，占农村总人口比重的 70.1%。❹ 值得注意的是，我国农村是在经

❶ 刘洪康，吴忠观主编：《人口手册》，西南财经大学大学出版社，1998 年版，第 460 页。

❷ 于显洋：《社区管理概论》，中国人民大学出版社，2006 年版，第 130 页。

❸ 翟振武，李建新：《中国人口太多还是太老》，社会科学文献出版社，2005 年版，第 128 页。

❹ 刘清芝：“社会主义新农村建设中的农村人口问题分析”，载《东北农业大学学报》，2007 年第 1 期。

济欠发达背景下进入老年社会的，也就是说农村人口的老龄化已经成为我国农村地区经济发展的沉重负担。

（三）农村社区人口的文化结构

从农村人口的科技文化素质来看，2004 年我国 6 岁及以上人口平均受教育年限为 8.01 年，比 1990 年提高了 1.75 年，比 2000 年提高了 0.39 年。其中城镇人口平均受教育年限为 9.43 年，农村人口平均受教育年限为 7 年。具体来说，2004 年全国农村 6 岁及以上人口 6.89 亿，其中不识字或识字很少、小学、初中、高中、大专以上人口分别为 8 136.3 万人、2.75 亿人、2.81 亿人、4 535.8 万人和 613.7 万人，分别占农村 6 岁及以上人口的 11.8%、39.9%、40.8%、6.6%和 0.9%；全国农村 15 岁及以上文盲、半文盲人口 7 896.4 万人，占农村 15 岁及以上人口 13.65%。[1] 绿色证书制度是农业部在借鉴国外农业准入制度经验的基础上，通过试点并于 1997 年制定了《绿色证书制度管理办法》实施的农民技术证书资格制度。这一制度实施以来，全国已经有 1 000 多个县实施了“绿色证书工程”，400 多万农民参加了培训，70 多万农民获得了证书（秦庆武，2001）。这一准入制度对于推动社会主义新农村建设进程具有积极意义。但是，目前在我国农村劳动力中，接受过短期、初级和中等职业技术教育的农民分别占 20%、3.4%和 0.13%。这些农民将成为推广农业科技成果的生力军。但是，76.47%的农民未接受过任何技术培训（杨文志，2002）。这严重影响了农民素质的提高。

从身体素质来看，农村人口的身体素质低于城市，这从城乡新生儿、婴儿和 5 岁以下儿童死亡率可以得到证明。1991 年农村新生儿、婴儿和 5 岁以下儿童死亡率比城市高出 10.8、3.6 和 13.1 个百分点，到 2002 年，又分别高出 13.5、20.9 和 25 个百分点，呈现出明显的上升趋势。这一现象既反映出城乡人口发展医疗政策和收入等方面的差距，也反映出农村人口发展过程中面临的严峻形势。

第二节　农村社区计划生育政策的历史沿革

一、我国计划生育政策形成的过程

严格地说，我国的计划生育政策可以追溯到 20 世纪 50 年代。1953 年全国第一次人口普查，揭示了人口增长过快与经济、社会发展不相适应的矛盾，

---

[1] 刘清芝：“社会主义新农村建设中的农村人口问题分析”，载《东北农业大学学报》，2007 年第 1 期。

政府开始认识到控制人口增长的必要性，1953 年政务院批示中央卫生部帮助群众节育，并批准《避孕及人工流产办法》。1956 年《全国农业发展纲要草案》中指出，在一些人口稠密的地区，宣传和推广节制生育，提倡有计划地生育子女。但是，从 1958 年起，片面强调人多是好事，使刚刚兴起的计划生育工作受挫。1962 年，中共中央、国务院联合发出《关于认真提倡计划生育工作的指示》，1963—1966 年上半年，计划生育工作主要在城市中开展，并取得了显著成效。从 1966 年下半年起，由于“文化大革命”的冲击，计划生育工作又被迫中断。1967 年，周恩来总理指示国务院发出第 51 号文件，要求各地重建计划生育机构，计划生育工作开始恢复，并逐步在全国范围内开展。

20 世纪 70 年代初，面对严峻的人口形势，国家开始在全国城乡全面推行计划生育，严格控制人口增长。1971 年国务院批转了《关于做好计划生育工作的报告》，把控制人口增长的指标首次纳入国民经济发展计划。1975 年，毛泽东在国家计委《关于一九七五年国民经济计划的报告》上批示：人口非控制不行。此后，国家制定了“晚、稀、少”和“提倡一对夫妇生育子女数量最好一个，最多两个”的生育政策。1978 年，中共中央发出第 69 号文件，提出一对夫妇生育子女数“最好一个，最多两个”。十一届三中全会以后，计划生育工作进入了一个新的发展时期。1980 年，党中央发表了《关于控制我国人口增长问题致全体共产党员共青团员的公开信》，提倡一对夫妇生育一个孩子。1981 年 3 月 6 日，五届全国人大常委会第十七次会议决定，设立国家计划生育委员会。1981 年 11 月，五届全国人大第四次会议提出了“限制人口的数量，提高人口的素质”的人口政策。1982 年 2 月，党中央、国务院下发《关于进一步做好计划生育工作的指示》，强调“实行必要的奖励和限制，保证计划生育工作的顺利开展”。1982 年 9 月，党的十二大把实行计划生育确定为基本国策，同年 11 月，计划生育被写入新修改的《宪法》。1984 年，党中央批转《国家计划生育委员会党组关于计划生育工作情况的汇报》，对生育政策作出了必要调整。

进入 90 年代以来，党中央对计划生育工作的重视提到了从没有过的高度。此时，明确地提出“控制人口数量，提高人口素质”是我国的人口政策，并把计划生育作为基本国策。为贯彻基本国策，党和国家又进一步制定了一系列的方针、政策，最突出的是，大力提倡一对夫妇只生育一个孩子，对城乡确有实际困难的照顾生两个孩子，要提倡晚婚、晚育，实行优生、优育。随后，又在总结经验的基础上，不断完善计划生育政策，农村独女户可以生二胎等。经过不断发展、完善，我国的计划生育政策更加符合实际，不断朝着“合情、合理、群众拥护、干部好做工作”，“既能有效地控制人口增长，又能密切党群关系促进安定团结”的方向前进。

总之，我国的计划生育政策经过30多年的不断完善和发展，目前已形成了一个完整的、稳定的具有中国特色的生育政策体系，这就是：提倡晚婚晚育，少生优育，提倡一对夫妇只生育一个孩子。干部职工和城市居民中除特殊情况外，一对夫妇只准生育一个孩子；农村中有实际困难的夫妇，包括生了一个女孩的“独女户”，可以有计划、有间隔地生两个孩子；对少数民族则适当放宽，具体政策由民族自治地方政府决定。

二、我国农村社区的计划生育管理的历程

我国计划生育管理始于20世纪70年代，大致上可以划分为两个阶段：第一个阶段是20世纪70年代初到20世纪90年代初；第二个阶段是20世纪90年代到21世纪初。

（一）强制性行政管理阶段

从20世纪70年代开始，我国逐渐将计划生育提升为一项基本国策。在具体实施中，农村社区的计划生育管理具有三个显著特点。

第一，管理机构的权威性。计划生育行政管理机构是国家机器的有机组成部分，代表国家对计划生育事务进行管理，因而有很强的权威性。这是由于党和政府的威信和计划生育的国策地位决定的。由于行政组织和行政方法的权威性，因而对于被管理者而言，它具有不同程度的强制性，表现在下级组织以及被管理对象要以顺从为前提，接受国家的生育政策，在80年代群众生育意愿与国家政策有较大差距情况下，行政管理属于一种超强控制，而对于被管理者则不存在任何讨价还价的余地，只能无条件地执行。为了严格执行计划生育政策，农村基层政府纷纷建立了执法队。其成员主要是乡村干部子弟和当地一些头脑比较灵活、身强力壮的人。执法队直接受乡政府领导，主要任务是强制性执行计划生育中的抚育费的征收、流引产、上环、结扎，即经常说的“三查四术”中的“四术”任务。其成员工资在当时处于基层社会中上水平，主要经济来源是抚育费的征收提成。按照一般乡镇的标准，计划外二胎计划生育抚育费是3 500元，执法队征收一起抚育费的提成是20%，除去征收抚育费有提成，完成“四术”任务也是有奖励的，例如完成一例结扎手术奖励是15元；执法队直接受乡政府领导，他们没有管理区域限制，根据各片的需要随时（很多时候是在夜晚，趁人不防）集结出发，经常根据得到的消息抓大肚孕妇，或者是到村民家里搬电视，牵牛赶猪，上房揭瓦，出现暴力冲突的时候他们就是执法队，充当着计划生育强制执行的角色。

第二，管理目标的单一性。我国宪法明文规定：“国家推行计划生育，使人口的增长同经济和社会发展计划相适应。”控制人口增长是计划生育管理工作的重要内容，但不应该是唯一的追求目标，它还应当包括优生优育、保持正

常的男女性别比、人口生育知识的宣传、生殖健康宣传等内容，但是在20世纪80年代，由于还未形成计划生育的法律、法规，加之自上而下层层下达指标，导致计划生育追求的唯一目标就是低生育。数据表明，这一目标确实得以实现，我国人口出生率从1970年的总和生育率为5.81，1977年降到3.0以下，1980年降到了2.24，90年代进一步降到了更替水平以下。[1] 但是，由于过分追求低生育，忽视了其他计划生育相关配套工作的开展，给后续计划生育工作带来了不良后果：如在生育男孩的需求得不到满足的时候，人们通过医疗手段对性别进行选择，导致男女比例失调；生殖健康等宣传工作的开展滞后，导致了生育人群缺乏相关生育知识，增加非意愿怀孕的机会；人口生育知识的宣传没有展开，难以让人们了解优生优育，改变人们的生育观念，易于使计划生育管理工作陷入治标不治本的困境。

第三，管理方法的粗暴性。如强迫有一个孩子的妇女上环、有两个孩子的妇女结扎，更有捆绑、拆房、赶走牲口、拿走饭锅等惩罚措施。许多乡村干部为完成人口指标，对符合生育的夫妇不给生育指标，对计划外怀孕的家属实行软禁。举办计划生育学习班，甚至上房揭瓦，有的地方流行这么几句话："计划外怀孕对象上吊的不解绳，投河的不救人，喝农药的不夺瓶子"，有些乡镇政府的墙上写着"宁可家破，不可国亡"，"谁超生就叫他家破人亡"。在征收计划外生育费中关人、株连、打人、搬走财产抵罚款较为普遍，甚至组织几十人开着推土机拆房等。群众被迫躲生，被关被打，人身和家庭财产没有保障。计划生育干部工作难做、工作辛苦、被骂甚至被打。如计划外怀孕、生育对象持刀与计生干部对峙的场面、毒死计生干部的鱼苗、拔掉其庄稼的报复事件屡有发生，群众说："科技干部吃鸡蛋，计生干部吃扁担"。有的甚至将计划生育群众称之为"杀我儿子，烧我老子，抢我粮食"。甚至发生杀害计生干部的儿子的严重事件。1983年是江苏开展杜绝多孩进行大结扎的大运动时期。满载已生育两个孩子的妇女的拖拉机开到卫生院或大队部或放假的中、小学教室，在临时搭建的手术台上，做完手术后，有的妇女就睡在教室的草垫子上。计划生育技术小组医生每天结扎数十人，有的累得当场就晕过去。[2] 总之，这种单一的行政命令和粗暴的工作方法，既影响了干群、党群关系，又影响计划生育及计划生育工作人员的形象，给社会带来了极大的不稳定性。

（二）依法管理为主线阶段

从20世纪90年代开始至21世纪初，我国计划生育管理逐步纳入规范化、法制化轨道，概括地说，这一阶段农村计划生育管理呈现如下特点。

---

[1] 蔡昉：《2000年：中国人口问题报告》，社会科学文献出版社，2000年版，第5页。

[2] 唐应天：《我国计划生育政策评估》，中国农业大学硕士学位论文，2005年版，第43～44页。

第一，管理程序的法制化。这一阶段，中央陆续颁布了指导十年计划生育工作的纲领性文件——中发［2000］8号文件《关于加强人口与计划生育工作稳定低生育水平的决定》、人口和计划生育领域的第一部全国性法律——《中华人民共和国人口和计划生育法》、《计划生育技术服务管理条例》、《社会抚养费征收管理办法》等法律法规，并建立了以现居住地为主的常住人口管理体制。各省也陆续修订了地方条例。从针对现实问题提出的对策、思路的广度、深度和数量看，是前所未有的，凸现了对效率和法治的追求。无论出于保障人的权益、走向法治社会的考虑，还是出于将计划生育工作纳入可持续发展总目标的考虑，或者出于融入全球化进程的考虑，仅仅依靠来自于政府的强制性政策都不是长久之计。从人口和计划生育管理必备的治理前景出发，我们肯定上述政策的进步意义。这些进步表明，即使不具备良好的初始条件，治理也是可能被推进的；即使是强势政府，也需要主动将统治转化为治理。

第二，管理主体的多样化。以前计划生育管理由基层政府一手操办，进入20世纪90年代以后，这种现象发生了改变，一是中国计划生育协会尤其是农村基层计划生育协会组织体系逐渐健全。乡级计划生育协会的领导机构是理事会，设会长一位，理事数名，由乡政府分管计划生育的脱产干部担任。乡以下有村计划生育协会，会长以前由村支书担任，自实行村长、书记一肩挑后由村长担任会长，另外设理事数名。全乡所有适龄公民自然成为协会成员，是乡辖区内最大的社会组织。计划生育协会下设人口学校，乡协会由分管书记担任人口学校校长，村一级校长由村主任担任，所有适龄的男女青年均自动成为学员。按规定，人口学校每年要组织对计划生育相关知识的学习。计划生育协会受到各级政府的重视，其本身又具有草根性，它在传播计划生育知识、宣传计划生育政策方面具有独特优势。在日常的计划生育工作中是宣传的一个重要阵地，是维护村民计划生育过程中的权益的社团组织，对监督乡计划生育执法过程中的粗暴行为或者是违法行为有重要作用。二是村委会在计划生育管理中的作用也越来越受到重视。以前村委会主要是协助基层政府的计划生育管理工作，现在逐步转向村民自治，在农村基础较好的村推行计划生育村民自治。中央［2000］8号文件要求，要积极创造条件，把人口与计划生育工作纳入社区基层管理和服务体系；在农村开展创建计划生育合格村活动，积极推进村民自治，实行计划生育村务公开、民主管理、民主监督。至此，我国农村社区计划生育管理主体呈现多元化，计划生育协会和村委会成为管理主体。

第三，管理目标的多元化。20世纪90年代以后，农村计划生育管理目标由单一的控制人口生育转变为稳定低生育水平、提高人口素质、提高生殖健康服务等综合任务。进入90年代，我国人口结构和变化趋势与以前有了本质不同。在计划生育政策和社会经济发展的共同作用下，中国育龄妇女总和生育率持续地低于更替水平，实现了从典型的高生育率到典型的低生育率（在更替水平以下）的变化过程。据多个研究机构的估计，20世纪末21世纪初，我国育龄妇女的总和生育率已经降到了1.8，非常接近发达国家的平均水平1.6。[1]中国育龄妇女生育水平下降的空间已经接近底线。人口与计划生育管理的主要任务已从单一的人口数量控制，变成稳定低生育水平、提高出生人口素质、提供生殖健康优质服务、维持正常男女性别比等综合任务。

第四，管理手段的服务化。这一阶段，计划生育工作从过去的以强制性的行政措施为主要手段，逐步走向以育龄群众为中心、努力提高服务质量、满足群众需求、保护群众生育健康，实现以人为本，以人的全面发展为中心；管理和服务的结合愈来愈被重视，育龄夫妇不再是仅仅被理解为控制人口的对象，而是更多地被视为独立存在的、在提高人口素质中担负主要使命的人。这具体体现在："避孕方法和服务的知情选择"作为计划生育优质服务的核心内容，以自主权和人权为基础，公民在接受计划生育和生殖健康服务时，通过信息咨询和技术服务所营造的氛围，自由地行使自己的决定权，选择适合自己的避孕方法；由制约向引导转变，通过综合治理和利益导向，国家为计划生育者提供奖励、服务和帮扶保障，兼顾国家利益和个人利益、群众的长远利益和近期利益，人口与计生工作在人文关怀中开展；通过全面实施以技术服务为中心的生殖健康服务和进村入户的宣传、生产、生活服务，来促进广大群众生育观念的转变和新型生育文化的形成立足点，国家指导与群众自愿相结合，行政管理与群众工作相结合，从而达到保持或降低生育水平的目的。

第三节　农村社区计划生育管理的运行模式

一、农村社区计划生育管理的"三为主"方针

所谓"三为主"，即"宣传教育和经济限制，以宣传教育为主；避孕节育与补救措施，以避孕节育为主；经常工作与突击活动，以经常工作为主"。这一方针形成的历史背景如下。

从20世纪50年代党和国家领导人提出避孕和节制生育以来，60年代开始在一些地区如上海、江苏等地试点，70年代开始在全国推开。

70年代中期到80年代中期，计划生育工作全面推进。全党动员，大造舆论，宣传群众，派出大批基层干部和医务人员，帮助育龄夫妇落实节育措施，

[1] 陈诗高：《善治视角下农村计划生育管理研究》，华中师范大学硕士学位论文，2008年版，第16页。

同时各地制定了一些对计划外生育进行限制和处罚的规定。这一时期的计划生育工作声势大、力度强，产生了广泛的社会影响，对人们头脑里传统的生育观念和生育习俗形成了巨大的冲击，对严格实行计划生育、控制中国人口过快增长起了积极的推动作用。但应该承认，当时不少地方比较多地运用严厉的行政和经济的手段，往往采取孕后补救的办法，习惯于搞突击活动，而宣传教育不深入，经常性工作跟不上，避孕措施不落实，计划外怀孕较多，有些基层干部采取简单粗暴和强迫命令的做法，致使一些地方党群关系、干群关系紧张。

按照国家指导与群众自愿相结合的原则，广泛地发动群众，依靠群众，引导群众自觉地实行计划生育，是党和国家对计划生育工作的一贯要求。80 年代初，山东省荣成县等地根据这一要求，从实际工作中总结出计划生育“三为主”的工作方法和经验，引起了国家计生委的高度重视。

1983 年 5 月，国家计生委在荣成县召开了现场会，并将荣成县“三为主”的经验概括为：宣传教育与经济限制，以宣传教育为主；避孕节育与人工流产，以避孕节育为主；经常工作与突击活动，以经常工作为主。1984 年 9 月，国家计划生育委员会在“走中国式的计划生育工作道路”（健康报计划生育版）一文中指出：我们已经有了许多做好计划生育工作的经验，山东省荣成县总结的宣传教育为主、避孕为主、经常工作为主的“三为主”经验，都是行之有效的。1991 年 5 月 12 日，《中共中央、国务院关于加强计划生育工作严格控制人口增长的决定》中指出：要继续贯彻以宣传教育为主、避孕为主、经常工作为主的方针，逐步实现经常化、科学化、制度化。

二、我国农村社区计划生育管理的“三结合”经验

1993 年 5 月 12 日，在国家计生委办公厅《关于转发吉林省把计划生育工作与“双学双比”活动相结合的经验的通知》的附件中，吉林省计生委的报告中提出：“把计划生育工作同发展农村商品经济、农民勤劳致富奔小康，建设文明幸福家庭紧密地联系起来。”

同年 9 月 8 日，在国家计生委《关于转发吉林省农村计划生育工作走“三结合”之路的情况报告的通知》中提出：“把农村计划生育工作与发展商品经济相结合，与农民勤劳致富奔小康相结合，与建设文明幸福家庭相结合；以帮助农民勤劳致富奔小康为目标开展生产服务，以帮助农民建设文明幸福家庭为目标开展生活服务，以指导农民少生优生为目标开展生育服务，在新形势下走出了一条抓紧抓好农村计划生育工作的新路子。”

在 1994 年 3 月召开的第 4 次中央计划生育工作座谈会上，李鹏总理提出：“把计划生育工作和脱贫致富、加强精神文明建设结合起来，是促进计划生育工作成为群众自觉自愿的行动的很好的、很值得重视的一个苗头，应该引起我

们大家的重视。”

在同年3月的全国计划生育工作会议上，国务委员、国家计生委主任彭珮云同志明确提出了抓紧落实“三为主”方针，积极推广“三结合”经验，着力提高计划生育工作水平的要求。她指出：“实践证明，‘少生快富奔小康’这个口号对广大农民有强烈的吸引力，计划生育工作只有紧紧围绕经济建设这个中心。与群众勤劳致富奔小康的要求和建设文明幸福家庭的愿望紧密结合，才能赢得广大群众的真心支持。”

1995年1月，《中国计划生育工作纲要》中关于“三结合”的提法是：把计划生育工作同发展社会主义市场经济、建设社会主义精神文明、建立文明幸福的家庭结合起来。

1995年3月，在第5次中央计划生育工作座谈会上，江泽民总书记指出：“坚持把计划生育工作同发展经济、帮助农民勤劳致富奔小康、建设文明幸福的家庭相结合。”李鹏总理提出，近年来，一些地方创造的把计划生育工作同发展农村经济相结合，同帮助群众勤劳致富奔小康相结合，同建设文明幸福家庭相结合的“三结合”经验很好，是对计划生育工作的一项改革和新的发展，要充分肯定。希望各地在推广“三结合”方面继续探索，创造新的经验。彭珮云同志在座谈会上发言提出，“三结合”即把农村计划生育工作与发展经济、帮助群众勤劳致富奔小康、建设文明幸福的家庭相结合。国家计生委副主任张维庆同志在1995年3月全国计划生育工作会议报告中提出，计划生育与发展农村经济相结合，与帮助农民勤劳致富奔小康相结合，与建设文明幸福家庭相结合。

1995年8月发表的《中国的计划生育》（白皮书）中关于“三结合”的提法是：在广大农村要把计划生育工作与发展经济、帮助农民勤劳致富奔小康、建设文明幸福的家庭结合起来，通过为农民群众提供生产、生活、生育方面的服务，首先帮助实行计划生育的家庭尽快致富，并带动更多的家庭少生、快富、奔小康。

此外，“三结合”在不同地方、不同系统和不同行业还有一些不同表述。如黑龙江省提出：计划生育工作同发展商品经济相结合；同帮助群众勤劳致富奔小康相结合、同建设文明幸福家庭相结合；内蒙古自治区在1995年的计划生育条例修订稿（征求意见稿）的总则中提出：坚持同发展农村牧区经济、同群众勤劳致富奔小康、同建设文明幸福家庭相结合；四川省提出：在推行计划生育过程中，把生产、生活、生育有机地结合起来（“三结合”）。

中国计划生育协会开展协会“三结合”项目活动是从1989年“农村妇女发展项目”开始的，其“三结合”的内容是：帮助妇女增加收入、妇幼保健与计划生育相结合。1995年2月在全军计划生育领导小组会上于永波主任提出军队计划生育工作“三结合”的内容是：要把计划生育工作与军队的全面建设相结合，与干部战士的成长进步相结合，与建设文明幸福家庭相结合。

吉林省还提出了企业计划生育“三结合”：计划生育工作与建立现代企业制度相结合，与提高企业经济效益相结合，与建设职工文明幸福家庭相结合。大连经济开发区提出：把计划生育工作同维护员工合法权益相结合，同保护员工的身心健康相结合，同丰富员工的物质文明生活相结合。

在计划生育“三结合”形成和发展过程中，与以往的计划生育工作相比，具有三个鲜明的特征：一是强调“结合”，注重通过“结合”取得发展；二是把利益导向机制引入计划生育工作，通过优先、优惠、优待政策帮助扶持农村实行计划生育的家庭率先致富；三是着眼于综合治理人口问题，通过强有力的政府行为来推动“三结合”。

三、我国农村社区计划生育管理的社区运行模式

我国人口控制的巨大成绩是与行之有效的计划生育管理模式分不开的。可以说，30多年来计划生育工作的开展始终伴随着计生管理模式的创新和完善。在一段时期内，我国人口生育率的下降在许多地区主要是依靠行政强制的约束作用。行政约束下的生育率下降，导致农民“日常生活世界”和“系统生活世界”相背离的二元生育文化，[1] 形成计划生育矛盾大、代价高、易反复的特点。在这种计划生育管理模式下，加强基层管理的力度就成为影响计划生育工作成败的重要因素，而各级领导承担计划生育的主要领导责任就成为保证国家和地区人口目标得以实现的最重要的制度保证。

我国计划生育工作者在20世纪80年代从实践中总结出“三为主”的经验，90年代吉林省又率先总结出“三结合”的工作模式，其经验在全国普遍推广，并形成了各种不同的模式。“三为主”和“三结合”的实行，在实际管理中取得了非常大的成功，但是，这两种管理模式的实际执行，仍然非常强调政府的控制能力和资源配置能力，计划生育管理主要通过政府统筹全局和行政措施来实现。依靠深入基层的组织网络来实行，在具体运行中仍然存在一定的困难。

近年来，社区发展和人口控制一体化的计划生育管理模式受到广泛重视。社区一方面具有“硬控制”和“外控制”的特性，代表政府完成人口控制的“政务”；另一方面，社区又是基层群众共同利益表现的空间单位，具有“软控制”和“内控制”的特性。社区是计划生育活动中宏观和微观、下行力和上行

---

[1] 陈俊杰，穆光宗：“农村社区二重性与农民生育决策：社会人口学的解析”，载《中国人口科学》，1994年第6期。

力、被动控制和主动参与的交汇点，这正是社区生育控制的优势与活力所在。在此基础上，相当多的理论研究提出人口控制的社区行动方案，认为这为“世纪转换之际把计划生育工作引向深入提供一条新的途径，亦是实现社区内人口、经济、环境综合治理和协调发展的一条捷径”❶。社区人口控制的发展也是一个国际性的趋势，早在1984年墨西哥世界人口大会上，社区参与被提出来作为解决人口问题的一条有效途径。泰国的生育率下降在很大程度上得益于以社区为基础设计和实施的家庭计划方案❷。我国计划生育部门从90年代初开始，也已在全国一些县市开展试点，中国的人口控制社区实践已经得到国际社会的好评。

由此看来，“三为主”、“三结合”和“社区模式”是在不同发展阶段和具体环境下计划生育管理模式的有益实践，三者构成有机的整体。“三为主”是计划生育部门搞好本职工作的基本原则，是提高计划生育工作效率、以较小的社会和经济成本实现人口控制目标的行之有效的方法。“三结合”则是以计划生育部门为主体，动员政府各部门共同参与，对计划生育实现综合治理的工作思路。但是，无论是“三为主”还是“三结合”，其行为主体仍然是政府，是政府通过其垂直式的行政网络进行人口管理，广大育龄人群主要是作为工作对象参与其中。❸

计划生育管理的社区模式，是以群众的自觉参与和自主行动为依托，以相应层次政府的指导和帮助为辅助的工作模式。计划生育社区运行模式不是孤立的、全新的，是在“三为主”、“三结合”的基础上发展起来，并与“三为主”和“三结合”构成有机互动的系统。三结合管理为社区模式的发展提供了良好的发展基础和外部环境，而群众对人口控制工作的自觉趣解和自觉行动则是中国计划生育管理的目标所在。

因此，应该将“三为主”方针落实到“三结合”和社区运行模式中去，否则，人口控制工作就只会停留在口号标语上，难以贯彻落实。“三为主”不仅仅是工作态度问题，更是实现科学管理与长效管理的重要保证。没有计划生育部门通过“三为主”实现长效管理，人口控制工作可能在一段时期内失去中坚和指导，就可能成为昙花一现的标本工程、形象工程，难以在广大农村地区深入持久地开展。

“社区模式”与“三结合”比较而言，在许多方面是基本一致的。从工作思路上看，二者都是将狭义的人口控制扩展为广义的人口控制，将人口控制放

---

❶ 罗淳：“社区生育控制的理论与实践”，载《中国人口科学》，1996年第2期。

❷ 于学军：“泰国计划生育的成功之路”，载《人口与计划生育》，1993年第2期。

❸ 彭希哲，任远：“我国农村计划生育管理社区运行模式的探索”，载《人口研究》，2000年第5期。

在可持续发展的大框架中，并将人口控制和社会经济的发展结合起来，寻找人口控制的治本之路。在工作内容上，“社区模式”和“三结合”都关注农村发展的各个方面，包括推动经济发展以帮助农民脱贫致富、提高群众文化科学水平、丰富群众精神文化生活、改善群众生活质量、优化社区基础生活环境等综合性内容。同时，“社区模式”与“三结合”的基本运作原则也比较一致。例如重视经济利益的杠杆和调节作用，防止形式主义、防止强迫命令。“三结合”强调利益导向和经济杠杆，而社区正是具有共同经济利益和社会利益的初级地方单位。“社区模式”和“三结合”都反对单纯的行政强制，重视提供全面和优质的服务，包括提供致富信息和科技知识，提供资金和物资扶持，帮助举办养老保障事业等。各地在“三结合”活动中广泛推行的以帮助农民少生优生为目标开展生育服务、以勤劳致富奔小康为目标开展生产服务、以建设文明幸福家庭为目标开展生活服务也是社区模式用于转变群众生育观念的主要手段。❶

正是因为社区模式与“三结合”管理在工作思路、工作内容和基本原则上比较一致，所以人口控制的社区行动和“三结合”管理从整体上并不矛盾，“计划生育三结合之所以能够迅速发展起来，根源于社区本身，由具体社区的人口、经济、文化条件所决定”。❷ 不少农村地区将社区人口控制和“三结合”工作放在一起来开展，通过社区发展，将“三为主”方针、“三结合”经验落实到各个具体社区，并将计划生育工作融入农村社区整体发展，使人口和社会经济各项事业构成相互紧密联系的有机体系。

尽管人口控制的社区行动同“三结合”管理之间存在着诸多“同出而异名”的相似之处，但不能将这些相似当成只是一种文辞的变化，两者之间存在工作主体和运作载体方面的明显的差别。“社区模式”是“三结合”管理的延伸和深化发展，显然在计划生育的理论深度和持久效应方面有所突破，在理论上具有更深的内涵、更为复杂和更具有科学性。“三结合”管理的运作方式仍然是政府行为，它的诞生和发展得到从中央到地方各级政府的重视，纳入了各级政府规划、议事日程和计生职能部门的专项考核体系，依靠有关部门密切合作、齐抓共管和广大计生干部的精心组织、勤奋工作。但是，正如前文所论述，政府人力财力的有限性和高运行成本使之无力将活动推广到每一个社区，个别社区成功经验的普及推广往往因为条件的不足而流于形式，行政体系由上到下的布置任务容易忽视对社区实际资源状况的切实考察和充分利用，各部门间密切协作带来巨大的交易成本也有可能会减弱“三结合”管理的实际成效。

---

❶ 彭希哲，任远：“我国农村计划生育管理社区运行模式的探索”，载《人口研究》，2000年第5期。

❷ 田雪原等：“人口控制与社区发展研究报告”（国家计生委八五课题），1996年3月14日。

进一步讲，由上而下政府注入式的发展往往忽视群众的积极参与和热心支持，这是行政推动发展难以持续滚动的重要原因。

与政府注入式为主的“三结合”管理不同，社区运行模式在实践上更加强调群众的自觉参与和自我管理的运行方式，重视非政府组织的作用。虽然实践中表明，政府在社区发展初期的扶持及过程中的指导和协调是非常必要的，但社区发展从一开始就强调将具体操作交由社区群众。通过在社区提倡“小政府和大社会”，让群众成为发展的主体和动力来源，从而使发展真正成为整个社会的工作。“社区模式”提倡属地原则，贴近基层，具有因地制宜和灵活多样的突出优势。可以认为，群众广泛自觉的参与是社区人口控制具有生命力和滚动性可持续的源泉，也是社区模式和“三结合”管理在运作方式上的区别所在。与农村基层民主自治相协调，是动员社会力量实现人口自觉控制的根本手段，是适合农村实际人口、社会、经济协调进步的理想之路。

阅读延伸材料

赵县农村社区计划生育管理新机制

河北省赵县前大章乡南白庄社区总人口 1 949 人，已婚育龄妇女 382 人，该村自 2008 年 5 月正式挂牌成立“社区村民委员会”后，经过一年多的探索和实践，计划生育工作逐渐融入社区建设当中，突显出新的特征，社区居民计划生育的自我教育、自我管理、自我服务正在逐步实现。该县创立的农村计划生育管理新机制中最有特色的是“计划生育利益导向机制”，即建立和完善奖励、扶助、救助、减免、优惠和社会保障“六位一体”的人口和计划生育利益导向机制，制定优先优惠政策：一是计生家庭优先获得该社区育种专业社的优良育种，优先培训计生家庭农业技术；二是成立志愿者队伍，农忙季节优先、优惠为计生家庭提供抢收、抢种服务；三是各种农村低保，奖扶政策，计生家庭优先落实；四是完善养老机制，计生家庭优先入住养老院；五是社办企事业，优先招收计生家族成员。计划生育利益导向机制的实施，解决计生家庭的后顾之忧，体现以人为本的思想，改变社区计生工作的面貌。

资料来源：赵县人口计生局：江云，李钊：赵县农村社区计划生育管理新机制，河北省人民政府网，2009 — 10 — 02. http：//www.hebei.gov.cn/article/20091002/1296730.htm。

第五章

农村社区文化管理

农村社区文化管理是农村社区管理的核心内容之一，是一项长期而艰巨的任务。这是因为，文化是社区的重要因素，也是社区建设的灵魂。因此，农村社区文化管理主要任务包括：用科学发展观武装村民的头脑，剔除封建思想；开发文化资源，继承和发扬优秀的传统文化；加快农村社区文化基础设施建设；丰富村民的文化活动，形成浓厚的文化氛围等。本章介绍了农村社区文化的概念、内容及功能，分析了我国农村社区文化管理的任务和面临的困难，提出了农村社区文化管理的对策。

第一节　农村社区文化概述

一、农村社区文化的含义

“文化”一词古已有之，在中国古代典籍中，如南齐王融《三月三日曲水诗·序》中云：“设神理以景俗，敷文化以柔远”。此中“文化”是文治和教化的总称，具有形而上精神层面上的意义。在西方，“文化”一词最早起源于拉丁语中的cultura，其词根是动词colere，原意是耕作土地、饲养家畜、种植庄稼的意思，其与自然存在的事物相对而言，侧重物质层面的意义。也就是说自然存在的事物不是文化，只有经人类创造的东西才是文化。美国社会学家库利在给文化定义时，使用了一个生动的比喻。他用一条河流和沿着这条河流的一条公路来比做人的生命。河流是自然的、生物的、先天的；公路是文化的、社会的、教育的、后天的。作为文化的公路是一种发展，在早期的生物的生命中不存在。后来沿着河流模糊起来、充实起来、精致起来、发达起来。而这个后天由人创造的公路就是文化。库利形象的比喻，使人们对于文化的理解变得非常容易——文化是人类生存和发展的方式。马克思主义把文化分为广义和狭义两种。广义的文化是“人类在社会历史实践中创造的物质财富和精神财富的总和”，包括三个层次：精神文化、制度文化和物质文化。狭义的文化专指精神文化而言，即社会意识形态以及与之先适应的典章制度、政治和社会组织、风俗习惯、学术思想、宗教信仰、文化艺术等。

依此种解释，可以从广义和狭义两个方面去理解社区文化。广义的社区文化是指社区居民在特定区域内长期实践中创造出来的物质文化、观念文化和制度文化的总和；狭义的社区文化是指社区居民在特定区域内长期活动中所形成的、具有鲜明个性的群体意识、价值观念、行为模式、生活方式等文化现象的总和。[1] 与此对应，"农村社区文化就是由居住在农村的一定地域范围的人们，由一定的纽带和联系而形成的共同的价值观、生活方式、情感归属和道德规范等"[2]。笔者认为，农村社区文化就是由居住在农村的一定地域范围内（非严格的行政区划）的人们，由一定的纽带和联系而形成的共同的价值观、生活方式、情感归属和道德规范等。具体来说，它包括历史传统、风俗习惯、村规民约、价值观念、社区精神、社区意识、社区归属和社区认同感等。

具体地说，农村社区文化具有三个方面的含义：

第一，农村社区文化是在农村社区共同体中间逐渐凝聚起来的相同文化体验和认识。生活在同一社区的人们之间会建立各种基本联系，这些联系往往是面对面的、直接的、充满感情色彩的、亲密无间的、非正式的、初级的和自然本色的。社区成员的行为取向正是对社区初级社会联系的自然认同，即文化认同，它包括两个方面：一是其他人们对该社区的文化共性的认识和标记性的总体把握。二是生活在社区里的公众对本社区共同文化的感知和理解。

第二，农村社区文化是社区特殊的文化传承。农村社区文化包括全部传统文化遗产、民俗等，是农村社区文化资源的综合。任何一个社区在历史发展过程中，都会形成自己独特的文化。这种文化凝聚着社区居民的集体智慧和创造精神，其中富有特色的优秀成果经过当地居民祖祖辈辈的创造、筛选、加工、充实和提高，成为能集中体现社区居民价值观念、情感因素和审美心理的文化精品。所以，社区的建筑、民俗、风土民情等都是农村社区文化的重要内容。

第三，农村社区文化是农村社区群众的文化活动。农村社区文化的另一层含义便是社区范围里的文化体育活动。包括文化体育实施和文化体育活动。通常情况下，文化设施越先进、越丰富，社区的文化就会越发达。

二、农村社区文化的类型

农村社区文化是一个内涵丰富的文化体系，其形态表现各异。一般说来，

---

❶ 奚从清：《社区研究——社区建设与社区发展》，华夏出版社，1996 年版，第 193 页。

❷ 张兴杰，游艳玲，谭均乐：《农村社区建设与管理研究》，华南理工大学出版社，2007 年版，第 109～111 页。

根据不同的分类标准，可以将农村社区文化划分为不同的类型。

以文化形态为标准进行分类，农村社区文化可分为三个层次：物质文化、制度文化和观念文化。物质文化，指农村社区文化建设所必需的文化设施、文化活动场所等，它是社区文化目标得以实现的依托和保证。制度文化，就是社区文化管理制度化、规范化，它既是社区文化的组成部分，又是社区文化的保障。观念文化，指社区居民具有的共同的价值观、社区意识、社区精神等，它是农村社区文化的内核，也是农村实现现代化赖以存在的心理基础。三者缺一不可，相互联系，相互促进，构成社区文化统一体。

以文化的内容为标准进行分类，农村社区文化可以划分为六个方面，即农村社区民俗文化、农村社区文艺文化、农村社区体育文化、农村社区教育文化、农村社区环境文化和农村社区精神文明。

(1) 农村社区民俗文化。“民俗”一词在《中华大词典》里解释为：人民的风俗习惯；民众的生活、生产、风尚、习俗等情况。农村社区民俗文化是指农村居民的风俗习惯，包括饮食衣着、待人接物、婚丧嫁娶、宗教信仰等。约定俗成的生活习惯和文化形态形成之后就会同化农村社区内部成员，异化外部成员，形成自己的特色。例如，西北的黄土文化和东北的黑土文化、少数民族的游牧文化和汉族的农耕文化等。这种独具地方特色的文艺活动是形成农村居民的认同感和归属感的重要途径。

(2) 农村社区文艺文化。农村社区文艺文化是指农村居民从事的业余文学艺术活动。农村居民进行文艺活动有助于提升自身的文化修养，进而提升整个农村社区的整体素质。例如，春节期间举行的踩高跷、跑旱船、扭秧歌等节目，以及元宵节庙会、灯会等。

(3) 农村社区体育文化。农村社区体育文化是指农村居民为了保持身体健康而进行的体育活动。生产方式改变以后，农民有更多的闲暇时间进行融娱乐和锻炼为一体的健身活动。除了传统的太极拳、秧歌、气功等传统体育项目，农村社区也出现了歌舞厅、篮球等新型体育项目，同时也增添了篮球场、健身器材等体育场地和设施。

(4) 农村社区教育文化。农村社区教育文化是指除了学校教育之外的其他教育。在农村社区，社区教育主要是幼儿教育，成人教育和职业教育的发展还不是很完善。农村社区教育有助于提高农村居民的文化素质，形成正确的人生态度和行为规范。

(5) 农村社区环境文化。农村社区环境文化是农村文明程度的标志之一，对农村居民的生活质量、身心健康等多方面有着重要的作用。环境文化不仅仅是自然景观，还是社区文化的重要内涵，而目前农村社区的环境状况并不理想，随地吐痰、乱扔垃圾、践踏草坪等现象屡见不鲜。因此，提高农村居民的环境素养至关重要。

（6）农村社区精神文明。农村社区精神文明是指农村居民在社会发展过程中形成的一种高层次的较为稳定的心理状态，一种精神生活的积极、健康、充实的状态。对于农村居民来说，就是要丰富体力劳动时间之外的精神文化生活，提高自身思想道德素质。农村社区精神文明建设是上述各种农村社区文化建设的重中之重。

三、农村社区文化的特点与认同危机

农村社区较城市社区相比，它的区域性、乡土性、特色性更为明显。几千年的农业文明，孕育出乡土中国的过去和现在。乡者，故乡也，土者，民间也。土，其貌不扬，价值不大，难登大雅之堂。但它是人类赖以生存之壤。一方水土养一方人，也滋生一方的乡土文化。正如费孝通先生在《乡土中国》中所说，中国乡土社会的基础结构是一种“差序格局”，是一个“一根根私人联系所构成的网络”，个体是社会关系中类别的基础。家的各个成员联系起来的基本纽带便是亲属关系。五代以内同一祖宗的所有父系后代及其妻，属于一个亲属关系集团称为“族”，族的最重要的特征就是同一族人都有着共同的血缘关系。[1] 而当一个血缘社群繁殖到一定程度，土地面积的需求也会不断扩大，因此在血缘结合的基础上，出现了更高一层次的结合——地缘的结合。但不管是血缘的结合或是地缘的结合，农村社区总是不能脱离一定的地域，总是受自然环境直接支配的作用较强，农村聚落点受社会生活的基本要素——主要是土地和人口的支配，总是限定在一定的规模或空间的范围之中，不仅农作物的种植带有地域性，而且人与人之间的关系也带有地缘的色彩。农村人口散居在广大的地域上，人口密度相对较低，人口的流动率小。

由于农村社区文化乡土性的特点，农民很少与外界交流，这就使得农村社区文化比较封闭，传统文化占主导地位，例如家族观念、祭祀仪式等。但是，随着电视、电脑等传播媒介的逐步普及，农村社区文化的闭塞性有所改善，农村居民试着接受城市外来文化的影响，尤其是年轻一代的农村居民，极易被新潮文化影响，但是面临着如何选择的问题。

由于上述诸种特征的影响，农村居民心理趋于保守型和情感型，地方观念重，乡土观念浓，家庭至上及祖先崇拜，重视风水，具有浓厚的迷信色彩。各个村落除了以祖先崇拜为基础的家族祠堂、鬼、神信仰之外，最能集中反映村落民间信仰的就是村落中建造的各类庙观。在传统农村社区的现实生活中，几乎每个村落都有敬奉各类神灵的神庙，村民对神的信仰构成了他们共同的价值

[1] 费孝通：《乡土中国》，三联书店，1995年版，第39、71、77页。

观念，村落庙观每年在村落规定的岁时年末举行地域性的各种民间庙会文化活动及其隆重的祭祀仪式等，调动了全体村民的广泛参与，成了村落中的一件大事，神庙相对于家族祠堂来说更能整合区域的整体力量，是本村落与其他村落之间互相接触、往来的主要途径；各类庙会在村落生活中占据着重要的地位，神庙作为地域性的组织成为了村落历史发展线索的表征，与村落息息相关，构成了村民的信仰中心。

而今，随着现代化的快速推进和知识经济的蓬勃发展，充斥着现代元素的大众传播工具迅速普及，传统的农村社区文化受到了巨大冲击。在传统与现代的碰撞下，农村社区产生了新的文化认同危机，农村社区的文化认同趋向衰落。其主要表现在三个方面。❶

首先，农村社会分层带来了社区文化认同危机。家庭联产承包责任制的实行使得广大农民获得了生产经营上的自主权和对自己劳动产品的支配权，于是一些善于经营的农民就可能依靠自己的智慧和勤劳获得更多的经济收益，而与此同时也会有一部分人因为种种原因经济收益较少。另外，拥有自主生产经营的农民也可以从事农业以外的其他行业。这一切会导致农民经济收益上的分化、从事行业的分化。根据社会分层的冲突理论，社会分层带来了社会主体的分化与异化，进而造成他们利益的分化与矛盾，社会分层是社会冲突的根源。因此，根据社会分层的冲突理论，分化的阶层之间必然存在着社区文化的认同问题。

其次，农村的人口流动带来了社区文化认同危机。改革开放以来，随着城乡二元户籍制度的日益松动和城市用工制度的改革，吸引了大量的农民进城从事二、三产业，实现了农民在城乡间的自由流动，这就改变了农村社会的封闭性，使得大量的农民突破了长期的地缘限制，进而也使村民与农村社区发生疏离，社区中的村民逐渐趋于分散化，农村社区共同体呈现出萎缩的态势，社区发展陷入“空心化”的窘境。在这种情势之下，农村社区很难产生文化认同。

再次，村民功利世俗的价值观带来了社区文化认同危机。改革开放以来，在市场经济和家庭联产承包责任制的联合冲击之下，理性的经济利益原则和个人主义的价值观迅速渗透到农村社会之中，村民开始执著于追求个体经济利益。而与此同时乡村社会中传统文化的内生规则，包括道德约束、舆论制约对村民的规范能力不断削弱。个人意识的过度膨胀使得农村社区蜕变为个体相互分裂的原子化状态，村民陷入了疏离、孤立、分散的境地，这种关系下的村民很难产生社区文化认同。

---

❶ 华中师范大学中国农村问题研究中心吴理财教授主持的教育部哲学社会科学重大攻关项目“新农村建设中的社区建设研究”的部分研究成果。

四、农村社区文化的功能

农村有丰厚的地区文化积淀，这种历史悠久的社区文化由于乡土气息浓郁，容易被社区成员接受，所以发挥了不可估量的作用。农村社区文化不仅仅影响社区居民一生中的各个时期，还影响着其生活的众多方面，其功能主要体现在以下几个方面。

1. 价值导向和行为规范功能

文化影响和制约着人们的价值观念和行为方式。农村社区文化产生和发展于农村居民所居住的自然环境和赖以谋生的方式，包括当地农村居民的信仰、风俗习惯、道德规范、礼仪以及显示当地特点的方言等构成因素。农村社区文化的主导性价值取向对农村居民的价值观念和行为方式有不可忽略的影响作用。

农村社区文化的形成也是一种信息互动的过程。当社区居民潜意识中的道德观念和现实情况发生碰撞时，社区居民在议论和评价的过程中，逐渐形成一个大致赞同或反对的意见。这种意见就是农村社区文化中的道德规范因素，主导着农村居民的价值选择，使农村居民的正确行为得到肯定和鼓励，不良行为受到抑制和及时改正，引导农村居民作出正确的行为选择，起到规范农村居民行为的作用。

2. 提高农村凝聚力的功能

农村社区文化渗透到农村居民生活中的方方面面，通过沟通农村居民的感情，培养和激发农村居民的群体意识，从而提高农村社区的凝聚力。农村社区文化鲜明的地域性特征，通过农村居民的生活习惯及其言行特点得以表现，从思想上和心理上对农村居民起着维系作用，有助于农村居民对自己的农村社区产生认同感和归属感，甚至自豪感，进而激发责任感，将自己的感情和行为与所属社区联系起来，提高社区凝聚力。

3. 传承农村传统文化的功能

虽然随着生产力的发展和生产方式的改变，农村由传统社会向现代社会转变，农村社区文化也随之越来越开放，但是农村社区传统文化的影响依旧不容忽视。这种农村社区传统文化是农村社区长期保存、积累和传承的文化成果，对民族文化具有重要的历史意义。农村社区文化的传承功能不仅使农村社区原有的人文精神和优秀品质得以保存，而且在此基础上不断适应社会的变迁作出相应的调整，吸收外来文化的精华部分，并继续流传。另外，农村社区文化不仅影响着当代农村居民，而且影响和塑造着下一代。

4. 优化人际关系的功能

人际关系是人与人相处、交往所遵循的道德规范和达到的境界的外在表现。[1] 农村社区的单位是村落，其人际关系网络主要以血缘关系为纽带，建构在一定的地域范围内，所以血缘和地缘融为一体成为农村社区文化的基础，农村社区人际关系依据约定俗成的礼俗进行调节。农村社区文化的各种传统活动，例如秧歌、龙灯等，易于把农村居民吸引到一起，有助于农村居民进入到更广阔的交际空间中去，增强了农村居民之间的联系。同时，范围更广的农村社区文化活动不仅可以促进本社区之内成员的交流沟通，而且有助于增强农村社区与社区之间的联系。

5. 整合功能

整合是指用正确的理论来规范人们的行为，用合理的制度和法律约束人的行为，以此来保障社会的稳定有序。[2] 农村社区文化的整合功能使社区更加团结。组成社区的成员十分复杂，他们的道德观念、价值观念甚至生活习惯都有差异，但是农村社区文化可以使一个社区的道德、风俗、价值观念基本上趋于一致。所以，农村社区文化在农村社区的整合过程中发挥着重要的作用，有助于农村居民达成共识，真正实现农村居民对本社区的认同感、归属感，进而产生责任感。

6. 教育功能

社区文化具有陶冶人、教育人的功能。农村社区经常举行各种各样的文化活动，农村居民参与越广泛，农村社区整体的文明水准就越高。这是因为通过这些文化活动，农村居民能够发现自身的才能并且充分发挥自己的聪明才智，创造出更丰富的农村社区文化。

农村社区文化是社会文化这个主流文化的亚文化，农村居民在接受农村社区的过程中无形地也就接受了社会主流文化。所以，积极正确的农村社区文化对农村居民具有重要的教育意义。同样，负面的农村社区文化也有可能对农村居民的发展产生不利影响。例如，随着改革开放的逐渐深入，农村居民的流动性越来越强，他们特殊的社会地位和经历使他们之间极易产生特殊的文化认同，从而与其所在的城市社区相冲突和隔离，导致更多问题的出现。因此，应该发展积极正确的农村社区文化，这样才能发挥其教育功能。

第二节　农村社区文化管理的问题及发展思路

一、农村社区文化管理体制及问题

当前，农村社区文化主要由政府和社区共同管理的方式，共同负责社区文

[1] 陶铁胜：《社区管理概论》，上海三联出版社，2000 年版，第 150 页。

[2] 汪大海，魏娜，郇建立：《社区管理》，中国人民大学出版社，2005 年版，第 162 页。

化管理事务的处理工作。政府在农村社区文化管理中主要职责体现在规划社区文化发展、制定文化管理的相关政策和制度以及财政支持等方面。社区文化管理的具体组织、协调等工作则由村委会等社区自治组织去完成。这一管理方式有效地调动了政府与农村社区两方面的积极性，对于农村社区文化建设起到了积极的推动作用。但是，随着政府职能的转变和农村社区的不断发展，这一管理方式在工作理念、管理体制、政策制定以及资金投入机制方面存在着制约农村社区文化持续发展的问题。

1. 缺乏对农村社区文化管理内涵和主体地位的认识

当前，无论是政府主管部门的管理者，还是正在从事社区文化指导或具体管理的工作人员，对社区文化管理的内涵仍停留在表象化层面上，或者将农村社区文化管理仅简单地认为是开展单纯的文娱活动，认为建立图书馆、成立阅览室、组织文化宣传活动、开展文艺演出等具体工作，或者错误地以为社区文化就是为了休闲、健身、娱乐，将社区文化建设的效果仅仅看做政绩的一部分。而没有从社区文化管理的本质和内涵上，充分了解社区文化管理的系统内容，认识其对于丰富农村社区居民精神文化生活的重要性。另外，受计划经济体制的影响，一部分地方官员对于政府在农村社区文化管理主体地位认识错位。他们对农村社区文化管理主体的认识依然停留在“政府主导性”层面上，其文化意识观念和现实脱节，不习惯对农村社区文化实行指导性管理，这种认识上的局限性“引导”政府部门在对社区文化实行宏观管理时，沿用过去的手段、过去的方式，以达到所谓的“指导”作用，引发农村社区文化决策机制的过度行政化，降低效率，延缓自治管理进程。

2. 管理体制僵硬，农村社区自治能力不足

我国现有的农村社区管理体制基本以乡镇政府和村委会等组织为主。乡镇政府成为农村社区管理的责任主体，它承担着农村管理的重任，但由于乡镇政府没有相应的权力可以协调职能部门和专业管理部门来完成农村管理事务，因此，在自身行政能力不足的情况下，乡镇政府只有将自己所承担的大量行政事务转嫁到村委会身上，村委会成为行政事务的最基层承担者。社区管理体制也逐渐随着本应具有“自我管理，自我教育”功能的村委会的“变质”而变得行政色彩浓厚，管理基本延续行政惯性，以后政府虽然认识到社区自治是趋势所向，也在各种文件或政策中，一再提出社区自治的目标，并且通过进行一系列的改革，力图修正“大政府”所带来的负作用。由于政府对社区自治组织的培养表现为一种鼓励却防范的态度，既倡导社区自治组织发展，培育社区自治组织的管理能力，同时又在登记制度上对自治组织实施限制，其实质是对自治组织依然实行政府主管机制，造成社区自治组织在社区文化的组织、协调、控制等管理方面都表现得力不从心，从而加重了社区管理体制中行政色彩的浓度，

造成社区文化管理只能是依照历史传统和政府计划惯例运转。这种强调行政干预的社区管理体制带来的自治意识缺乏、参与度不高等各类后遗症随着社区文化管理进程的推进逐一表现出来，从而延长社区文化自治管理的实现年限。

3. 政府主管部门结构不合理，管理队伍不得力

在政府的大力推动下，我国农村社区文化政府主管机构已经初显轮廓，但由于观念和体制等制约因素的影响，造成政府主管部门结构不合理。具体反映为两种现象：一种是未成立政府主管部门的农村，社区文化主管部门结构权力分散，相互重叠，职能不清；另一种是已成立政府主管部门的农村，社区文化政府主管部门结构存在着权力过于集中，自治组织作用发挥有限。农村社区文化专职人才是社区文化管理的主导力量，承担着社区文化的组织、协调、规划等相关具体工作，其成员主要包括政府主管部门以及社区内部从事专职文化管理的工作者。社区文化专职人才的综合素质关系到社区文化管理水平的高低以及管理效率的提升。现阶段，我国社区文化专职管理人才呈现出人员配置薄弱、年龄断层严重、综合素质不高等特点。

4. 农村社区内部管理组织机构的缺失

目前我国相当一部分农村社区内部未组建如社区文化委员会、社区文化协商小组等具体负责的核心自治组织机构。一些农村社区内部只设立村委会，内部事项均由同一班人负责管理，而未考虑到社区文化作为社区工作重点的管理职能和实际工作需要，因此未特别在村委会下设社区文化委员会或社区文教工作委员会等专门机构，从而造成社区文化管理被作为一般工作对待，未受到足够重视，忽视了社区文化作为增强社区凝聚力的作用。社区文化自治组织也存在着发展不足的问题，缺少资金和人才是其中一方面，另一方面在社区文化管理现实操作中不受政府肯定，使得本该成为管理主体的自治组织未能很好地承担起微观管理的职能，这是我国普遍存在的问题，尤其在经济较落后、社区发展较差的地区更屡见不鲜，使得农村社区文化处于管理效率低下的状态，导致农村社区文化资源未实现有效整合，社区居民文化需求未得到充分满足，政府对社区文化的投入也未被充分利用。

5. 农村社区文化投入机制的不完善

资金是农村社区文化管理的有形资源，是保证管理顺利进行的物质基础。管理资金的不足与我国农村社区文化管理投入机制的不完善有着密切的关系，主要表现在以下两个方面。

一是社区文化投入主体的一元化。当前，我国绝大部分农村社区文化的管理资金依赖于政府财政下拨的款项，投入主体呈现一元化的特征。虽然政府一直在倡导社区自治，鼓励社区资金投入机制的多样化，但长期过于依赖政府的做法，使社区文化管理资金一直采用“靠等、靠向政府财政伸手要”的方式，

而且随着社区文化管理进程的加快，政府越发感受到财政上的紧缺，难以再承担起日益增长的社区文化管理资金。投入主体的一元化限制了资金的来源，约束投入机制的开发，增加政府的财政压力。

二是农村社区文化投入分配的不合理。首先，政府未能贯彻“费随事转”的原则，承担起许多额外的文化管理费用，其中最为典型的是在相当一部分农村，也包括经济发达的农村中，农村社区文化馆、图书馆、文化站的大多数工作人员的编制仍属于事业单位，享受着国家财政补贴，造成组织机构臃肿，导致政府有限财力的过度性投入，增加了社区文化管理的开支。其次，财政过度投入社区文化硬件设施的建设，而相比之下社区文化的管理投入明显不足。在政府的高度关注、高额投资下，社区文化设施的配置已经上了一个台阶，农村社区的文化站、文化室都一一建立起来；与此同时，在许多社区辖域内仍然存在着一大批潜在可利用而未被利用的文化设施，如学校、厂矿的图书馆、文化室、俱乐部等资源，这就形成“一面社区文化硬件设施的建设步伐加快，一面有限资源利用不到位”的局面。基层这种过分追求物质配置，而忽视有限资源利用的现实情况，造成政府在财政上的盲目投入，增大管理难度，降低投入资金的有效使用率。同时由于财政资金流入硬件设施建设，使得管理投入明显不足。政策规定的强制达标规模与社区文化设施管理现状之间的对比显露出财政投入的不合理所造成管理工作的滞后，社区文化设施也因缺少管理变得价值受贬，折旧费用远远高于其可利用率。

6. 农村社区文化管理政策法规不配套

截至目前，涉及农村社区文化管理的相关政策法规依然处于缺失状态。

第一，至今还未出台一部专门针对社区文化管理的法规。首先，在社区文化内容、组织结构、工作人员编制、经费、场地设施、群众文化组织合法地位等诸多方面，都没有明确规定，造成工作无头绪，统计无依据，考核无标准，管理不规范。其次，关于政府对社区文化管理的权利、责任和指导范围也没有给予详细地框定，这就等于未给政府任何限定，给地方政府行政干预社区文化管理工作制造了机会，导致部分地方政府主管部门随意下派任务、任意下派指标，造成社区文化自治管理趋向于行政化。再次，对于新出现的社区建设方式没有相应的规定。如对于社会力量，尤其是私营企业主投资社区文化建设的管理缺乏具体规定，在实际工作中很难操作，不利于多重管理主体的培育。

第二，农村社区文化发展政策缺乏力度。例如，在鼓励对文化事业的捐赠方面，纳入公益性的捐赠范围很窄。在捐赠优惠政策上，企业免去应纳税额的3%，力度较小，且由于免税机制未得到完善，免税的手续繁多，难以激励产生更多的捐赠。再如，鼓励专才从事社区文化专职工作政策的缺失将影响社区文化管理人才的引入，不利于社区文化管理队伍综合素质的提高。在这种情况下，如果缺少鼓励性政策，企事业单位和教育文化机构就不会给予社区多方面的支持，社会各界参与社区事务不足的局面必然会继续延续下去，一元独大，多元弱小的局面就难以打破，农村社区文化的规划和发展战略将难以制定和实施。

二、加强农村社区文化管理的思路

第一，要建设强有力的组织机构。一是构建农村社区文化自治管理网络体系。为保证社区文化的健康发展，保障自治管理目标的实现，需要整合农村社区内文化自治组织力量，形成统一的自治管理网络体系，使之成为了解、反映和满足社区成员文化需求的有效渠道。在自治管理网络体系中，各组织之间是平等合作的关系，不存在上下之间的领导层级，因此这种合作式分权安排的网络体系在规范社区内部文化自治组织的同时，也开辟出一条联合管理的途径。二是建立农村社区文化协会。为了建立更广泛自治网络体系，取代乡镇政府文化行政指导权，可以在农村社区层面上构建联盟组织，即农村社区文化协会，社区文化协会的地位主要确定为村一级具有民间权威文化自治管理的组织，它的组成成员以农村内各社区文化自治组织为主。社区文化协会是一种基层自治的联合体，借助于它，各社区文化自治组织相互联合，将权利授予一个中心组织，在规范社区文化自治组织的同时，通过联合形式，降低与政府或外界沟通的成本，增进共同利益。

第二，构建完善的管理制度。制度是社会效益的促进因素，也是潜在的生产力。我国农村社区文化管理要实现从政府主导到社区主导，从政府动员到社区动员的转型，就必须重视政府与农村社区之间的制度衔接。在促使外部制度发挥推动作用的同时，农村社区内部文化自治管理制度也需要以潜在动力促进内源规范体系的建立，在保证管理效率增长的同时，最大限度地减少制度成本，确保社区文化自治管理水平的提升。应该完善社区内部文化人才管理制度；完善志愿者服务制度；完善财务管理制度，做到公平、公正、公开，凡事有章可循。

第三，建立良性的运行机制。农村社区建设的发展趋势决定了农村社区文化自治管理功能，要实现社区文化管理从政府动员到社区内源性自治，首先取决于政府的推动机制和退出机制，但更重要的是社区文化自治机制的良性运行过程，这才是促成这一转型的根本因素。一要健全决策机制。我国过去的农村社区文化决策机制呈现非自治化的特点，行政化的决策机制造成农村社区内部没有形成独立完整的决策体系，违背了农村社区文化发展的规律。在政府的大力推动下和社区内部动力的驱使下，农村社区文化自治网络体系逐渐形成，组织间文化管理职能分化逐渐清晰，从而为建立自治的社区文化决策机制奠定了基础。二要健全评估机制。评估机制是保障社区文化决策自治化是否能落实到位的手段，也是保证农村社区文化自治机制良性运行的必不可少的条件。长期以来，我国农村社区文化自治管理的要求难以实现，其原因除了行政干涉外，农村社区文化管理评估不科学也是重要的原因。所以要健全自治的社区文化评估机制，确立自治的评估内容，采用高科技的评估工具。三要健全激励机制。传统的农村社区文化自治管理忽略了激励机制，在长期的行政干涉下，社区文化自治的积极性明显下降，自治管理受到限制，运作机制在缺乏激励效应的情况下已经严重影响管理效率，因而为了促进自治运行机制的畅通，健全社区文化激励机制成为解决问题的重要途径。自治的社区文化激励机制包括两方面的内容：成员激励、组织激励。健全激励机制有利于调动社区内部的积极性，鼓励内部功能的发挥，实现社区文化管理从政府动员到社区内部动员的转化。

第四，农村社区文化管理，人才战略是关键。农村社区文化管理，要坚持以人为本，落实科学发展观，发挥农民的主体作用。农村社区文化管理，要充分调动农民的积极性、主动性、创造性，实施科技兴国和人才强国战略，切实加强农村社区文化队伍建设，不断加大农村文化人才队伍的培育，努力建设一支农民自己的文化骨干队伍，发展和重点培育农村文化户。农村文化户由于生在农村、长在农村、熟悉农村、了解农村，有着得天独厚的乡土艺术风格。培育农村文化户，一要在政策上倾斜、专业上指导、运作上提供优质服务；二要注重发挥地方特色，卓有成效地挖掘地方特色文化，进行民间艺术资源整合，为社区农民开展喜闻乐见的特色文化艺术服务；三要尊重人才、理解人才、关心人才，为农村文艺工作者提供宽松的生活和工作环境；四要不断提高农村文化工作队伍的专业素养和道德修养，提升社区文化建设水平和文化品位。

第五，新农村社区文化管理，保障投入是根本。要真正落实新农村社区文化，必须确保必要的精力和经费投入，不断充实和完善农村社区文化的基础设施，充分发挥社会主义先进文化的正确导向作用。要加大资金投入，加强政府主导的公共文化服务工程建设，提高农村广播电视网络的覆盖率，加快文化信息资源共享工程建设，抓好农村电影放映工程，推进“科技、卫生、文化”三下乡和农家书屋等文化惠民工程建设。在农村综合改革过程中，要加大农村财政体制、农村金融体制和土地流转制度等改革，拓展农村文化市场，发展农村经济，增加农民收入，切实保障新农村建设的资金投入，同时满足新农村社区文化建设的基本需求。

第六，新农村社区文化管理，转变观念是先导。在建设社会主义新农村的历史起点上，必须不断提高广大农民建设社会主义先进文化的能力和本领，遵循农村文化发展的客观规律，保证农村社区文化的公益性，以政府投入为主，以开发农村人力资源为根本，以乡镇、村组社区文化建设为重点，大力培养农村文化人才，建立专业人才脱颖而出的机制和体制，抢占农村社区文化的主阵地，构建“民主法治、公平正义、诚信友爱、充满活力、安定有序、人与自然和谐相处”的和谐农村新社区，努力为社会主义新农村建设提供精神动力、思想保障。

三、促进农村社区文化建设的对策

第一，积极开展自我教育和学员培训。农村社区文化建设，应着力于全面教育，更新思想观念，加强自我教育，“治穷要先治愚，治愚必先重教”，人的因素始终是决定因素，因此要积极开展自我教育，开展各种培训，提高人们的文化修养。要在普及九年义务教育的基础上，通过办理文化补习班和扫盲班的方式，扫除文盲，尤其是扫除青少年文盲；建立乡村图书馆，收集各类书籍，供村民在农闲时阅读，提高人们的文化素质，使整个农村社区形成浓厚的自我教育氛围。此外还需对农村进城务工人员进行培训，使其了解国家的大政方针政策，清楚自己的合法权益，树立维权意识，推动农村文化建设。

第二，发挥民间公益性组织作用，增强乡村的凝聚力。随着农村改革的深入和集体化的解体，我国乡村的凝聚力逐渐减弱。因此，增强乡村凝聚力显得格外重要。对此，可以发挥各种民间公益性组织（如老年协会、妇女协会等）的作用，开展一些公益性活动，唤醒村民的集体意识，培养村民的本土归属感。老年协会可以定期组织老年人集中开会、聊天谈心、并开展适合于老年人自己的娱乐活动。这不仅能维护老年人的合法权益，充实老年人的精神生活，达到老有所乐、老有所养、老有所获；而且能够使老人与老人、老人与子女之间的关系变得融洽起来。妇女协会可以组织妇女一起学习维权的法律，学习初级文化和妇幼保健知识，同时可以协助两委搞好计划生育工作，还可以开展一些文艺活动，使广大妇女走出家门，加强与外界的联系。

第三，开展乡村文艺活动，丰富村民精神生活。文艺，作为文化一个不可或缺的部分，在农村社区文化建设中也起着非常重要的作用。各种文艺活动的开展有助于改善村民的精神风貌，丰富村民的日常生活，满足村民的精神需求。另外，村民也可以利用文艺宣传一些好的方针政策，弘扬优良的中华民族传统美德，进而改变不良的社会风气，移风易俗。与此同时，还可以组建乡村文艺队，吸收文艺特长人员，开展常规性的文艺活动，活跃农村文化生活。

第四，让科学思想占领农村文化阵地。科学技术是第一生产力，是推动人类进步的革命力量，是实现人类全部希望的根本所在。因此，应引导村民从事科学文明的生活方式，自觉地同形形色色愚昧无知、封建迷信作斗争。要大力宣扬科学思想，让村民树立科学意识，使之远离各种封建迷信，从而扫除各种封建愚昧的陈规陋习，特别是在农村社会生活以及家庭生活方面，要树立正确的人生观、闲暇观、消费观，让科学思想占领农村文化阵地。

阅读延伸材料

义乌市社区农村图书室援建计划

义乌以“科学发展观”重要思想为指导，加快建设文化大市，全面发展公益文化事业，不断丰富群众文化生活。2006 年以来，义乌市积极响应中央四部委的号召，开展了社区（农村）图书室援建活动。全市三年共投入资金 60 多万，援建了 25 个城市社区图书室，55 个村级图书室，每个社区（村）图书室图书达千册以上。援建图书 315 万册，使 20 万城乡居民受益。此举大大丰富了城乡基层社区文化生活，推动了社区文化建设的深入开展。义乌市文广新局援建计划概要如下。

（1）调查摸底。由市文广新局组织图书馆专业技术人员对全市文化示范社区和文化示范村的图书室现状和需求情况进行调查摸底，收集相关数据和资料。

（2）援建实施。根据前一阶段调查摸底情况，对具备二级以上的村（社区）当中确定 5～10 个为当年的援建对象。被确定的援建对象，由市文广新局按照示范性图书室标准组织市图书馆专业人员对援建对象进行图书规范编目、排架、借阅制度等培训和辅导。

（3）考核验收。按照《义乌市街道（镇）、社区、村图书馆（室）等级标准》，市文广新局将对确定援建的单位进行实地考核验收。对通过考核的村、社区图书室进行统一授牌表彰。

（4）奖励办法和要求。按照奖励对象的实有人口和图书室现有基础，以奖励的形式实施援建，原则上每个图书室奖励金额：3 万～5 万元。要求：奖励金额必须用于购书及图书室设备添置，图书购置由市图书馆负责，统一到指定的书店购买，图书品种由社区或村图书室排选，新购图书必须及时上架流通。

2009 年 3 月，义乌市出台了《义乌市新农村文化推进工程实施意见》。对村级（社区）文化设施要求：有一个文体活动室、有一张广播电视网络、有一个室外活动场所、有一支文体活动队伍、每年有村民广泛参与的文体活动。

标准：800 人以上的村文体活动室，要求达到 300 平方米以上。每村（社区）设置 1 名文化管理员。

目标：2010年，有85%以上的行政村（社区）建成，其中1/3的村要达到300平方米。

摘选自：王晓军，何赛阳："义乌市基层图书室建设的调查与思考"，载《图书馆研究与工作》，2009年第3期。

第六章

农村社区环境管理

农村社区环境是农村居民进行劳动和生活的物质空间。环境管理是农村社区管理的切入点和重要内容之一。近几十年来，随着人口的急剧增长和城市化的快速推进，农村社区的环境问题日益严重。本章内容主要涉及三个方面：一是农村社区环境管理的含义、任务与手段；二是当前我国农村社区环境问题的表现及原因；三是改善农村社区环境管理的具体措施。

第一节　农村社区环境的含义和内容

一、农村社区环境的含义

环境是人类赖以生存和发展的多种天然的和经过人工改造的各种自然因素组成的综合体，包括大气、水、土地、矿藏、森林、野生生物、自然遗迹、人文遗迹、风景名胜等。具体地说，环境是指事物周围的境况，是围绕某个主体空间构成存在的自然条件和社会条件的总和。不同的事物有不同的环境，不同的环境对同一事物会产生不同的影响。

社区环境是社区赖以存在和发展的外部条件的总和，也就是各种直接或间接地作用和影响社区本身的外部客观因素的总和。这些因素或是物质的，有形的；或是精神的，无形的。总之，凡是作用于社区整个系统，并为社区系统反作用所影响的条件和因素，都属于社区环境的范围。

农村社区环境是指农村居民进行劳动和生活的物质空间，是农村社区赖以存在和发展的外部条件的总和，包括社区自然环境和社区社会环境两部分内容。

农村社区的自然环境包括气候、地形、地貌、水文、土壤和动植物等，它们相互交织在一起，构成了社区的自然环境。

农村社区的社会环境主要是指社区的生活环境和治安状况。农村社区生活环境包括生活基础设施状况，如道路、自来水、供电、排水、照明、电话、邮政、商店网点以及便民服务设施等。

二、农村社区环境管理的含义与任务

所谓管理就是指挥和控制组织的协调活动。环境管理是指运用行政、法律、经济和科技等手段，协调社会经济发展与环境保护之间的关系，处理好政府、企业、第三部门和个人环境行为之间的矛盾，使社会经济发展在满足人们物质和精神需要的同时，最大可能地防治环境污染和生态破坏。

社区环境管理就是社区组织运用行政、法律、经济和科技等手段，防治环境污染和生态破坏，协调社区内人们环境行为的活动。

农村社区管理就是农村社区管理主体运用行政、法律、经济和科技等手段，防治农村社区环境污染和生态破坏，协调社区内人们环境行为的活动。

农村环境问题的产生并且日益严重的根源在于人们自然观的错误，以及在此基础上形成的基本思想观念的扭曲，进而导致村民行为的失当，最终使自然环境受到干扰和破坏。从这个角度看，农村环境问题的产生有两个方面的原因：一是思想观念方面的；二是社会行为方面的。基于这种思考，农村社区环境管理的基本任务包括两个方面。

一是转变农村社区居民的价值观念。自进入工业社会以来，人类依靠先进的科学技术和强大的生产力，无限制地向自然进攻。一方面掠夺式地开发自然资源，拼命地向自然索取，破坏了地球的生态平衡，出现了滥伐森林、草场退化、沙漠扩大、土地退化、水土流失、物种灭绝等严重问题；另一方面，人类不断向环境排放废弃物，超越了自然净化能力，出现了大气污染、水源污染、土壤污染、生物污染，以及一系列严重的、全球性的环境问题。因此，环境管理主要任务之一就是摒弃人们以往以自然环境为征服对象的人类中心主义的价值观，树立人与自然和谐相处的价值观，以求达到人类发展与自然环境承载能力相协调。

二是调整农村社区居民的环境行为。许多环境问题，归根结底都可以说是个人行为失调的结果。所以，能否合理地引导、影响和改变个人的行为，使之符合环境保护的要求，是农村社区环境管理的任务之一。

总之，农村社区环境管理是一项复杂的系统工程，是人类有意识的自我约束，这种约束通过行政的、经济的、法律的、教育的、科技的手段来进行，它是农村社会发展的根本保障和基本内容。

三、农村社区环境管理的实施手段

农村社区环境管理的实施手段通常包括六种类型：法律手段、行政手段、经济刺激手段、技术手段、宣传教育手段、基于自愿协商的非管制手段。

（1）法律手段。这是农村社区环境管理的一种强制性手段。依法管理社区环境是控制并消除污染，保障自然资源合理利用，维护生态平衡的重要措施。我国自20世纪80年代开始，从中央到地方颁布了一系列环境保护法律法规。到目前为止，已基本形成了由国家宪法、环境保护基本法、环境保护单行法和其他部门法中关于环境保护的法律规范等内容所共同组成的环境保护法体系。这些法律法规自然就成为农村社区环境管理的法律依据。

（2）行政手段。这主要是指农村地方基层行政机构，根据国家行政法规所赋予的组织和指挥权力，制定具体的方针、政策，对所属社区资源环境保护工作实施的决策和管理。这类手段又称为指令性控制手段。

（3）经济手段。这是指利用价值规律，运用价格、税收、信贷、投资等经济杠杆，调节当事人经济行为，限制损坏环境的社会经济活动。我国目前使用的环境管理经济手段主要有环境收费、综合利用资源奖励优惠和税收贷款优惠等。

（4）技术手段。这是借助那些既能提高生产率，又能把环境污染和生态破坏控制到最小限度的生产技术及先进的污染治理技术等环境保护手段。

（5）宣传教育手段。环境宣传既是对环境科学知识的普及，又是一种思想动员。通过各种形式的宣传教育，公众能够了解环境保护的重要意义和内容，提高自身的环境意识，激发保护环境的热情和积极性，把保护环境变成自觉行动并形成强大的社会舆论，从而制止浪费资源、破坏环境的行为。

（6）基于自愿协商的非管制手段。这主要是指利用社会劝说、公众信息和市场信号等办法，引导污染者自觉削减污染排放的一种措施。这类管理手段强调削减污染的自觉自愿性，属于污染的预防性手段。

第二节　当前我国农村社区的环境问题及原因分析

一、农村社区的环境问题

对我国农村社区环境问题的来源及特性的分析发现，当前突出的农村社区环境问题主要来自于农业生产、农村工业生产和农村社区居民生活垃圾三方面。

（一）农业生产方面

农业生产的污染主要包括不合理使用化肥、农药、农用薄膜等化学品及禽畜养殖等农业生产废弃物综合利用率低造成的环境污染。

1. 农药、化肥污染

耕地面积的锐减与稳定粮食总产量之间的矛盾，强化了对化肥、农药的依赖程度，不合理使用化肥、农药造成的污染问题日趋严重。按耕地面积计算，我国化肥使用量达40吨/km^2，❶ 远远超过发达国家为防止化肥对土壤和水体造成危害而设置的单位面积施用量的安全上限。据统计，我国化肥用量1980年为1 269万吨，2000年达5 000万吨，20年增加了3 731万吨。我国的化学肥料构成主要为氮肥，使用量也最大。由于使用不合理，有60%～70%的氮元素直接进入环境，不仅造成每年约1 237万吨的氮元素损失量，还污染了地表水和地下水，造成了湖泊水库的富营养化。❷ 作物吸收过量氮元素，会导致对农产品的污染，对人体健康构成潜在的威胁。

在我国，农业病虫害的防治主要靠化学农药。粮食高产区往往也是农药过量使用区，而且使用量还在逐年增多。受短期效益的驱动，人们选择的农药多为中等毒性的有机磷制剂，而不是低毒、高效的生物制剂，致使土壤中有毒有害物质含量加大，农作物产品质量下降，部分粮食、蔬菜、畜禽产品、蜂蜜以及其他农副产品中农药含量严重超标，害虫抗药性增加，不仅容易造成食用者的急性中毒，也杀死了大量害虫天敌和有益动物。

化肥和农药污染在很多地区已经直接破坏了农业的生态系统，部分地区水环境污染已经从常规的点源污染转向面源与点源结合的复合污染。资料表明，现在我国北方已经基本上没有未被污染的水体了。❸

2. 禽畜养殖污染

随着近年来畜牧业特别是规模化养殖业的迅猛发展，原本潜在的由畜禽养殖带来的环境污染问题日益显现。畜禽养殖污水排放量已远远超过工业废水与生活污水的排放量之和。据统计，1995年，全国禽畜粪便产生量为18亿吨，到1997年增加为24亿吨，而全国工业固体废弃物年产量也仅为6亿多吨。可见，我国禽畜粪便总量已远远超过了工业固体废弃物总量。❹

由于没有足够的耕地消纳畜禽粪便，养殖业生产地点又靠近人口聚居点或者处于同一个水资源循环体系中，使得部分地区可以利用的环境容量小，加之其规模和布局没有得到有效控制，没有有效避开人口聚居区和生态功能区，造成畜禽粪便还田的比例低、对环境的危害直接。规模化的养殖场因其排放强度大，造成的污染危害就更为严重。据统计，我国农村仅猪、牛、鸡三类畜禽粪

❶ 薛全福："我国农村环境污染现状与控制对策"，载《科技创业月刊》，2008年第10期。

❷ 张镝："浅谈我国农村的环境问题与环境政策"，载《法学与实践》，2006年第6期。

❸ 史涛："农村环境保护对策研究"，载《科技信息（学术研究）》，2008年第12期。

❹ 张镝："浅谈我国农村的环境问题与环境政策"，载《法学与实践》，2006年第6期。

便的年排放量就达30亿吨左右，有大约30%的粪便未经处理就直接排入了地表水中，造成水体的污染。[1]

3. 残留地膜污染

农膜是不可或缺的农业生产资料，使用量正在迅速增加，我国的使用量和覆盖面积均已居世界首位。由于大量农用残膜的存在，破坏了土壤的原有结构，使土壤失去了保水保肥特性，严重时会引起地下水难于下渗和土壤次生盐碱化等严重后果，造成农作物减产，表现在种子发芽困难、生长势弱、抗逆性弱、产量低、品质差等方面。据统计，2003年我国地膜用量超过60万吨，在发达地区尤其严重。据浙江省环保局的调查，被调查地区地膜平均残留量为3.78吨/km^2，造成减产损失是产值的20%左右。[2] 随着中西部农业现代化的进展，这类污染也在中西部粮食主产区普遍出现。

4. 秸秆焚烧污染

历史上，秸秆多替代薪柴使用。而现在，煤炭、液化气等开始作为燃料代替了秸秆。此外，随着秸秆为原料的小造纸厂被取消，也使得大量秸秆成为无用废弃物。我国每年秸秆产生量为6.5亿吨，[3] 这些秸秆未能很好利用，又无处存放，压占了大量土地，农民只有一烧了之。在我国农村，每年夏秋两季都会出现焚烧秸秆的现象。秸秆焚烧不仅浪费了资源，而且还造成了航空、铁路、公路的交通事故。此外，由于秸秆不完全燃烧产生的一氧化碳、二氧化碳等有毒有害气体，严重污染了农村大气环境，也给农村社区居民身体健康带来极大危害。

（二）工业生产方面

自20世纪80年代中期开始，随着“农村工业化”步伐的加快，城市工业向农村的转移以及乡村工业本身的遍地开花，广大农村的环境污染问题日渐凸显。

1. 农村工业污染

我国农村工业化和保护资源、环境、生态之间产生了日益尖锐的矛盾，面临的国土、生态、资源和环境的压力越来越大。根据2004年中国统计年鉴数据，我国2003年消耗能源16.8亿吨标煤，每万元国内生产总值消耗的能源1.4吨标煤；2003年能源消费比上年上涨13.2%，电力消费上涨16.5%，而GDP仅仅上涨9.3%，经济发展模式仍然是建立在大量使用资源基础上的粗放型模式。全国乡镇工业主要污染物排放量大面积广。据测算，由于农村工业

---

[1] 民建中央专题调研组：“我国农村环境污染现状与防治对策”，载《经济界》，2008年第2期。
[2] 薛全福：“我国农村环境污染现状与控制对策”，载《科技创业月刊》，2008年第10期。
[3] 张镝：“浅谈我国农村的环境问题与环境政策”，载《法学与实践》，2006年第6期。

布局分散，全国已有 1.5 亿亩农田和 82%的江河湖泊不同程度地受到了“三废”污染。[1] 一项来自《中国水利报》的报道，“农村工业污染已使全国 16.7 万平方千米（约为 2.5 亿亩）的耕地遭到严重破坏，占全国耕地总量的 17.5%”。另外一项来自 1999 年 9 月 2 日的《科学时报》的报道，该报引用中国科学院地理研究所农业生态与环境技术试验站站长陈同斌研究员的话说，“据估测，目前我国受重金属污染的耕地面积约占耕地总面积的 1/5（近 2 000 万公顷，3 亿亩），每年因土壤污染而减产粮食约 1 000 万吨，另外还有 1 200 万吨粮食污染物超标”。[2]

2. 城市污染工厂向农村转移

城市工业废物向农村排放问题同样值得关注。城市中高污染的企业如化工厂往郊区及农村迁移，这些重污染企业排放的污水、污气和污物，导致农村的水体和空气严重污染。中央电视台就曾报道过山东、天津等地出现的癌症村情况。据统计，我国农村人口中与环境污染密切相关的恶性肿瘤死亡率正在逐步上升，从 1988 年的 0.095 2‰上升到 2000 年的 0.112 6‰，[3] 对于基本排除在医疗保障制度之外的农民，这是极大的威胁。

可以预料的是，由于中国工业化的车轮还在加速度地运转——几乎变成了没有刹车的传动装置，[4] 由于城市将会继续把一些污染企业“迁出”市区（虽然像北京、上海这样的优越城市基本上完成了这一过程，但在更多的地方性大中城市，这一过程才刚开始。），由于农村的父母官们将会继续主动或被迫地进行着“招商引资”的壮举，而在这一连串的过程中“环境监督”部门基本上又只能扮演“旁观者”的角色，[5]因此，在短期之内，中国和中国乡村的污染不是会马上减轻，而是会继续严重和“推广”下去。这就意味着，作为这些行为结果之主要载体的农民，已经成为受害者的将会继续作为受害者而存在下去，尚未成为受害者的则会不断地加入进来。而在污染这一越来越沉重的“变量”的影响下，“三农问题”将变成越来越难解的“中国结”。

（三）农村社区生活方面

农村社区农村生活方面的污染，主要体现在农村生活垃圾、农村粪便与污水、农用车排放的废气以及城市生活垃圾向农村延伸等方面。

---

[1] 李晓波：“小城镇是解决当前农村工业化与城市化发展偏差的有效途径”，载《辽宁经济》，2000 年第 2 期。

[2] 张玉林，顾金土：“环境污染背景下的‘三农问题’”，载《战略与管理》，2003 年第 3 期。

[3] 薛全福：“我国农村环境污染现状与控制对策”，载《科技创业月刊》，2008 年第 10 期。

[4] Allan Schnaigerg & Kenneth Alan Goula，Emvironment and Society：Enduring Conflict，St. Martin's press，1994. 满田久等译《环境与社会》（日译本），米涅瓦书房，1999 年。

[5] 张玉林，顾金土：“环境污染背景下的‘三农问题’”，载《战略管理》，2003 年第 3 期。

1. 农村社区生活垃圾污染

农村生活垃圾、生活污水未经有效处置，一般就直接排入周边环境中。国家环保总局提供的数据显示，我国农村每年产生的生活垃圾有2.8亿多吨，大部分被随意堆置或倾倒进河湖或沟渠，成为蚊蝇、老鼠和病原体的滋生场所；农村年产生生活污水90多亿吨，并且具有有机物浓度偏高、日变化系数大、间歇排放的特点，造成了水体污染严重。❶ 污水灌溉、随意堆放各类固体废弃物，还导致了土壤的污染以及延伸的食物链污染。全国污水灌溉面积目前已达到3万km^2，因固体废弃物的堆存而被占用或毁损的农田约为1 300km^2。❷

2. 农村社区粪便与污水污染

据卫生部统计，目前我国农村人口的人粪尿年产生量为2.6亿吨，无害化的卫生厕所普及率仅为32.31%，其中有1.8亿多吨未能进行无害化处理；我国农村96%的村庄没有排水渠道和污水处理系统，仍有11 373万户农民只能使用非常简陋的厕所，甚至无厕所可上；我国现有高达5亿人的蛔虫患者，绝大多数是农村人口。❸

3. 农用车辆排放的废气污染

近年来随着农民收入水平的提高，拖拉机、三轮摩托、二轮摩托等机动车辆已在农村社区逐渐普及，这些车辆尾气废气大量排放，加之一些乡镇和村间道路的路况差，通常是机动车一走，灰尘漫天飞扬，这也对农村环境造成严重污染。❹

4. 城市的生活垃圾向农村延伸

由于技术条件的限制，我国90%以上的城市垃圾是在郊外填埋或堆放，❺ 这些城市垃圾不仅占用了宝贵的土地资源，还污染了周围农村的水质和大气环境。一般来说，堆放一万吨城市生活垃圾需占用600m^2土地，所以大量的城市垃圾占用了郊区或农村的大量土地。据遥感调查，沈阳市周围有526堆无组织堆放的垃圾，占地300万m^2。❻ 而生活垃圾渗出液属于高浓度污水，严重污染水体和土壤，甚至渗入地下水，将导致地下水中的硝酸盐、氨氮、细菌总数等各项指标超标。

二、农村社区环境问题的原因分析

导致我国农村社区的环境问题的原因包括以下几个方面。

---

❶ 民建中央专题调研组："我国农村环境污染现状与防治对策"，载《经济界》，2008年第2期。

❷ 冯彬："农村环境管理存在的问题及对策"，载《污染防治技术》，2008年第5期。

❸ 民建中央专题调研组："我国农村环境污染现状与防治对策"，载《经济界》，2008年第2期。

❹ 杨斌："我国农村环境污染的现状及保护对策"，载《科技资讯》，2008年第31期。

❺ 王营茹："浅谈我国农村环境污染问题"，载《内江科技》，2008年第3期。

❻ 吴雪："我国农村环境保护问题初探"，载《重庆工贸职业技术学院学报》，2007年第2期。

1. 农村社区的环境保护法制建设滞后

首先是针对农村社区环境问题的法律法规严重不足。一些重要的农村环境保护领域还存在着立法空白，农村环境保护的法规和标准体系很不健全，如畜禽养殖污染防治、面源污染防治、物种遗传资源保护、外来物种入侵防治、土壤污染防治、区域性农村污水排放标准和垃圾分类收集与无害化填埋标准等。[1] 其次是涉及农村社区环境保护的法规与改善农村社区环境的现实需要不配套或滞后，对破坏农村环境违法行为的处罚力度远低于城镇，对损害农村环境的民事赔偿尚无法律依据，对农村环境损害的社会保险法规缺失。再次是政府对农村环境质量缺乏监测手段、管理制度、评价制度和考核制度，没有农村环境监测指标和公示制度，人们对农村环境污染及其危害缺乏真实的了解，因而不能引起全社会足够的重视。最后是农村环境政策方面强制性规范少，而一些奖励性环境政策法规与农村的经济发展又相矛盾，所以在农村社区的环境保护方面因为缺乏法律支持，而导致同时也缺乏民意支持。

2. 农村社区的环境保护机构匮乏

环境保护政策需要有专门的机构来执行，而农村环保机构的匮乏导致了无人管、管不了的尴尬局面。目前，我国最基层的环保系统是县一级环保机构，[2] 基层环保机构存在着监测能力弱、人员不足、机构不健全的问题。在全国 2 000 多个县中有 1/3 的县级环保局还没有建立监测站，部分监测站的监测仪器和装备十分陈旧落后，甚至不如中学的实验室；在 30 000 多个乡镇中，大多数没有环保员，农村社区环境保护基本处于无人、无经费、无装备的“三无”状况，[3] 因而对农村环境难以实施有效的监测与评价。此外，环保工作还分散在各个相关部门，如林业局、农业局、城管办、交通局及水利部门等。部门利益不协调，导致谁都不管或不能进行有效的综合管理。环保机构的隶属关系复杂，不能很好地贯彻实施环保法规、政策，同时也缺乏针对各地农村行之有效的具体规定，许多工作很难落实。此外，来自多方面的干涉也使基层环保局感到力不从心。许多时候为了保证地方的经济发展，环保局不得不妥协，从而导致污染和破坏环境的行为发生。

3. 环保资金投入不足

环保资金投入不足，导致环保基础设施建设落后，环保队伍自身建设难以跟上形势需要。由于工作经费紧张，一些基层环保局没有财政拨款，环境监

---

[1] 民建中央专题调研组：“我国农村环境污染现状与防治对策”，载《经济界》，2008 年第 2 期。

[2] 赵海霞：“科学发展观下的农村环境政策创新研究”，载《新疆大学学报（哲学人文社会科学版）》，2005 年第 6 期。

[3] 民建中央专题调研组：“我国农村环境污染现状与防治对策”，载《经济界》，2008 年第 2 期。

测、监理设备老化，环保执法手段和装备落后。环保资金投入不足已严重制约农村环境质量的改善和环保事业的发展，许多改善环境质量的措施和亟待解决的重大环保工程得不到落实，环保基础设施建设明显滞后于农村城市化进程。

4. 农村居民的环境保护意识不强

长期以来，由于城乡二元社会结构的存在，使农村生产技术落后，信息资源匮乏，农民也养成了许多污染环境和破坏生态的不良生产、生活习惯，农村居民的环境意识还处在较低的水平，环境道德意识较弱，致使随意投放垃圾成为习惯，造成农村垃圾污染日益突出。现在，仍然有许多农村聚居点和乡镇企业的垃圾和污染物随处堆放和排出，对周边环境造成严重污染。同样的原因导致缺少科学种田的指导，滥用化肥和农药；前茬秸秆影响后茬，就一烧了之等。这种淡薄和落后的环保意识在农民身上根深蒂固，因而污染现象十分普遍，难以根治。值得关注的是，不仅是欠发达地区农民身上存在着难以改变的落后生产习惯与不良生活陋习，事实上，发达地区的农民也不愿意将更多资金投入到环保方面。如在江苏的一个经济发达农村，村里有 11 户资产 1 000 万元以上、53 户 500 万元以上和 97 户 100 万元以上的居民，他们为建设村里的公园捐献了 100 多万元，但村里要建一座 20 万元的污水处理设施，却要向省政府部门申请投资。[1]

5. 农村社区的环保政策扶持力度不够

我国环境政策的制定和实施过程与政府的作用密切相关，从宏观环境政策制定到微观环境政策的监督，基本上都由政府直接操作。而且政府在实施环境政策时，所采用的手段也是以本身能直接操作的为主，特别是大量使用行政控制手段。即使是所谓的“经济手段”也是政府直接操作的管理方式，被简化为收费、罚款等手段来调控环境行为。行政管制手段的实施需要相应的机构、人员、设备，即环境政策的实施是需要一定成本的。但目前的情形是，我国大多数乡镇政府机构都是负债运营，对于建立环境政策实施机构自然缺乏财力支持。如前所述，我国大部分乡镇一级没有设置环保机构。另外，行政管制的优势主要集中在生产组织化程度较强、生活有序化领域。而我国农村生产、生活居住以一家一户一院的形式为主，造成生产、生活的家庭化、个人化、无序化，因此对于农村大量发生的、分散度又很大的环境污染和破坏行为，行政管制需要较大的成本。

6. 环境规划的制定和实施难以到位

在我国，由于缺乏科学系统的环保规划，破坏环境的项目常常出现在建设规划中。就目前我国农村环境综合治理具有的综合性、复杂性、艰巨性与长期

---

[1] 民建中央专题调研组：“我国农村环境污染现状与防治对策”，载《经济界》，2008 年第 2 期。

性的特点看，必须建立起一个上下统一、分工明确、职责清晰、协调一致的农村环境保护领导体制与管理体制，才能有效地落实农村环境污染的防治措施。但是，由于我国农村环境保护体制存在着“垂直分级负责，横向多头管理”的重大缺陷。[1] 这种分割式的管理体制，一方面，使得决策主体、投资主体、执行主体、监管主体很不明确，上下左右互相牵制，造成了对农村环保事业的决策迟缓、投入不畅、执行不力、监管不到位的情况时有发生；另一方面，导致了部门之间、官员之间“责、权、利”的不统一，有利则相互争权，无利则互相推诿，各行其是，无从考核，责任无从追究。

第三节　改善农村社区环境管理的措施

一、政策与制度层面的措施

针对农村社区存在的现实问题，从改善社区环境管理的角度看，首先应从政策和制度方面入手。

1. 让渡受益机制和生态补偿原则

为避免农村居民和城市居民对环境资源使用权的不公平，应建立一种环境资源使用权的让渡机制，使无偿的权利让渡机制转化为有偿的经济利益补偿机制。在我国环境政策中，唯一对城市和农村的环境污染和环境服务异向转移不公平现象有所补偿的是排污收费制度和“谁污染，谁治理”原则。但该制度与原则实质上并没能对不公平现象予以补偿。现实中，城市确因本身产生的污染向农村转移和从农村获取工业原材料与农产品而受益，而农民也对城市的污染进行了治理，但是城市作为一个整体并没有付给农村一定的补偿费用。因此，对农村的环境保护是欠公平的，有必要给以新的环境政策原则导向。“谁受益，谁付费”、“谁治理，谁收费”的生态补偿原则可以很好地解决这一不公平现象。生态补偿是用计划、立法、市场等手段对生态保护所获得的环境利益背后的相关利益者的经济利益分配进行调整，以保护生态环境、维护生态服务功能。在农村的生态系统恢复重建中，政府应及时地引进生态补偿机制，要明确补偿标准、补偿资金渠道、被补偿对象、补偿方式，以调动社会各阶层和团体的积极性，充分发挥社会总体的力量。虽然收费机制由微观层面上单个人和部分群体之间的补偿，上升到区域整体之间的补偿，并介入了政府行为，但却增加了可操作性和政府的认同。所以，生态补偿原则对于农村和城市之间的这种环境不公平现象不仅可以适用，而且非常必要。

---

[1] 民建中央专题调研组：“我国农村环境污染现状与防治对策”，载《经济界》，2008 年第 2 期。

2. 农村社区环境的引导性政策

我国农村社区环境问题的外部原因是城市的污染转移和对资源的开发利用，内部原因是农村生产、生活活动。实行家庭联产承包责任制以后，农村的生产、生活单元日益分散，对其进行监督是不现实的，加上农村基层环保机构的缺乏，原来依靠行政手段来进行的管制性政策失去了可操作性，这必然造成农村环境持续的破坏和污染。所以，政府管制性环境政策应向引导性环境政策转变，利用经济刺激、经济补偿等手段来使农民自愿地规范自己的行为。这种刺激和补偿一定要在经济利益许可的范围内尽量加大，尤其要在初始阶段让农民充分感受到由于环境保护带来的经济利益，否则就只会重复过去的老路，不能起到应有作用。在这方面，政府的主要责任包括：提高环境科学技术水平和改善环境信息获得手段，使农民获得有利于环境的生产技术和信息；实行环境宣传和环境教育，提高全民族的环境意识；向社会提供环境信息，为社会公众监督创造条件；制定有关激励制度，使农民和相关企业资源参与到有利于环境保护的行动中，并从中受益。

3. 建立有效的监督管理制度

首先，把农村环境综合整治的目标列入区（市）县、乡镇党委和政府政绩考核评价体系中，评先创优活动实行环保一票否决制。其次，建立环境监测机构，推进水质、土壤、生态监测体系的建设，构建覆盖一定范围的环境监测协作网络，不断提高环境监测能力。再次，激励企业自觉提高处污能力，尽量减少污物的排放。统一的政府监管标准容易导致企业的逆向选择和道德风险问题，而监管标准形式一定程度的多样化则可以解决这些问题。最后，注重农村社区环境问题的公众参与。农民是保护农村环境的主体，没有农民参与就没有农村环境的改善和保护。为此，要实行环境信息公开化，体现农民的环境知情权、批评权，通过公开相关信息，借助公众舆论和公众监督，对环境污染和生态破坏的制造者施加压力，促使其养成良好的环境行为。

4. 加强农村社区的环境规划

首先，应打破城乡生态对峙的旧观念，城乡环境对立的旧格局，将城市与农村的环境作为一个系统，在环境保护上统一规划，在治理污染上统一部署，以扭转城乡相互污染和转嫁污染的现象。其次，应着力加强城乡基层环境保护机构、监测站点和队伍的建设，开展区域性统筹城乡环境保护与生态发展模式的研究，开展对城乡固体污染、水体污染进行集中收集、集中处理与循环利用的可行性研究，把控制城乡的面源污染、点源污染、生态治理与统筹城乡发展结合起来，避免产生重复投资、重复建设的问题，以最少的治理投入取得最好的治理成效，并利用现有的环保机构向农村延伸，逐步向农村配备有技术、懂业务的环保人员，同时实施城乡一体化领导，实现统一指挥、统一行动，并相互协调，达到城乡共同努力，重视对污染源的控制。最后，地方政府真正树立全局思想、整体意识，正确处理局部与全局的生态环境关系，努力组织、实施、监督、控制辖区内的污染治理，主动协调、配合做好与其他地区边界、上下游之间的环境保护。

5. 加大农村社区环境的资金投入

环保投入的实质是对环境的一种补偿，是实现环境质量改善的重要保证。发达国家的环境治理经验表明，要控制环境恶化的趋势，环保投入须达到GDP的1.5%，[1] 而我国环保投入远远低于这个比例，致使有限的投入产生的绩效不显著，农村环境进一步恶化。农村环境质量的提高和防污治污的结果是整个国家和社会受益，具有典型的强外部性和公共物品特性，需要政府的资金投入。同时，可以通过由各相关部门的资金投入和农户各自承担一定比例，来鼓励农户建立沼气池、生态果园，达到农户、自然环境、社会的和谐；也应加强企业行为与相关政策在环境保护和资源利用方面的有机结合，使企业参与到政府的资金投入与政策实施中来。

总之，应尽快建立和完善政府、集体和个人多渠道的农村环境建设投融资机制，不断拓宽投融资渠道，保证农村环境综合整治资金投入。

二、法律与法制环境层面的措施

基于农村环保法制建设滞后的现状，需要从农村的特殊性出发，把农村环保独立出来，构筑一个比较完善的、单独针对农村的独立环保法律体系。

1. 转变立法观念

由于农村的环境保护难在农民居住的分散性和治污的复杂性，因而以法律责任为支撑，推进环境法的进步和发展，这一立法理念对农村社区的环境治理来说适应性不强。鉴于此，改变当前环境法中以“限制”为核心的基本理念，扭转单一的法律强制性功能，通过形成和确立“合作＋参与”的法律理念，增强法律鼓励、引导、教育等功能，对推进农村环境保护与治理更能奏效。

2. 制定完善涉农环保法体系

虽然我国已颁布实施了一些有关农村环境与资源方面的法律及地方法规，但总体而言，农村环境保护的法律法规体系还不完善，在不少领域还存在空白。因此，要想改善农村环境状况，必须依法制定和完善农村环境保护法规、标准和技术规范，将农村环保及污染治理纳入法制化轨道。因此，建议尽快制定《农村环境保护法》或《农村环境保护条例》、《土壤污染防治法》、《农业废

[1] 王营茹：“浅谈我国农村环境污染问题”，载《内江科技》，2008年第3期。

弃物利用促进条例》、《地下水保护管理条例》、《畜禽养殖污染防治条例》以及约束各级政府干扰环境执法行为等方面的法规，[1]尽快制定针对乡镇企业、个体企业、私营企业环境保护的法律，使农村环境保护工作做到有法可依。

3. 执法要规范到位

在农村环保法的执行上，应坚持执法的独立性，极力营造一个良好的执法环境。执法者要排除来自方方面面的干扰，维护法律的严肃性，坚持执法的平等性。对污染制造者都依法追究相应的责任，扭转违法成本低，守法成本高的现象，真正做到法律面前人人平等，坚持执法的无私性。执法人员不徇私枉法，不以权谋私，以体现法律的普遍约束力。

三、预防机制与控制体系方面的措施

农村社区环境保护要从长远着手，建立污染防治的长效机制和防控体系。

1. 加强农村社区环境保护的科技支撑能力

首先，应摸清我国农村社区的总体环境状况，尽快开展对我国农村环境质量状况的全面调查，查清包括农村土壤、水和大气在内的农村基本环境要素质量的情况，以全面、系统、准确地掌握全国农村环境质量的总体状况、污染类型、分布特点、污染范围、污染程度、污染种类及其来源，为制定好保护农村环境的法规、政策和措施提供科学依据。其次，应加强农村环境污染治理技术支撑体系的建设。一是农村多元化污水处理技术与模式。它主要以满足当地环境标准为前提，针对不同地区的自然环境特点和经济社会发展水平，因地制宜地建立多元化农村污水处理技术与模式、污水处理设施的运行和管理方式，以及相应的投资和运行费用的筹措机制。二是农村固体废弃物的资源化处理与利用模式。它主要是对农村生活垃圾、畜禽养殖粪便、秸秆和乡镇企业固体废弃物等进行减量化、无害化、资源化的利用与处理。在农村固体废物处理过程中，需要结合当地的经济社会发展水平、地理特征、环境资源状况等因素，遵循因地制宜、突出特色、低成本运行和注重实效的原则，以满足不同发展特征和发展模式的农村地区需要，尽可能地减少投入。

2. 建立农村社区的循环发展模式

第一，要推广节约型技术，全面实施好测土配方施肥，推广化肥机械化深施、精准化施肥、诊断施肥和水肥一体化等技术，推进农家肥、畜禽粪便等有机肥料资源的综合利用。第二，应加快高效节约机械的研发，应用高效低毒、低残留农药新品种，推广低容量喷雾技术。第三，应大力开发农业环保适用性技术，重点开展秸秆和畜禽粪便等农业废弃物的综合利用，开发水电、太阳

---

[1] 民建中央专题调研组："我国农村环境污染现状与防治对策"，载《经济界》，2008年第2期。

能、风力发电等可再生能源开发，加强农村生态卫生系统、小型污水处理系统等方面的技术研发与推广。第四，应积极开发生物资源，培育生物产业，提高农村废弃物的综合利用率，减少农村废弃物造成的环境污染。第五，应大力发展农村沼气项目，因地制宜地推广北方的“四位一体”和南方的“猪—沼—果”等能源生态模式，[1] 把养殖场建成清洁能源中心、有机肥供应中心和废弃物处理中心。第六，应建设一批健康养殖和生态养殖的示范项目，推广健康养殖和生态养殖技术、养殖用水循环与废水处理技术，降低水产养殖造成的污染。第七，实施规模农业生态建设，积极推广工业向发展园区集中、土地向规模经营集中、农民向城镇集中的“三集中”农业生态发展模式，将控制农业面源污染和农村点源污染与推进新农村建设结合起来。

3. 施行具有针对性的治污对策

第一，科学合理地使用化学肥料。要加强对农药生产、销售和使用的管理，大力推广生物农药和病虫草害综合防治技术，尽量减少化学农药的使用量，特别是高毒农药的使用量，以保证农业生态环境与农产品的安全。要提倡多施有机肥、生物肥，通过种植豆科作物、绿肥等来培肥地力，逐渐减少化肥的用量，减轻其对农业生态环境的污染。第二，加强农作物秸秆的综合利用。要加大秸秆的利用力度，使其产生经济效益，以此引导农民走综合利用之路，解决因秸秆焚烧所造成的环境污染和资源浪费问题。第三，处理好养殖业对环境的污染问题。养殖场要设置粪便储存设施和场所，采取清污分流、干湿分离的方法，防止其渗漏、散落、溢流等。要充分利用禽畜粪便，通过熟化还田、制造沼气、制成有机肥等使它资源化、无害化和减量化。第四，回收废旧地膜以减少地膜残留。应采取鼓励、优惠政策回收地膜，并加强研究废旧地膜再利用技术，鼓励农民收捡残存于土壤中的废旧地膜，利用优惠价格进行回收。第五，控制人口数量提高人口素质。控制农村人口数量，稳定和继续降低农村生育水平是全国计划生育的工作重点，也是改善农村社区环境问题的关键对策之一。第六，加强对乡镇企业的环境管理。首先应淘汰污染严重、落后的工艺设备，严禁新建污染严重的生产项目，重点发展能带动农业生产的项目。其次应建立乡镇企业进园机制、适当集中优化发展的布局。最后应实行严格监管，一方面应防止工业污染向农村转移，另一方面应对危害群众利益的环境问题进行及时查处，对达不到环境质量要求的责令限期整改，逾期未完成治理任务的，责令其停产。第七，加强农村环境基础设施建设。在经济较发达地区，可采用“村收集—镇集中—县（或镇）处理”的城乡生活垃圾一体化处置模式进行垃圾无害化处理；在经济欠发达、交通不便地区，则可因地制宜，采取堆肥等综

---

[1] 民建中央专题调研组：“我国农村环境污染现状与防治对策”，载《经济界》，2008年第2期。

合利用方式处理垃圾。在近郊农村社区，应建立比较完善的雨水和污水分流收集系统，接入城镇污水收集管网或采用环境工程设施处理；在远郊乡村，则可利用湿地、沟塘等就地处理或开展“一池三改”，提高污水处理率。

四、加强农民自我环境保护能力方面的措施

根据农村社区环境问题中所反映出的农民自我环境保护问题，应从以下几方面入手。

1. 加强对农民群众从事生产的指导与服务

各级农业技术部门、农资部门、农机部门和农民专业经济组织应当主动深入到田头、农村和农户，积极开展农业新技术的培训、化肥和农药科学使用的指导、农机技能的传授、农业科技知识的普及，及时为农民群众解决在生产中所遇到的问题与困难，为他们搞好农业生产创造条件，提供周到的服务。

2. 加强对农民群众进行农村环境保护的宣传教育

首先，要明确宣传教育对象。宣传教育不能仅限于农村和农民，而应扩张到城市、企业，包括政府机关的所有工作人员。尤其要重视在校学生环保知识的教育，使学生从小树立环保意识，养成良好的环保行为习惯。

其次，宣传教育内容要全面。农村环境保护是一项系统工程，所以环保宣传教育的内容必须全面。就目前情况而言，至少应包括环保知识、环保技术、环保行为、生态道德和相关法律法规等方面的内容。通过教育让所有受教育者知道，应该做什么、可以做什么、不能做什么。

再次，宣传教育方法要灵活。第一，载体多样化，充分运用电视、广播、网络、报刊和宣传资料等媒体；第二，形式多样化，可以是集中与分散相结合，报告与走访相结合，发送资料与咨询服务相结合，典型教育与案例分析相结合；第三，活动多样化，如开展文化娱乐活动，多层次的现场会，创绿、创生态、创卫和评比先进典型等活动，由此营造大家共同关心和保护环境的氛围。

3. 加强对农民群众良好生活习惯的培养

各级卫生部门、农村卫生防疫部门应当经常深入农村开展卫生知识的宣传、良好卫生习惯的教授、农村常见病的防治等活动，培养农民群众健康文明的生产、生活与消费方式；积极探索农民群众自主管理的村庄保洁机制，对农村生活垃圾普遍实行定点封闭式堆集，做到统一收集、集中运输和卫生处理，有条件的地区应推广“村收集、乡镇运输、县处理”的处理模式；应把农村改厕作为改善农村环境卫生和疾病预防控制的治本措施，坚持因地制宜的原则，选择既符合农户意愿又与农户收入水平相适应的改造模式，使农民群众的生活卫生条件得到彻底改善。

阅读延伸材料

青岛市城阳区建立完善农村社区环境卫生管理长效机制

城阳区连续两年将建立完善社区环境卫生管理长效机制作为全区重点建设项目，目前“居民投放、社区收集、街道清运、区集中处理”的社区（村）垃圾清运处理机制日臻完善，这种城乡环境卫生一体化管理的模式走在了全国前列。

工作中，区、街道、社区不断加大投入，区委、区政府将其纳入对各街道目标绩效考核体系，区有关领导定期深入街道、社区现场督导，区卫生局抽调骨干力量分两个小组每周对8个街道进行巡回督查，取得了很好的效果。一是在全区范围内彻底取消了街道和社区自设垃圾填埋场，全区产生的生活垃圾全部运往（或经区垃圾中转站运往）小涧西垃圾处理场，统一清运率由2006年的59.6%提高到98.5%，从根本上解决了生活垃圾的处理问题，杜绝了自行填埋导致的二次污染。二是建立健全了社区卫生管理机制，进行精细化管理，垃圾随意倾倒现象杜绝，对一些易反弹的卫生死角，因地制宜地进行了硬化和绿化，改建成小型绿地景点或休闲健身场所。三是提高了社区层面的精细化管理程度。配备了相应数量的环卫人员，分片包干，加强了对设施设备的及时管护，对乱堆乱放、乱搭乱建等现象进行监管。倡导旧村改造社区设置小型的地下生活垃圾中转站，做到垃圾不落地，日产日清日处理。此项工作的开展，优化了居民的居住环境和外商的投资环境，提高了居民的文明素质，为构建和谐社会起到了积极的推动作用。

资料来源：“青岛新闻网”，http：//www.qingdaonews.com/content/2008—09/10/content_7919217.htm。

第七章

农村社区卫生服务管理

社区卫生服务管理是农村社区管理的重要组成部分。农村基层政府及农村社区卫生机构的主要任务是向农村社区居民提供方便、安全、便捷的旨在促进村民健康、预防疾病的医疗、卫生保健和康复服务等，建立完善的农村公共卫生服务体系，切实解决好困难群众看病难、看病贵的问题。本章对社区卫生服务、农村社区卫生服务的含义与特征进行了介绍，并在此基础上对农村社区卫生服务的内容及现状进行了简要总结。

第一节　农村社区卫生服务管理概述

一、社区卫生服务的含义与特征

社区卫生服务（community health services）是社区服务中的一种最基本、最普遍的服务，是由全科医生（general practitioner，GP）[1] 为主要卫生人力的卫生组织或机构所从事的一种社区定向的卫生服务。社区卫生服务是社区（发展）建设的重要组成部分，是在政府领导、社会参与、上级卫生机构指导下，以基层卫生机构为主体、全科医师为骨干，合理使用卫生资源和适宜技术，以人的健康为中心，以家庭为单位，以社区为范围，以需要为导向，以妇女、儿童、老年人、慢性病人、残疾人、低收入居民为重点，以解决社区主要卫生问题、满足基本医疗卫生服务需求为目的，融预防、医疗、保健、康复、健康教育和计划生育技术服务等为一体的，有效的、经济的、方便的、综合的、连续的基层卫生服务。

---

[1] 全科医生是全科医疗的卫生服务提供者。又称家庭医师（general practitioner/family physician）或家庭医生（family doctor）。美国家庭医师学会界定的全科医师：全科医疗的提供者，其所受的训练和具有的经验，能够从事内、外科等若干领域的服务。对于家庭成员，不论其性别、年龄或所发生的躯体、心理及社会方面问题的类型，均能以其独特的态度和技能，提供连续性和综合性的医疗保健服务。必要时也适度地利用社区资源、专科会诊和转诊，为个人及其家庭提供协调性的医疗保健服务。

社区卫生服务具有综合性、连续性、可及性、协调性、可供性、责任性等特征。

(1) 综合性。综合性是指范围广、内容多和普遍存在。全科医生提供综合性服务是指医生走出医院，在社区条件下向服务对象提供全面、综合的服务内容。具体有三个层次的含义：第一，服务内容体现“六位一体”的综合服务，即融预防、医疗、保健、康复、健康教育和计划生育技术服务等为一体。第二，体现三级预防的服务。一级预防是病因预防，即对社区所有人群推进健康促进计划，引导人们建立有利于健康的行为生活方式，防止疾病发生；二级预防是防止疾病发展，通过筛检手段早期发现无症状患者，提高治疗效果；三级预防是及时治疗已经患病的患者，防止伤残，保护劳动生产能力，提高生活质量。第三，就社区常见的卫生问题作出诊断和分析，以较好地适应在社区环境下提供综合性医疗服务的要求。

(2) 连续性。连续性表现在时间、地域、医患关系、服务内容及提供服务的形式等方面。时间的连续性体现在社区卫生服务应为生命准备、生命保护和生命质量三个阶段提供连续性服务，是一个贯穿了人的生、老、病、死全过程的服务；再者体现在为疾病的不同阶段、疾病与健康之间转变的阶段提供连续性服务。地域的连续性体现在社区卫生服务中心和服务站都是按行政区域设置的，对固定社区居民负责，向固定居民提供连续性的、全方位的卫生服务。[1]连续性服务也是建立在良好的医患关系的基础上的，如果医患关系缺乏信任、认同、亲密和同情等，连续性服务就失去了赖以存在的基础。在提供服务内容上，连续性体现在全科医生应对服务对象的健康全面负责，在社区内向服务对象提供连续、综合的服务项目。在此，服务对象既是健康人群，也包括各种常见病、多发病的患者。

(3) 可及性。可及性指能够获得所需卫生服务的能力，包括地理上、经济上、文化上和服务上的可及性四个方面。第一，改善卫生服务地理上的可及性，是发展社区卫生服务的最显著的优势之一。一般社区卫生服务中心及卫生服务站的服务半径为3 000米左右，使居民能够在步行15分钟的时间到达医疗点，所以大大改善了卫生服务的可及性。第二，医疗费用急剧上升是居民沉重的经济负担。发展社区卫生服务是控制医疗费用增长、改善卫生服务经济可及性的有效途径。世界卫生组织认为居民80%的基本医疗可以在社区解决。而据调查，目前北京70%的门诊在二、三级医院，30%门诊在一级医院。三

---

[1] 全方位服务指家庭医生不仅关心患者的医学问题，而且还掌握患者所经历的医学、心理和社会问题。特别是当服务对象存在慢性病时，需要全科医生和专科医生加强转诊服务，这种连续性服务才能得以顺利进行。

级医院一次门诊平均费用100元，一级医院为30元，年人均门诊次数为5次，一级医院门诊比例如果从30%增加至50%，门诊费用能下降17.8%；如果能有70%门诊量在一级医院，门诊总费用可能下降35%。大力发展社区卫生服务，可有效调整门诊患者流向，扩大一级医院门诊患者就诊量，而一级医院的费用相对低廉，所以发展社区卫生服务可以明显提高患者经济可及性。第三，文化可及性，表现在将自己对健康问题的认知转变为求医的愿望，将服务需求转化为求医的行动。因此，具有较高的文化认知程度就是转化为服务可及性的动力。第四，发展社区卫生服务，改善地理上、经济上、文化上，最终有效改善卫生服务的接受能力。

(4) 协调性。社区卫生服务的协调性是由它的理念、服务内容和提供服务的形式所决定的。倡导社区卫生服务的目的是为提高人群健康水平，而不能仅局限于治疗已经发生的疾病。世界卫生组织提出：健康是指身体、精神和社会适应的完美状态，而不仅仅是没有疾病和身体强壮。所以组织卫生服务必须协调好生理、心理和社会三个方面的力量，从生理、心理和社会医学模式的观念出发，建立健康新概念，以促进社区居民的健康水平的提高。协调性服务的一个重要特征是医疗与预防保健相结合。提倡以“医疗为切入口，逐步加强预防保健”的做法。另外，协调性还表现在不但为病人提供医疗照顾，也要为健康人群提供预防服务及一系列健康促进工作和健康教育活动等。

(5) 可供性。可供性是从供方分析卫生系统能够提供资源支持社区卫生服务发展的程度。支持社区卫生服务发展的条件包括网络、人才和经济补偿机制。社区卫生服务网络建设以社区居民卫生服务需求为导向，重点调整一级医院的结构，在服务半径大、人口居住较为分散的居民区，设置若干派出的社区卫生服务站。选派有经验的医务人员，深入社区、家庭，巡回上门服务，为形成功能合理、方便群众的卫生服务网络奠定基础。社区卫生服务的人才供给主要通过岗位培训的形式，将部分门诊医生或防保人员进行全科医学的培训，充实社区卫生服务队伍，承担社区卫生服务工作。2010年4月，国家发展改革委、卫生部、中央编办、教育部、财政部、人力资源社会保障部联合印发了《以全科医生为重点的基层医疗卫生队伍建设规划》(以下简称《规划》)，《规划》提出，到2020年，通过多种途径培养30万名全科医生，逐步形成一支数量适宜、质量较高、结构合理、适应基本医疗卫生制度需要的基层医疗卫生队伍，基本满足“小病在基层”的人力支撑要求。社区卫生服务的补偿机制采用多渠道筹集资金的形式，例如公共卫生服务项目由国家增加投入，家庭病床、家庭护理和健康管理可适当收费。

(6) 责任性。社区卫生服务要由个人、家庭、专业人员和各级政府分担责任。社区卫生服务责任性首先要从个人做起，倡导自我保健，注意个人卫生和培养良好的卫生习惯，自觉拒绝不良行为生活方式，将“人人参与，人人受教育，人人享健康”原则贯穿于日常工作生活中。健康和预防保健要从家庭做起。在社区卫生服务中家庭担负着传播文化、指导行为规范、培养良好生活习惯的责任。发展社区卫生服务应坚持用大卫生观念指导各项工作，落实社区各部门的责任，组织、发动各有关部门广泛参与；同时应将社区卫生服务作为社区建设的重要组成部分，纳入社区精神文明建设中，从而形成政府组织领导，各部门协调配合，家庭、个人和社会共同负担的局面，以有利推动社区卫生服务的健康、有序发展。

二、农村社区卫生服务的含义与特征

农村社区卫生服务，也称农村全科医学服务模式，是整个农村卫生服务体系的最基层。它是在政府领导下，以社区医院（乡镇卫生院）为中心，以社区卫生服务站为基点，以全科医生、全科护士为骨干，以村民的卫生需求为导向，以家庭为单位，以社区（街道或乡镇）为范围，开展以预防、保健、医疗（包括院前急救和家庭护理）、康复、健康教育、计划生育技术指导为一体的优质、方便、经济、快捷的服务的总称[1]。它强调要将当前医学科技的最新先进成果，通过乡卫生院、村卫生室的农村全科医生进入家庭；贯彻以健康为中心，以家庭为单位，以社区为范围，以需求为导向的服务方针；要将80％以上的中西医疗、预防、保健、康复、健康教育、计划生育指导等各项任务，解决在家庭基层；使村民可得到就近、方便、优质、廉价的综合性和连续性的健康服务，实现人民群众健康素质水平的不断提高[2]。

农村社区卫生服务从开展之日起，就与城市同步，先从试点开始，并逐步走向扩大和深化。在这一过程中，社区卫生服务的基本特征，包括综合性、连续性、可及性、协调性、可供性和责任性等逐渐形成。除此之外，与城市社区卫生服务相比，农村社区卫生服务在实践中还表现出一些鲜明特点，主要有[3]以下三点。

第一，“三位一体”有机结合。农村社区卫生服务、农村合作医疗制度和乡村一体化管理进行有机的结合，三者之间相互配合，形成良性互动。一方面，借助合作医疗可以进行社区筹资，为社区卫生服务提供资金支持。另一方面，社区卫生服务的开展，有利于节约合作医疗基金，促进合作医疗可持续发

---

[1] 周寿祺：“推进社区卫生服务 发展农村卫生事业”，载《中国农村卫生事业管理》，2000年第1期。

[2] 朱敖荣：“中国农村卫生改革必须与时俱进——全国农村社区卫生服务学术研讨会的学术总结”，载《中国农村卫生事业管理》，2004年第11期。

[3] 卢祖洵等：“农村社区卫生服务实践回顾与思考”，载《中国全科医学》，2002年第2期。

展。在社区卫生服务提供体系建设上，由于有乡村一体化管理协调乡村两级卫生机构发展，加强两者相互合作的关系，保证了社区卫生服务正常开展。

第二，与农村传统文化相适应。在农村，农民有请医生上门服务的习惯，医生也有登门服务的传统，这与城市坐堂行医形成鲜明对比。这给农村开展社区卫生服务提供了有利的氛围，奠定了群众基础。农村社区有其独特的一面，大家相互熟悉，受着同样风俗习惯和文化的支配，形成居住分散，但关系紧密的社区群落。更为重要的是，农村的传统文化、风俗习惯影响、制约着人们的观念和行为，诸如妇女在家分娩、老人不愿意住院治疗、不愿死在医院等，都体现了传统文化对人们行为的影响。在农村开展社区卫生服务，如果能积极适应这种传统文化，会有助于社区卫生服务的开展。

第三，以三级卫生网和乡村医生为基础。县、乡、村三级卫生网是富于中国特色的卫生服务提供体系，为中国农村的卫生事业作出了举世瞩目的贡献。在农村开展社区卫生服务，把原有的网络加以改革和调整，满足社区卫生服务的特点和要求，可以履行社区卫生服务的职能。另外，在社区卫生服务开展以前，乡村医生可以说是"准社区医生"，他们走乡串户、进入家庭，为农民群众防病治病，由于彼此相互熟悉，形成了良好、稳定的医患关系。乡村医生的这些特点与全科医生的服务模式有着很大的一致性，只是其服务形式不规范、服务内容简单，服务层次偏低。由于乡村医生具有出门行医的工作特点，能和社区患者保持良好的关系，这些符合社区卫生服务的要求，相对于城市社区来说，乡村医生在开展农村社区卫生服务方面更有优势。

三、发展农村社区卫生服务的意义

1. 优化农村卫生资源配置

长期以来，我国卫生资源配置不合理，在农村尤其突出，因此要将县、乡、村三级卫生资源的倒三角形"▽"，调整成为正金字塔形"△"，即把资源配置的重点转移到村级卫生机构。将村卫生室改成社区卫生服务站，管辖0.3万～0.5万人群，乡（镇）卫生院改造成为社区卫生服务中心，承担常见病、多发病的诊治任务，发展社区卫生的预防保健功能，避免基层卫生资源闲置、浪费，促进农村卫生资源的优化配置。

2. 有利于健全和改善卫生服务提供体系

各地农村卫生组织建设发展很不平衡，农村卫生组织建设与农村经济社会发展要求不相适应，与广大农民的期望还有差距。在非典等突发公共卫生事件考验面前，农村卫生服务体系的各种积弊暴露无遗❶。《中共中央、国务院关

❶ 刘海波："后 SRAS 时代农村卫生防病体系建设的思考"，载《中国初级卫生保健》，2004 第 10 期。

于进一步加强农村卫生工作的决定》指出：到2010年，在全国农村基本建立起适应社会主义市场经济体制要求和农村经济社会发展水平的农村卫生服务体系。党的十六大更是明确表示要“建立适应新形势要求的卫生服务体系和医疗健康体系，着力改善农村医疗卫生状况，提高城乡居民的医疗健康水平”。这表明党和政府把优化农村卫生服务体系的工作提上了日程。

将农村卫生组织建设纳入社区建设规划之中，将有助于调动各相关部门的积极性，协力构建完善的农村卫生服务体系。以经济欠发达的江苏省洪泽县为例，该县从2002年开始推行农村社区卫生服务，县委、县政府高度重视，将社区卫生服务纳入社区建设规划和政府年度工作计划。为此县政府成立了社区卫生服务领导小组，出台了扶持政策，并明确各组成部门的职责和任务，形成了政府领导、部门协调、社会参与、卫生监管的农村社区卫生服务新机制。财政、建设、宣传等部门都履行各自职责，协力推进农村社区卫生服务工作。全县共建成12个社区卫生服务中心、135个社区卫生服务站，形成了结构合理、功能完善、设施齐全、人员到位的农村卫生服务新体系。

3. 保证卫生服务的可及性，有利于缓解群众看病难、看病贵问题

卫生资源配置不合理，优质卫生资源过度向大医院集中，基层卫生资源严重不足，是造成群众看病难、看病贵的重要原因之一。开展农村社区卫生服务，构建了新型农村卫生服务体系，优化了农村卫生资源，使广大农民卫生保健条件得到改善，确保了农村居民卫生服务的可及性；组织医学专家定期进社区，城市医院医生晋升高级职称前下社区服务等措施，在一定程度上调整了存量卫生资源；社区服务机构与大医院建立分级医疗、双向转诊机制，合理分工，密切协作，优势互补，可以大大提高卫生资源效能；社区医生通过开展“综合、连续、主动”服务，与广大农民建立起新型医患关系。上述措施都将促进“小病进社区，大病进医院”进程，减少农民经济负担，缓解“看病难、看病贵”的问题。

4. 有利于实现农村初级卫生保健目标

初级卫生保健[1]依然是实现“人人享有卫生保健”的策略。随着社会的文明进步，“人人享有卫生保健”的内涵也在不断丰富和延伸，开展以个人为中心、家庭为单位、社会为范围、需求为导向，突出预防保健功能的综合医疗卫生服务是提高农民群众健康水平的有效手段，是改善农村卫生环境、促进农村

---

[1] 初级卫生保健（Primary Health Care，PHC），是世界卫生组织于1978年9月在前苏联的阿拉木图召开的国际初级卫生保健大会上提出的概念。《阿拉木图宣言》称：初级卫生保健是依靠切实可行，学术上可靠又受社会欢迎的方法和技术，通过社区的个人和家庭的积极参与普遍能享受的，并在本着自力更生及自决精神，在发展的各个时期，群众及国家能够负担得起的一种基本的卫生保健。

精神文明建设的保证措施。集医疗、保健、预防、康复、健康教育、计划生育指导“六位一体”的社区卫生服务，与初级卫生保健新的发展纲要提出的目标是完全一致的。

5. 支持和促进新型农村合作医疗

在《中共中央、国务院关于进一步加强农村卫生工作的决定》确立的农村卫生服务体系建设的总体目标中，“农村卫生服务体系”和“农村合作医疗制度”处于同等重要的位置。农村卫生服务体系是新型农村合作医疗的重要支撑点，不解决农村卫生服务体系的改革和发展问题，新型农村合作医疗制度就不可能持续稳定地运行下去。所以要把符合要求的社区卫生服务机构作为新型农村合作医疗的定点机构，把符合规定的社区卫生服务项目纳入基本医疗保险支付范围。当参保人员在社区卫生服务机构和大中型医院就诊时，可实行不同的医药费用自付比例，引导参保人员在社区卫生服务机构诊治一般常见病、多发病和慢性病。因此，积极开展农村社区卫生服务，向农民提供便捷的综合性卫生服务，有助于推动新型农村合作医疗的健康发展。

第二节　农村社区卫生服务的基本内容

一、农村社区卫生服务的服务对象

社区卫生服务是“以人的健康为中心、家庭为单位、社区为范围、需求为导向”。所以它的对象覆盖社区内的所有人群。但社区卫生服务必须抓住重点人群，包括妇女、儿童、老年人、慢性病人、残疾人。尤其在农村，妇女、儿童更是重点保健人群。

第一，健康人群。在健康人群中积极开展社区健康促进工作，包括健康保护和健康教育。

第二，高危人群。高危人群指社区中明显暴露于某种或某些影响的有害因素面前的人群，这些人群的相应疾病发病机率明显高于其他人群。在社区中，这些高危人群主要包括两种：高危家庭的成员（单亲家庭；吸毒、酗酒者家庭；精神病患者、残疾者、长期重病者家庭；功能失调濒于崩溃者的家庭；受社会歧视的家庭）和具有明显的危险因素（如不良行为生活方式、职业危险因素、家族遗传的及社会危险因素）的人群。应该对他们有针对性地开展健康干预和周期性疾病筛检工作。

第三，重点保健人群。重点保健人群指由于各种原因需要在社区得到系统保健的人群。主要包括：妇女、儿童、老年人、慢性病患者、残疾人、贫困居民等。

第四，患者。这主要指常见病、多发病和慢性非传染性疾病的患者。

二、农村社区卫生服务的提供者

农村社区卫生服务的基本服务团队主要包括：① 全科医师、社区专科医师、社区助理医师、社区中医师；② 社区公共卫生人员与防保人员；③ 社区护理人员；④ 药剂师、检验师、康复治疗师及其他卫技人员；⑤ 社区卫生服务管理者、医学社会工作者、志愿者。

三、农村社区卫生服务的工作内容

社区卫生服务是融预防、医疗、保健、康复、健康教育和计划生育技术服务“六位一体”的卫生服务。概括起来，我国当前农村社区卫生服务的主要内容，包括公共卫生服务和基本医疗服务两大部分。

（一）公共卫生服务

（1）卫生信息管理：根据国家规定收集、报告辖区有关卫生信息，开展社区卫生诊断；建立和管理居民健康档案；向辖区街道办事处及有关单位和部门提出改进社区公共卫生状况的建议。

（2）健康教育：普及卫生保健常识；开展重点人群及重点场所健康教育；帮助居民逐步形成有利于维护和增进健康的行为生活方式。

（3）传染病、地方病、寄生虫病预防控制：负责疫情报告和监测；协助开展结核病、性病、艾滋病、其他常见传染病及地方病、寄生虫病的预防控制；实施预防接种，配合开展爱国卫生工作。

（4）慢性病预防控制：开展高危人群和重点慢性病筛查；实施高危人群和重点慢性病病例管理。

（5）精神卫生服务：实施精神病社区管理；为社区居民提供心理健康指导。

（6）妇女、儿童、老年保健：提供婚前保健、孕前保健、孕产期保健、更年期保健；开展妇女常见病预防和筛查；开展新生儿保健、婴幼儿及学龄前儿童保健；协助对辖区内托幼机构进行卫生保健指导；指导老年人进行疾病预防和自我保健；进行家庭访视，提供针对性的健康指导。

（7）社区康复：了解社区残疾人等功能障碍患者的基本情况和医疗康复需求；以躯体功能、日常生活活动能力及心理适应能力为重点；提供康复治疗和咨询。

（8）计划生育技术咨询指导。

（9）协助处置辖区内的突发公共卫生事件。

（10）政府卫生行政部门规定的其他公共卫生服务。

（二）基本医疗服务

一般常见病、多发病的诊疗、护理和诊断明确的慢性病治疗；社区急危重症的现场应急救护；家庭出诊、家庭护理、家庭病床等家庭医疗服务；疑难病症的转诊服务；政府卫生行政部门批准的其他适宜医疗服务等。

第三节　农村社区卫生服务的管理体制与工作方法

一、农村社区卫生服务的管理体制❶

（一）农村社区卫生服务的管理组织

农村社区卫生服务实行三级机构、两级管理体制。

第一，县政府成立社区卫生服务管理领导小组，负责社区卫生服务的总体规划和工作指导。

第二，县（市）卫生行政部门成立社区卫生服务管理办公室，具体负责对辖区内的社区卫生服务提供组织的管理和监督，同时加强对农村卫生服务站的设置审批、监督检查和评价工作。

第三，各乡镇人民政府和村委会负责社区筹资和管理监督工作。

第四，农村社区卫生服务站受当地政府和社区卫生服务中心双重领导。主要负责对农村社区卫生服务站的规划设置、日常业务管理、监督和业务指导工作。

初步形成了政府领导，多方配合，卫生部门具体实施和管理的社区卫生服务管理体制。

（二）农村社区卫生服务的服务提供组织❷

社区卫生服务机构由社区卫生服务中心和社区卫生服务站组成，具备条件的地区可实行一体化管理。农村社区卫生服务按照区域卫生规划的要求，以现有乡卫生院和村卫生所（室）为基本框架，设置社区卫生服务组织。乡（镇）设置社区卫生服务中心，村设社区卫生服务站点，农村社区卫生服务中心以政府和集体办为主，同时也鼓励非政府部门和个体举办。

第一，社区卫生服务指导中心。由县级卫生机构构成，包括县医院、中医院、疾病预防控制中心、妇幼保健所和县（市）卫生学校等。负责全县社区卫

❶ 卢祖洵等："农村社区卫生服务实践回顾与思考"，载《 中国全科医学 》，2002 年第 2 期。

❷ 朱敖荣："中国农村卫生改革必须与时俱进——全国农村社区卫生服务学术研讨会的学术总结"载《中国村卫生事业管理》，2004 年第 11 期。

生服务的技术指导和培训工作，负责解决本县的疑难问题，开展教育和科研工作。

第二，社区卫生服务中心。通过农村社区卫生服务，乡镇卫生院由过去的以疾病为中心转向以健康为中心，由原来发展小专科逐步走上了发展社区卫生服务的道路。它主要发挥“三中心”作用：一是预防中心。负责全乡公共卫生工作，做好计划免疫、传染病和地方病防治、指导服务站全科医生的预防工作；二是妇幼保健中心。负责全乡孕产妇保健和儿童保健工作，指导服务站的全科医生开展妇幼工作；三是基本医疗中心，接收住院、门诊病人，指导服务站全科医生开展老年病、慢性病防治。

第三，社区卫生服务站。由村卫生室或其他村级卫生机构转化而来，服务人口一般在 0.3 万～0.5 万人，每个服务站要配备 3～4 名全科医生和全科护士及必要的设备，全科医生做到分片负责，落实到每个家庭、每个居民，提供 24 小时服务，送医送药上门。

二、农村社区卫生服务的工作方法

社区卫生方式一般根据社区的具体情况、地理环境、人口特征、人群需求、卫生资源等采取不同的形式，一般以主动服务、上门服务为主，以其他多种灵活多样的形式为补充。其主要工作方法如下。

第一，在社区卫生服务中心和卫生服务站开展各项工作。它包括门诊服务，这是最主要的卫生服务方式，提供基本医疗服务，即社区常见病、多发病的诊断、治疗和康复服务。

第二，出诊（上门）服务。它包括两种情况：一是根据预防保健工作、随访工作或保健合同的要求而主动上门提供相应服务；二是按居民要求提供的上门服务。一般通过社区卫生服务小分队、医生联系卡、24 小时电话预约等形式送医送药入户。

第三，社区契约式家庭保健服务，即按农民的不同需求，推出套餐式服务，以家庭为单位，按月、季度或年度，上门提供健康体检、建立健康档案、进行健康教育、提供医疗健康咨询、测血压、测尿糖等服务。居民可通过选择医生，签订社区卫生服务合同，社区服务人员根据合同内容提供定期与不定期的医疗卫生服务。[1]

第四，急诊服务。它主要依靠社区卫生服务中心或服务站，提供全天候的急诊服务和危重病症的院前急救等。

---

[1] 蔡忠友：“推行家庭保健服务合同 开展农村社区卫生服务”，载《中国农村卫生事业管理》，2004 年第 3 期。

第五，双向转诊服务。社区卫生服务中心和服务站与大型综合医院、专科医院建立双向转诊服务机制，保证病人得到连续性服务。一级医院向二级医院转诊的指征有：诊断不明确的病人；治疗效果不佳的病人；疑难重症病人；缺乏基本诊断和治疗设备等条件对其进行服务的病人。二级机构向一级机构转诊的指征有：诊断明确后可在社区治疗的病人；出院后需要在社区继续治疗和康复的病人；出院后需继续随访的病人等。为此医院和社区卫生服务机构都要确定负责双向转诊和会诊的管理者和医生，制定转诊运行制度和质量保证制度。

第六，社区医生责任制。推行责任制的工作形式，1 名全科医生负责 3～4 个居民区的公共卫生、预防保健、健康教育和医疗等服务工作。

第七，电话、网络咨询服务。根据具体条件，一般社区卫生服务机构会开通热线或网络，进行就医指南、健康心理和医疗咨询等服务。有些是无偿的，有些则根据服务内容适当收费。

第八，家庭病床、家庭照顾与访视等。

三、我国农村社区卫生服务的发展状况

社区卫生服务起源于英国，成熟于欧美。我国开展社区卫生服务的尝试最早可追溯到 20 世纪 30 年代，当时协和医学院陈志潜教授在河北定县创立了定县模式。该模式的特点是组建以村为基础的卫生服务体系，自下而上，上下结合，强调社区的责任和群众参与，满足了当时村民迫切需要解决的医疗卫生问题。20 世纪 80 年代初引进国外社区卫生服务概念。90 年代初，北京、上海、济南等城市积极探讨新的卫生服务模式，开始了社区卫生服务的试点工作。在此实践基础上，1997 年 1 月 15 日，《中共中央、国务院关于卫生改革与发展的决定》中明确提出：改革城市卫生服务体系，积极发展社区卫生服务。随后鼓励和支持社区卫生服务发展的一系列相关政策和配套文件出台。特别是 2002 年 8 月，卫生部、国务院体改办等部委《关于加快发展城市社区卫生服务的意见》中指出：鼓励社会各方面力量共同构建以社区卫生服务为基础，合理分工的新型城市卫生服务体系，增加基层卫生服务供给，更好地满足广大群众日益增长的健康需求。标志着国家发展城市社区卫生服务体系的宏观政策框架基本形成。之后，社区卫生服务在全国范围内获得了广泛发展。到 2009 年 11 月底，我国已有社区卫生服务中心（站）2.6 万个。一个以社区卫生服务中心（站）为主体、其他医疗卫生机构为补充的社区卫生服务网络在全国大中城市基本形成。

农村社区卫生服务几乎与城市社区卫生服务同步开始的。为建立和完善社会主义市场经济机制下的农村卫生服务体系，满足农村居民多层次、多样化的卫生服务需求，2001 年 5 月 8 日，国务院体改办转发的五部委下发的《关于

农村卫生改革与发展的指导意见》中明确指出，“有条件的农村地区可以试行社区卫生服务”。2002年12月，卫生部《关于农村卫生机构改革与管理的意见》中也提到，“有条件的地区要逐步推行农村社区卫生服务”。此后，部分农村地区开始效仿城市的经验，尝试社区卫生服务。

到目前为止，全国31个省（直辖市、自治区）全部开展了农村社区卫生服务的试点工作。调查表明，农村社区卫生服务网络的框架在我国已初露端倪。

阅读延伸材料

探索运行机制改革，发展农村社区卫生服务

高淳县地处江苏省最西南端，属南京市郊县。东部和北部分别与该省的溧水县、溧阳市毗邻，西南面与安徽省的当涂、宣州、郎溪三县（市）接壤。全县总面积802平方公里，辖8个镇、1个省级经济开发区，共141个行政村、41个居民委员会，总人口42.5万。高淳县共有2个县级医院，9个社区卫生服务中心，其他一级医疗机构10个，社区卫生服务站103个，村卫生室28个。农村社区卫生服务站和社区卫生服务中心全面推进了一体化管理。与此同时，新型农村合作医疗工作在该县得到了稳步发展。合作医疗参保率由2003年的64%上升到2007年的97%，参保人数达29.48万人，基本做到了农村人群全覆盖。参保水平达到人均110元/年，其中农民个人交纳24元，其余由市、县、镇三级财政补助。社区卫生服务建设及合作医疗工作的开展，促进了全县卫生事业的快速发展，进一步健全了农村医疗卫生体系建设，缓解了农村“看病难、看病贵”现象。据不完全统计，目前社区机构门诊就诊率每月提高达7%左右，极大地缓解了“看病难、看病贵”的矛盾。

资料来源：南京市南淳县政府网：http：//www.njgc.gov.cn/article.php?Id=3092

第八章

农村社区财务管理

财务管理是农村社区管理的又一项重要内容。它是指对直接归农村社区集体占有、支配、管理的各种资产所发生的一切收入、使用、分配等财务活动的核算、计划、监督与控制。它主要包括收入管理制度、现金管理制度、支出管理制度、资产资源管理制度等。本章从农村社区财务管理的制度、模式、存在问题及解决对策等方面进行简要分析。

第一节　农村社区财务管理制度与模式

一、农村社区财务管理制度

农村社区财务管理是指对直接归农民集体占有、支配、管理的各种资产所发生的一切收入、使用、分配等财务活动的核算、计划、监督与控制。农村社区财务管理制度主要包括以下几个方面。

（一）收入管理制度

（1）村级收入年初必须列入预算，经民主理财小组和村民代表会议讨论确认后，报镇农村会计服务中心备案。

（2）村级收入的主要项目包括：① 经营收入；② 发包及上交收入；③ 经批准的“一事一议”筹资；④“四荒地”、机动地、超标宅基地、非农业税计税面积、堰塘等资源和机电泵站及闲置固定资产拍卖、租赁、承包及有偿使用收入；⑤ 集体统一经营收入；⑥ 转移支付资金；⑦ 土地补偿费；⑧ 上级部门拨付专款（救济扶贫款、农业税减免资金、其他专项资金）；⑨ 集体统一收取的“谁受益谁负担”资金；⑩ 其他收入（清收历年欠款、各种贷收款、利息收入等）。

（3）村级所有收入必须按规定使用专用收款收据，并从收取款项之日起七日内缴存农村会计服务中心资金管理专户。

（4）发包收入款项一经签约确定，任何人不得擅自决定减免，确因不可抗拒的自然灾害因素造成承包人巨大损失需减免的，须经村民主理财小组或村民代表会议讨论同意后报会计服务中心负责人核准。

（5）严禁瞒报收入、私设“小金库”，严禁坐支收入款项和白条抵库。

（二）现金管理制度

（1）现金管理由镇农村会计服务中心的资金管理会计（总出纳）负责，村级由报账会计专收、专付、专管，非出纳人员不得管理现金。

（2）现金管理要严格坚持收付合法、钱账分管、收付两清、日清月结的原则。

（3）不准坐支现金，不准挪用公款，不准公款私存，不准白条抵库。

（4）不准谎报用途套取现金，不准用银行账户代其他单位和个人存入或支取现金。不准保留账外公款，即不得设置“小金库”。

（5）严格控制资金出借。村级组织不得擅自将集体资金出借给企事业单位和个人，确需借款的，必须经村民代表大会讨论同意，并落实担保人。

（6）收入现金必须坚持先收款后开据。对收入现金的收款收据应加盖“现金收讫”字样。

（7）记账会计要及时盘点库存现金，每月与村报账会计进行分村核对，确保账实相符。

（8）银行存款必须实行支票户管理制度，设立基本账户，严禁多头开户。

（三）支出管理制度

（1）实行印章、签名、公章备案制。各村必须指定审批人所用印章、理财小组专用章以及审批人签字字模，凡无备案印章、签名或公章的，资金管理会计有权拒付，代理记账会计有权拒绝入账。

（2）村级支出的结算由各村报账会计负责组织。

（3）村级支出的审批实行村主任“一支笔”审批制度。500 元以下的由村主任“一支笔”审批；500 元～1 000 元的由村书记和村主任共同审批；1 000 元以上的支出由村“两委”集体讨论后书面报告镇农村会计服务中心审批。

（4）民主理财小组必须每季度定期对具备各种要素、符合财务规范的支出票据进行监督审核，并加盖村民主理财小组审核专章，同时出具书面结论。对不符合规定的开支退返给当事人，并追回现金，严禁避审单据抵库。

（5）村组干部工资经镇政府核定标准后，由农村会计服务中心根据工作实效统一发放。

（6）村级非生产性支出（不含干部工资）实行总额控制与包干管理相结合的管理办法。

（7）对于有村经营性收入包括村办企业收入、二三产业收入、集体统一经营收入、房屋资产出租收入（不包括资产、资源、拍卖租赁收入）的村，可按不高于 20%的比例用于非生产性支出。

(8) 生产性支出实行预算报批制。先由村“两委”拟订支出项目预算，经群众代表大会讨论通过，报镇政府审批后，由农村会计服务中心监督实施。

(9) 严肃财经纪律、规范财务手续。各类收支票据必须印章齐全，手续完备。所有支出票据必须做到“五有”，即有事由、有经办人、有审批人、有民主理财小组签章、有农村会计服务中心审核意见。

(10) 取消组级财务。组级一切收支必须和村级收支一起报农村会计服务中心，不得拖延，不得跨年度报账。

(11) 村级一切财务活动，一律由村报账会计办理收支结账手续，非财务人员不得插手现金收支，更不得坐收坐支、代收代支。

(四) 资产资源管理制度

(1) 集体资产资源必须由村报账会计设专账管理，并按资产资源的种类建立明细账，分类登记，做到账实相符，各类财产物资应有专人保管，并及时加强维修保养。

(2) 严格控制固定资产的添置。固定资产的添置必须履行报批手续，并经村民代表大会讨论通过。

(3) 村级固定资产和“四荒地”、鱼池、果园、林场等资产资源必须本着公开、公平、公正的原则，依法拍卖资产资源的经营权或所有权，并签订拍卖合同。

(4) 认真抓好集体资产管理。村每年年终要进行一次清产核资工作。其主要是：清查资产、界定资产所有权，重估资产价值，核实资产、登记产权。

(5) 要确保集体资产的安全完整。不得随意用村集体财产抵押贷款、为他人担保，确需用村集体财产抵押贷款、为他人担保的，须经村民大会或村民代表大会讨论通过。

(6) 拍卖使用的资产资源分户建立档案，防止集体资产流失。

(7) 拍卖资产资源的收入款项可用于偿还村级债务。

(五) 票证管理制度

(1) 农村合作经济组织收入票据必须使用市经管部门统一印制的专用收款凭证，严禁使用自制票据和伪造专用票据。

(2) 农村会计服务中心的资金管理会计负责收据的领购登记、使用、结报、缴旧换新与核销工作，并定期检查监督。

(3) 建立内部收款票据年度审验制度。年度审验的内容：一审是否按规定购领使用内部收款专用凭证；二审各项收费收入是否真实，计算是否准确，填写是否规范；三审有无擅自扩大收费范围，提高收费标准，改变收费对象，分解收费项目的行为；四审对农村和村组收费是否实行了“一个漏斗向下”，是否一律归口农经部门管理。

（4）建立票据管理责任制，做到专人管理、专柜保存、规范操作，防止票据丢失、虫蛀、鼠害等事故发生。

（六）会计报表制度

（1）会计报表是反映村合作经济组织一定时期内经济活动情况的书面报告。村级组织应按规定准确、及时、完整地编报会计报表。

（2）村合作经济组织应编制如下报表：① 月份报表或季度报表为科目余额表和收支明细表；② 年度报表为资产负债表、收益分配表。

（3）村级各类报表的编报由代理记账会计负责；全镇各类会计报表的汇总、上报由主管会计负责。

（4）报表必须做到账表相符，严禁弄虚作假。

（5）严格报表审核制度。各类报表必须加强报前审核：村级会计报表由主管会计审核；镇汇总报表由经管站站长审核。审核无误后方可上报，并签字盖章。

（6）季度会计报表须在次月 10 日前上报；年度会计报表须在次年元月 15 日前上报。

（七）财务档案管理制度

（1）农村合作经济组织的财务档案，由农村会计服务中心统一建立档案，统一购置档案柜，统一管理标准，统一归档保存。

（2）农村会计服务中心指定一名熟悉档案管理的工作人员专职或兼职档案管理工作。其职责是搞好财务档案资料的收集、整理、立卷、归档、保管、查阅、登记，做到分门别类、完整无缺、存放有序、方便查找。

（3）财务档案管理的主要内容：① 各种财务报表包括月季年度报表、科目余额表、收支明细表、资产负债表和收益分配表等；② 各项收支计划及收益分配方案；③ 各种承包合同、经济合同；④ 各种会计凭证、会计账簿、会计人员交接清单、会计档案销毁清单等；⑤ 农村财务人员、民主理财小组成员档案；⑥ 其他涉及农村财务方面的资料、报告、总结、证明等。

（4）严格档案查阅手续。除业务主管部门、执法机关履行公务需要查阅档案之外，其他单位和个人凡要求查阅会计档案的，须经会计服务中心主要负责人同意后方可进行，并将查阅情况书面记录。

（5）财务档案保管期限，按档案类别分别确定为永久、长期、短期三个层次，不得擅自缩短，更不得随意销毁。保管期满需销毁的，应编制销毁清单，报镇财务管理领导小组办公室批准，并派人监销。

（八）债权债务管理制度

（1）认真做好村级债权的核实工作。对现有债权中的应收款和内部往来账项，要组织逐户核对，对农户合同尾欠款要办理以欠转借手续。

（2）认真做好债权的清收工作。对有能力偿还而拒不偿还的，要按照诉讼程序进行清收；对确实无力缴纳的农户，经民主评议可免交资金占用费。

（3）认真做好现有民间借款的清理工作。要通过逐笔清查核实，核本核息，本息分离，重新换据，建立借款台账。

（4）偿还借款年初必须列入预算，并向村民公示，报经管站备案。村集体收入和清收的村提留尾欠款为还债的主要渠道，严禁挪用专项资金突击还债。

（5）严禁村组集体高息借款，严禁借款上交各项税款。村组集体一律不准为企业或其他单位和个人担保贷款。

（6）所有干部一律不准参与高利贷活动。村放高利贷从中牟利的单位、个人，要逐一排查，按国家有关规定予以处理。

（九）筹资筹劳管理制度

（1）村级范围内筹资筹劳，应当遵循村民自愿、群众受益、量力而行、民主议定、程序规范、上限控制、使用公开的原则，实行“一事一议”。

（2）筹资的对象为本村户籍在册人口或者所议事项受益人口，筹劳的对象为符合上述条件的劳动力。每人每年承担的出资出劳数额不得突破省政府规定的上限控制标准。

（3）筹资筹劳应当用于本村范围内小型农田水利基本建设、修建和维护村级道路、血防灭螺、植树造林、村庄建设与整治以及村民会议或村民代表会议决定需要兴办的其他集体生产、生活等公益事业项目。除此以外的其他项目，不得列入筹资筹劳的使用范围。

（4）筹资筹劳的项目、数额，由村民委员会在每年的第一季度提出预算，经村民大会或村民代表大会讨论通过、乡（镇）办事处同意，报市减负办审批后执行。

（5）农民无正当理由不承担筹资筹劳任务的，应当对其进行批评教育，经教育拒不改正的，依照村规民约予以处理。

（6）向农民筹资应当在农作物收获后筹集。向农民筹劳按标准工日计算，原则上以投劳为主，在农闲时安排用工。农民自愿以资代劳的，其工价标准不得突破省政府规定的上限。禁止强制农民以资代劳。

（7）退伍伤残军人、在校学生、孕妇、分娩后未满一年的妇女、男年满六十周岁或者女年满五十五周岁的村民和丧夫劳动力的村民，不承担筹劳义务。

（8）村范围内向农民筹资的资金，属于本村村民集体所有。

二、农村社区财务管理的模式

（一）“村有村管”模式

这是村合作经济组织财务制度规定的基本模式，其主要特点是：村集体经济组织按照《村合作经济组织财务制度》和《村合作经济组织会计制度》的要求，单独设立财务人员和银行账户，建立账簿并进行独立核算和管理。在这种管理模式下，村级单独设有会计、出纳，有的还设有总会计师、现金保管员等，会计账簿齐全，会计核算比较规范。

从一些地方村级财务管理运行情况看，这种管理模式主要被集体经济发展较好、财务人员素质和财务管理水平比较高的村采用，数量不算太多。

（二）财务“双代管”模式

农村财务“双代管”制是以不改变农村财产所有权和支配权的前提下，实行村账乡（或镇，下同）管、村资乡管，乡、村两级分工协调，共同管理的一种农村财务管理模式。“双代管”是当前农村财务管理的一种主要形式，主要集中在经济不太发达的村，有些地方达到了70%以上。

这种管理模式坚持了村级集体资金所有权、使用权和收益权不变，但政府有权对村级资金的使用进行干预。另外，生产性开支和非生产性开支都有相应的限额，限额内由村组织自行决定使用，超过限额，根据金额大小，分别由乡镇分管或主要领导审批或根据村委会、村民代表会讨论意见审批。这种管理模式的突出特点是，把村级民主理财与审计监督规定为必经的程序，由事后审计变成事前审计，强化了对村级财务的监督。[1]

“双代管”对加强农村财务管理的积极意义表现在：① 强化了乡镇政府对农村财务的监督，能够解决农村财务核算分散，难以有效监督的问题；② 可以解决农村财会人员业务素质不高、记账不规范的问题；③ 通过代管机构严把审核关，能够避免农村财务事后监督的不足，防患于未然。

但随着“双代管”的推行，在实践中所暴露出的问题也越来越明显：①“双代管”缺乏法律依据。首先，“双代管”本应是村委会的自愿行为，但在实践中往往成了强制规定，侵犯了农村集体财产的所有权和自主管理权，这不符合《村民委员会组织法》的规定；其次，审计本应是以超然的第三者身份对被审计单位实施的一种独立的监督活动，但在“双代管”下，对农村财务履行审计监督职能的乡经管站扮演着“集运动员与裁判员于一身”的双重角色，这不符合我国有关审计法规的规定。② 影响了工作效率。“双代管”使农村经办人员耗费大量的时间、精力和财力往返于乡镇和村委会之间，一些村干部为了花钱方便，往往指使经办人员少报、瞒报或迟报收入，这样就会影响会计凭证传递的及时性，从而影响会计处理工作的效率。③ 增加了人员费用，提供了腐败条件。“双代管”使农村财会人员只增不减，这与乡镇政府精简机构和人员的精神背道而驰。另外，“双代管”为乡镇政府挪用、侵占村级财产大开方便

---

[1] 崔立松：“农村财务管理的主要模式及其利弊浅析”，载《农村经营管理》，2006年第7期。

之门，各种摊派费用可以直接从代管资金中扣除。④ 削弱了村级财务的监督管理权。在实践中，“双代管”只是强化了乡镇的监督权，而限制了本应由村委会行使的财务监管权，这与其强化农村财务监督的初衷相违背。[1]

（三）“会计委派制”模式

农村会计委派制就是由乡镇政府按照公开、平等、择优、异村任职的原则，统一选派农村会计的一种农村财务管理模式。[2] 这一管理模式，主要对会计人员的任用管理进行改革，以改变村会计受村干部的影响比较大、难以履行会计监督职能的现象，为强化村会计的独立性而实施的。目前这一管理模式还处于探索阶段，仅在部分地方实行，数量较少。

会计委派制的基本财务管理方式与“村有村管”方式相同，只是村会计由乡镇聘任并委派，由乡镇直接管理考核，村级无权决定村会计的任免。村会计的聘任有两种方式：一种是考聘制，由乡镇面向社会公开考聘村会计，经县级主管部门培训，考核通过后，发给任职资格证书，委派到村担任会计。二是选聘制，由县或乡镇制定标准，由各村根据标准推荐会计人选或本村村民自荐，经县级主管部门考核合格，人选达到三人以上的，由群众代表大会公开选举产生一名村会计，然后由乡镇聘任并委派。

农村会计委派制的积极意义表现在：① 它强化会计的监督职能。实施农村会计委派制，通过会计人员的异村任职、定期轮岗、规范交接，可以实现内部控制的基本要求，从客观上为会计监督提供基础。② 提高农村会计人员的素质。委派的会计人员是通过公开报名、公平竞争、公正考察后选聘出来的，这样可以避免农村会计的年龄老化、素质低下、近亲繁殖等弊端，一定程度地提高农村会计人员的素质。③ 减少农村干部人数，减轻农民负担。在农村会计委派制下，对人口少、近邻村可以实行会计兼任，这样能够大大减少农村会计人员数量。④ 有利于乡镇政府加强对农村财务的监督。乡镇政府通过建立农村会计人员选拔任用、教育管理、培训考核、奖惩待遇等有效机制，规范农村会计管理工作，同时也便于通过农村会计人员了解村级集体的资产负债情况。

但是，农村会计委派制也存在着一些无法回避的问题。首先，它有悖于我国《会计法》和《会计基础工作规范》的有关规定：各单位应当根据会计业务的需要，设置会计机构，或者在有关机构中设置会计人员并指定会计主管人

[1] 李视友，刘录敬：“基于村级财务管理的村委会职责问题研究”，载《乡镇经济》，2008年第8期。

[2] 李视友，刘录敬：“基于村级财务管理的村委会职责问题研究”，载《乡镇经济》，2008年第8期。

员；不具备设置条件的，应当委托经批准设立从事会计代理记账业务的中介机构代理记账。显然，委派的异村会计人员既非本村村民，又非代理记账机构的人员，不具有法律地位。其次，由于委派会计人员的尴尬地位以及接受委派会计的村级组织的抵触，委派的会计人员往往有岗无职、有责无权，不但无法实施有效的监督，而且与村委会的工作也难以协调。最后，对委派会计人员的管理问题，比如由谁管、怎么管、管什么，如何保障委派会计人员的合法权益，怎样做好与其他部门的协调等一系列问题，都缺少法规依据。

（四）“会计委托代理制”模式

此模式也称农村会计集中核算制，是在坚持村集体资产所有权、使用权、监督权、收益权、处置权不变的前提下，经村民会议或村民代表会议讨论通过，将村集体经济组织的财务收支活动，通过与在乡镇设立的会计集中核算中心签订《授权委托书》，授权其代为进行会计核算与监督的一种农村财务管理模式。这也是建立在村级经济行为少，财务人员素质低，管理水平差基础上的一种管理模式。从现实看，采用这种财务管理模式的乡镇数量虽然还不是很多，但受到了村组织和农民的欢迎，有很强的生命力。

在这种管理模式下，以乡镇为单位，建立农村会计代理中心，由村组织与乡镇农村会计代理中心签订村级财务书面委托协议书。村级取消财务管理人员，只设一名报账员。村财会人员主要管理票证，集体资产，登记农户往来，及时同联村会计结账。村成立民主理财小组，负责审查村级发生的收入、支出凭证，对村级收入支出的真实性、合理性提出意见。根据这种管理模式，多数地方规定了村级开支审批权限，超过限额要经过乡镇政府负责人审批，村组织的资金使用权同样受限。

农村会计集中核算制克服了“双代管”制和农村会计委派制的诸多弊端，它对加强农村财务管理的积极意义表现在：① 它是落实党和国家惠农政策的重要保障措施；② 能够规范农村会计工作，保证会计信息质量；③ 可以节约开支，减轻农民负担；④ 可以强化会计监督，规范农村财务管理；⑤ 可以消除干群之间不必要的误解与矛盾，维护农村稳定，促进和谐发展。

在农村会计集中核算制下，也存在着这样一个不可回避的问题：乡镇政府如何能够避免不利用行政手段过多地干预应属于村委会的财务管理事务，又怎样能够保证不挪用或挤占村级资金，特别是村级转移支付资金的监管更容易出现漏洞。在农村会计集中核算制下，乡镇政府既是农村财务的监督者，又充当了农村财务的管理者，这样一个制度上的缺陷难免使农村审计工作流于形式。

（五）农村会计代理记账制

农村会计代理记账制，即将农村会计业务委托给专门从事代理记账业务的会计中介机构。其不同于上述几种模式的最主要的区别是，代理记账制是一种由社会中介机构提供的会计服务，属有偿服务。在农村会计代理记账制下，村级会计的核算工作可以按市场规则运行，完全委托给代理记账机构，政府相关部门通过加强对代理记账机构的监管实现对农村财务的监督。

首先，实行农村会计代理记账制具有重要意义。它不仅可以规范会计核算工作，提高会计信息质量，节约会计核算成本，减轻农民负担，而且可以避免在农村财务管理工作中乡镇政府滥用职权、过多干预的问题。

其次，实行农村会计代理记账制具有法律依据。如前所述，我国《会计法》和《会计基础工作规范》都规定了“各单位应当根据会计业务的需要，设置会计机构，或者在有关机构中设置会计人员并指定会计主管人员；不具备设置条件的，应当委托经批准设立从事会计代理记账业务的中介机构代理记账”。2005 年 3 月 1 日起施行的《代理记账管理办法》又为会计中介机构开展农村代理记账工作提供了法规依据。

最后，实行农村会计代理记账制具有现实条件。随着农村市场经济的发展，农民的民主意识、法治意识不断增强，许多农业企业、农民专业合作社和村合作经济组织等都将对社会中介机构提供的会计服务产生一定的需求。蓬勃发展的代理记账机构在法律法规和政府部门的推动下，凭借其独立的身份、较高的信誉和高质量的服务，也必将在农村会计服务市场开拓一片新天地。[1]

第二节　我国农村社区财务管理存在的问题及解决对策

一、我国农村社区财务管理存在的问题及影响

我国农村社区管理存在的问题主要有以下七个方面。

1. 农村财务管理法律法规、制度不健全

《中华人民共和国宪法》第 8 条规定：“农村集体经济组织实行家庭承包经营为基础、统分结合的双层经营体制。……”农村集体经济组织作为双层经营体制的一个层次，既是一个具有管理、服务职能的组织，又是一个具有一定生产经营活动的组织，与企业、事业等其他组织相比，具有很大的特殊性。然而，国家在制定财经法规时，往往忽视农村集体经济的特殊性，对这项工作的监督管理缺乏相应的制度和法律依据，致使对有关违纪违规问题处理不力，相

[1] 李视友，刘录敬：“基于村级财务管理的村委会职责问题研究”，载《乡镇经济》，2008 年第 8 期。

应的管理措施也得不到很好地贯彻落实。[1]

2. 农村财务管理体制不完善，财务管理主体不健全

农村财务管理体制是指农村财务管理体系和财务管理制度，它主要包括管理职权、组织形式和管理制度三项内容。其中管理职权的划分是核心，组织形式和管理制度是管理职权的具体表现，是管理职权实现的保证。现实中，广大农村地区，许多自治村的管理机构并不健全，有的村法定的管理机构有名无实；有的村由于种种原因长期无法实行村委会的换届选举；有的村缺乏对村长的约束机制，致使滥用职权等。这种农村财务管理主体不健全、财务管理体制不适应市场经济的农村财务管理体制的状况，使得农村财务管理规范化会遇到很大的困难。[2]

3. 会计基础工作薄弱，村级财务账目设置不全，原始凭证不规范

一是依法建账执行不到位。《会计法》明确规定，各单位必须依照《会计法》办理会计事务，依法设置会计账簿，并保证其真实、完整。现实中有的村未按会计制度要求设置明细账，致使单位的会计信息得不到准确、全面的反映。二是会计账簿设置、登记不全。个别村没有按照制度要求设置会计账簿和科目，造成不明不白的糊涂账；固定资产等有账无物，有物无账，或有总账无明细账；同一经济业务，发生前后会计处理不连贯。三是原始凭证不规范，会计核算基础资料不实。会计核算应以经济活动中取得的各种合法的原始凭证为依据。现实中，村财务报销制度松懈、会计资料手续不完备、原始单据等现象仍然大量存在。四是财务无专人管理。由于会计人员更换频繁，财务移交手续不及时，会计制度不健全，而造成多人管钱、重复报账、会计档案缺失、责任不分的混乱局面。

4. 集体资产管理不严密

首先，有的村不建农村集体财产资产台账，没有如实登记和反映集体资产账内、账外数量、价值及其变动情况。没有建立严格的资产管理制度，集体资产被个别村民随意无偿占有，一些村干部擅自出租、出借集体资产，擅自出借或自用资金，造成大量集体资产、借款无法收回，严重侵害了广大村民的利益。其次，有的村集体资产的发包出租程序、手续欠规范，合同条款不明确。或虽有规定但执行不严，导致使用人对集体资产掠夺式、破坏式经营，致使集体资产被严重侵蚀。最后，随着农村经济的快速发展，农村集体企业为扩大经营规模，求助乡财政担保贷款，加大投资力度，一定程度上刺激和拉动了经济的发展。然而由于决策者缺乏风险防范意识，加之企业内部无健全的控制制

---

[1] 曹科达："村级财务管理中存在的问题与对策"，载《湖湘论坛》，2005 年第 4 期。

[2] 吴文轩："我国农村财务管理规范化的障碍及其对策思考"，载《农业经济》，2007 第 5 期。

度，造成企业盲目投资，亏损严重，给乡镇财政带来巨大的压力。[1]

5. 财务公开不到位，缺乏监督机制

首先是理财主体不突出。从形式上看，每个村都有理财小组。但是，有的理财小组不是由村代表大会选举产生，而是由村主要干部确定，村财务收支仍然由村干部说了算。实质上，理财小组成为掩盖不合理收支的“挡箭牌”。其次是财务公开流于形式。一些村财务公开只是在农经部门的督促下，偶尔间断性地做部分公开，且公开不彻底，透明度不高，流于形式。还有少数村则根本不公开。最后是民主监督不到位。有的村财务收支虽然通过了理财小组的审定，也公布了财务收支情况，但是由于有的村民和村民理财代表缺乏财经法规知识，不懂得看账和算账，因而仍然起不到监督的作用，造成民主理财、民主监督名存实亡。

6. 农村集体资产流失严重，农民意见很大，干群关系紧张

村干部决策失误导致集体资产流失、依仗职权贪污侵吞集体资产、恣意挪用挥霍集体资产、随意处置变卖集体资产等现象时有发生。

7. 村级财政转移支付资金违规严重

按照有关规定，村级财政转移支付资金实行乡管村用，专户管理，专款专用，任何单位和个人不得截留或挪用。但是，在专项检查中发现：一是部分转移支付资金被县、乡滞留、截留；二是转移支付资金使用中普遍存在会计核算不规范、财务手续不健全等问题；三是到村级的财政转移支付资金也很难按规定用途使用，往往被一些需急办的事项挤占。[2]

上述问题的存在对农村社区经济发展和社会稳定产生的负面影响包括：第一，农村集体资产流失严重。据 1993 年全国 29 个省、区、市统计，仅 1993 年村集体经济组织被拖欠的资金有 73 114 亿元，占村集体经济总额的 23.7%，据全国开展农村集体经济审计工作的 1 619 个县的统计，仅 1991—1993 年，共查出村集体经济违纪金额 34 187 亿元，被贪污资金达 6 176 亿元。第二，农民利益遭受损失，负担加重。在我国现行的村民自治制度下，村级组织的所有各项开支所需的资金基本上都是农民直接或间接负担的。所以，村级财务管理混乱，用钱无度、花钱无数的状况，带来的直接后果必然就是农民个人的负担加重，利益遭受侵犯。第三，为村级干部的贪污腐败提供了便利，损害了基层组织的权威。村级财务管理的混乱却使村干部可以更为便利地浑水摸鱼、贪污腐败。这一方面侵犯了农民的利益，另一方面更重要的是极大地损害了农村基

[1] 宋晓梅：“当前农村财务管理中存在的问题及对策”，载《中国农业会计》，2006 年第 2 期。

[2] 梁建文，廉增禄，李旭梅：“农村财务管理中值得重视的几个问题”，载《农村财务会计》，2008 年第 6 期。

层组织的权威，大大降低了农民对于党和国家的政治信任感，使党和国家的方针政策在农村地区得不到农民的配合而难以有效地推行。第四，激化干部与农民的矛盾，引发农民的非制度化政治参与，损害农村地区的社会政治稳定。由于我国农民政治参与的技能还比较欠缺，合法参与的意识还不强，因此在一些人为因素的刺激下很容易以非制度化的形式表现出来。农民的非制度化政治参与是对农村基层组织建设的极大破坏，严重威胁着农村社区的政治稳定。[1]

二、农村社区财务管理存在问题的原因

第一，干部思想认识不到位。一是乡镇领导对农村财务管理重要性认识不足，重发展，轻管理，存在对村里的事务不想多管，怕难、怕烦、怕出问题的想法，致使农村财务指导和监督管理工作排不上队，摆不上位；二是村干部法制化管理意识淡薄，不愿受财务制度的约束；三是乡镇会计代理中心的单位性质不明，职责不清，重记账、轻监管，使一些违规票据得以入账。

第二，农村财务立法滞后，惩处机制与法治建设不适应。农村财务管理法律法规建设滞后，对农村具体财务行为的调节主要依靠政策，对一些违反财务制度的行为，缺乏责任追究依据，缺少追究一把手责任的规章，以致对一些虽不触犯党纪国法，却违反了财务管理制度的行为难以制约，尤其是对非党员村干部拒不执行财务制度的行为，缺乏有效的处置办法。[2]

第三，农村集体资产管理的主体错位。农村集体资产的所有者是全体村民，其管理者是农村合作经济组织。管好、用好集体资产，是农村合作经济组织的重要职责。但是，目前部分农村合作经济组织已名存实亡，一些村党支部和村委会没有正确的为村民服务，相反的却滥用职权，以权谋私，使村民的合法权益得不到有效保护，管理权和监督权不能充分发挥。

第四，农村财务管理监管不力。首先，司法机关监督乏力，没有把预防、监管的关口前移到广大农村。其次，乡纪检机关监督乏力。对不是党员的村干部，纪检部门根本无法查处。再次，群众监督乏力。在农村统分结合的双层经营体制下，分散的家庭经营使广大农民集体观念、民主意识淡薄，民主管理和监督流于形式。最后，村委会内部监督乏力。由于村委会财会人员由村级任用，部分财会人员怕丢饭碗、怕得罪人，因而对其他村干部的经济违法、违纪行为不愿意监督或放弃监督。

第五，财务人员业务素质低，财务管理水平低。当前，农村的财会人员普遍存在学历较低、知识结构不合理、年龄偏于老化、业务素质低、有技术职称

---

[1] 程同顺："财务管理：村民自治中的难点"，载《视点》，2006年第5期。

[2] 王月："农村财务管理的现状与对策"，载《北方经贸》，2008年第3期。

的人员少等问题。其主要原因是财务人员的选用制度不严格，现有的队伍缺乏系统的业务学习。

第六，乡镇对农村财务管理工作不力。一是村级财务收支缺乏透明度，财务公开力度不够。多数村不按时公开本村财务收支，有的村虽然公开了，但是公开内容不具体，回避重点问题，群众无法了解资金的真正用途和去向。二是乡镇对农村财务管理工作重视不够。现在大多数乡镇农经编制人员虽多，但真正从事农经工作的人却非常少，最终导致对村级财务管理的监督无法到位。三是有的乡镇干部认为村委会是村民自治组织，不宜多管，从而淡化了对村委会财务管理监督的意识。

第七，村"两委"换届频繁，造成农村财会人员队伍不稳定，业务水平低。财会工作的性质要求财会人员要相对稳定，但是现在村委会的财会人员通常随着村"两委"换届而更换，对财务人员的任用也常常凭个人的好恶、凭感情办事，这也使得一些素质低下、根本不具备财会人员条件的人，被选拔到财会人员岗位上来。有的村委会在换届时，虽然保证了财会人员的相对稳定，但由于这些人连任几届，年龄老化且大多学历偏低，不能很快适应新的财务管理制度，进而不能适应农村经济发展的要求。[1] 由于财会队伍不稳定，人员变动大。财务移交手续办理不及时，"包包账"、"断头账"，使会计业务不能延续，严重影响了会计资料的规范性、连续性、真实性和合法性等，这些都给日常会计管理工作带来了诸多障碍。[2]

三、完善农村社区财务管理的对策

（一）建立健全农村财务管理的法律法规

建立健全农村财务管理法律法规，一是国家应制定《农村集体经济组织财务管理条例》，明确村经济合作社的法人地位，理顺农村基层组织关系，明确村集体财务管理的目标、要求、方法等内容，使农村财务管理工作从柔性的政策调节走上刚性的法制管理轨道。二是地方政府要制定《违反农村财务管理行为责任追究办法》，对违反农村财务制度和纪律的行为予以追究。[3] 三是要严厉打击农村干部经济犯罪，增强法律的威慑力。

（二）完善农村的财务管理体制，健全村级财务管理主体

面对农村社区财务管理主体缺失、虚位等问题，应尽快建立健全的村级财务管理主体和财务管理机构，使农村财务管理主体能够有效的履行义务，承担

[1] 杨丽琴："当前农村财务管理主要问题与对策"，载《合作经济与科技》，2008年第8期。

[2] 张小兰："新农村的财务管理探索"，载《消费导刊》，2008年第9期。

[3] 王月："农村财务管理的现状与对策"，载《北方经贸》，2008年第3期。

责任。同时，为尽快解决管理职权不明确，乡、村两级责任不清，村行政正、副职之间，村会计与出纳之间争权现象经常发生等农村财务管理体制方面存在的根本问题。必须重视农村财务管理体制方面的建设，明确乡、村两级的财务管理权限，通过村委会的集体协商同意下，合理划分村行政正、副职之间，村会计主管与其他相关人员的职权，避免权利纷争。[1]

（三）提高认识，加强领导

农村基层领导要把加强农村财务管理工作放在密切党群、干群关系，维护社会稳定，保障农民利益的高度上来认识，充分认识到搞好村级财务管理，对于防止资产流失，促进农村经济健康发展，推动基层组织建设、廉政建设和民主法制建设，维护农民群众的根本利益，化解农村矛盾，密切党群、干群关系，保持农村社会稳定具有重要的现实意义。切实把农村财务管理工作列入议事日程，摆上重要位置。不断研究探索解决农村财务管理问题的策略和方法，督促乡镇干部和农村党员群众学习党的农村政策，掌握财务知识。严格依章办事，确保各项法律制度的贯彻执行，促进农村经济的健康良性发展。[2]

（四）坚持制度建设，提升财务管理水平

一是落实岗位责任制度。按照定人、定岗、定权、定责、定绩的原则，建立财务管理岗位责任制，明确财务管理人员的职责，制定考核奖惩措施，做到事事有人管，人人有专责，工作有要求，业绩有考核。二是财务预决算制度。村级财务预决算是村级财务管理的重要内容。乡镇农经部门平时加强指导、协调和监督，帮助各村按照量入为出、收支平衡原则，年初根据自身积累状况、生产经营水平和生产发展目标编制年度财务计划，避免赤字预算。年末编制财务决算报告，向村民会议或村民代表会议报告。三是村账乡代理制度。推行农村财务电算化，改善管理手段；账款分离、用管分离；村级资产所有权、收益权和使用权三不变；统一村级结算凭证、统一资金管理、统一集中记账、统一建档管理，可以有效地加强村级财务监督。四是集体资金管理制度。主要表现为“三规范”：一是程序规范，使用合法的原始凭证，并有经手人、证明人、审核人、批准人的签名，经民主理财小组审核通过后入账，严禁无票据或白条收付款；二是用途规范，一事一议筹资和各类扶贫及专项资金严格按规定用途支出，违规收支不予入账，谁经手、谁批准、谁负责；三是管理规范，账、款、物、支票和印鉴分别设专人管理，定期核对账目，盘点库存现金，做到账款、账实、账证、账账、账表五相符。[3] 五是建立费用定额制度。村级的各项

---

[1] 吴文轩：“我国农村财务管理规范化的障碍及其对策思考”，载《农业经济》，2007 年第 5 期。

[2] 岳明川，周银良：“当前农村财务管理现状及思考”，载《中华会计学习》，2008 年第 9 期。

[3] 潘长胜，李明：“推进农村财务管理规范化”，载《经营管理》，2006 年第 1 期。

经费定额，既是编制预算计划、分析和考核的依据，也是审核和控制成本的标准。为了加强预算管理和考核完成预算情况，各单位必须建立健全费用定额管理制度，凡是能够制定定额的各项支出，都应该制定合理、切实可行的定额，以充分发挥其应有的作用。六是建立非生产性开支管理制度。非生产性开支要遵循节约、限额、合法的原则严格控制，其增长要低于集体收入的增幅。在年初通过调查、座谈等方法测算出近三年各行政村非生产性支出平均数，在此基础上调整一定百分比作为全年非生产性开支基数，各村各单位包干使用，节余奖励，超支不补。非生产性开支都要按实入账，不得虚报。[1] 七是土地征用补偿款使用、各项承包租赁项目、公益事业的立项和工程建设招投标、村干部报酬及管理费开支管理制度。此制度要遵循“公开公正、平等透明”的原则，村集体制定相应的管理办法或作出方案报乡镇有关部门审查后，再报乡镇党政部门审核，经村民会议或村民代表会议通过后方可开支。

（五）坚持民主管理，完善村级财务公开

第一，各村成立民主理财组织。村民主理财小组由 5～7 人组成，由村民推选公道正派、责任心强、威信较高，并具备一定财会知识的人员担任。村民主理财小组向村民会议负责并报告工作，负责对本村集体财务活动进行民主监督，有权检查、审核财务账目及相关的经济活动事项，有权否决不合理开支。第二，规范公开内容。公开内容要按照《村集体经济组织财务公开暂行规定》进行。凡是与村民切身利益相关的财务活动事项，如村集体的土地承包和租赁、村公益事业项目等方案的实施，都应向村民公开，实行民主管理、民主理财。要细化公开内容，对收支情况既要逐项公开，严禁以项目公开代替明细公开或搞“大而化之”的假公开。第三，公开时间要及时。要做到月结月公布，设立固定财务公开日，日常财务活动要坚持每月公开 1 次，形成一月一公开的制度，对于重大财务活动应随时逐笔公布。第四，公开形式要多样化。公开方式要以公开栏为主，各村要在住户集中、位置显眼、便于群众观看的地方设立坚固耐用、防风防雨的村务公开栏。同时，要通过广播、电视、网络、“明白纸”等其他形式做好公开工作。第五，公开程序要严格。财务公开前，应有民主理财小组参加，由会计和审计人员对全部财产、债权债务和有关账目进行一次全面的核实。审核合格的加盖“审计专章”，并将收支情况列入财务公开榜，交村民主理财小组审查同意后，加盖民主理财小组专章并在村务公开栏进行张榜公布，接受群众监督。第六，建立并落实问询和责任追究制度。村民有权对本村集体的财务账目提出质疑，对村民的质疑和质询，由村民主理财小组负责受理。同时，要严格落实责任追究制度，未经村民会议讨论决定，任何组织或

---

[1] 谢筠：“我国农村财务管理的问题及对策研究”，载《肇庆学院学报》，2008 年第 4 期。

个人擅自以集体名义借贷、以集体资产为其他单位或个人提供担保以及变更与处置村集体的土地、企业、设备、设施等均为无效，村民有权拒绝，造成的损失由责任人承担，构成违纪的给予党纪政纪处分，涉嫌犯罪的移交司法机关依法处理。❶

(六) 坚持民主监督，建立村级财务审计制度

要采取民主监督和行政监督相结合的办法，双管齐下为村级组织的健康运转保驾护航。一方面坚持民主监督，实行民主理财。另一方面强化行政监督，开展内部审计。农村审计是农村经营管理工作的重要内容，是针对农村最敏感的财务问题的监督和评价。它在发展农村经济、保护集体与农民权益、维护社会稳定等方面发挥着不可替代的作用。❷

(七) 规范集体资产管理，力求保值增值

第一，明晰产权、摸清家底，搞好农村集体资产所有权的界定和产权登记，建立集体资产台账。做好这项工作，首先，要建立集体经济组织的清产核资小组，对本村或本组资产进行彻底的清查，明确集体经济组织的资产存量、结构、分布和运用效益，明晰资产所有权，并进行产权登记。其次，根据清产核资的结果准确无误地建立资产台账，并及时反映资产的使用及其变动情况，防止资产的流失，保护集体资产的安全和完整。第二，搞好资本营运，盘活资产，保值增值。根据不同类型的资产特点，搞好资产经营。经营性资产重点抓增效，非经营性资产重点抓增值，资源性资产重点抓开发，福利性资产重点抓保护。可以采用多种多样的方式充分利用集体资产，如发包出租、使用权拍卖、统一经营等，达到集体资产保值增值的目的。第三，加强专项资金的管理。目前，村级专项资金主要包括征地补偿费、“一事一议”资金等。首先，加强对征地补偿费的管理。农村集体经济组织应按《村集体经济组织会计制度》的要求对征地补偿费进行会计核算，按照专户存储、专账管理、专款专用的原则来规范管理。其次，加强“一事一议”资金的管理。“一事一议”收取的资金由村民理财小组进行监督，使用、开支情况要及时向群众公布。第四，正确处理“村改居”过程中集体资产的处置问题。在“村改居”过程中，应搞好集体资产的清产核资工作，通过村民或者村民代表大会作出资产处置方案，杜绝平调、侵吞、私分集体资产行为，维护农村集体资产所有权的合法权益。❸

---

❶ 张敏：“农村财务管理的薄弱环节及对策思考”，载《现代农业科技》，2008年第15期。

❷ 张小兰：“新农村的财务管理探索”，载《消费导刊》，2008年第9期。

❸ 杜德春：“对加强村级财务管理对策的探讨和研究”，载《中国乡镇企业会计》，2008年第5期。

（八）坚持深化改革，稳定财会人员队伍，提高财会人员素质

第一，重视培训，提高素质。结合新会计制度出台，加大对农村财会人员的培训力度，严格考核发证，凭证上岗，提高业务素质和政策水平。另一方面，利用当地大中专院校创办农村财务管理教育基地。农村财务管理教育基地将为信息技术的推广提供强大的人力资源保证，为农村财务管理信息化建设提供强有力的技术后盾。第二，稳定财会人员队伍。提高财会人员的报酬，落实人员工资待遇，增强其责任感，稳定工作队伍，为其创造良好的环境氛围。建立农村会计任用审批制度，严格财会人员的任免程序，以稳定农村财会队伍，保持农村财务队伍的连续性。要十分重视财会人员的职业道德教育，多渠道、多形式地支持、鼓励和组织财会人员学习业务知识和法规制度。第三，实行农村会计选聘制。《农村财务会计选聘制》规定，今后村集体经济组织新录用的财会人员必须实行公开招聘，由县、乡（镇）集体经济主管部门负责统一组织招考。择优聘用会计人员，促进农村财会人员走向知识化、专业化、年轻化。第四，加强对农村会计的监督。建立农村会计岗位责任制，完善考核办法，奖优罚劣，加强监督，充分调动他们的积极性和主动性，不断提高工作水平。

（九）严抓源头管理，规范村级财务

第一，票据的使用实行“四个统一”。一是统一据种。村合作经济组织向农户收取费用必须使用三种规范性的票据：“农民负担专用票据”、“村合作经济组织内部结算凭证”、“水利工程水费收欠收据”。村向农户收取各种款项和对外结算时，必须根据不同款项使用规定的票据，互相不得混淆使用。二是统一发放。按村建立票据领用、销号登记簿，领用时由代记账员填制领用单，一式二联，农经中心、代记账员各执一份，村会计到该村的代记账员处领取，按月稽查销号。三是统一保管。收款票据一律由村会计到乡（镇）农经中心领取，并签字和盖章，实行一月一结、一季一清制度，并由农经中心代记账员负责监督、检查，达到账、款、据三相符。四是统一式样。农经中心代记账员负责审查和归集支出票据，严禁使用白条，确保支出凭证的规范化。

第二，现金的收取确保“四个到位”。一是归口管理到位。向农户收取的现金一律由村会计按规定解交乡（镇）农经中心。严禁非会计人员经手现金，对由其他村干部临时收取农户上交款的，必须在五天内与村会计办理结报手续，结报后村会计对已开出的票据和收回的票据进行销号登记。二是现金解交到位。当月收入的现金要及时开出收据给对方，连同收据存根及时解送农经中心，并填制收入传票说明收入种类。三是审查核实到位。乡（镇）农经中心总出纳会计收取现金时要“三查三看”，一查人民币，看是否有假币；二查数量，看是否与收入票据总额相符；三查票据，看是否与领用号码一致。四是审批手续到位。现金领用严格执行先批后领制度，由村会计根据实际开支需要填制现金支付审批表，经村书记、乡（镇）分工干部、片长签字。

第三，资金支出把好“四个关口”。一是审批关。凡报支的发票都要有“双批核”，首先要交民主理财小组集体审核，审核同意后，加盖民主理财专用章，然后再报村主任审核，村支书批准，无审批的支出据一律不准入账，谁入账谁负责。二是审查关。凡报支的发票必须达到“六看”，即看支出凭证是否规范，看日期是否准确，看用途是否真实，看金额大小写是否一致，看经手人是否签字，看审批手续是否齐全。三是支出关。村民委员会年初要编制当年收支预算，并报乡（镇）审批。坚持做到：定支看收入，必支凭计划，特殊先审批，支出月月清。四是审核关。农经中心代记账人员对各村支出单据逐笔审核把关，审核依据按照税费改革新出台的财务规定制度执行。所有符合规定支出据加盖审核章后，方可入账。

第四，费用开支做到“八个严禁”。严禁村级发生招待费；严禁村收取任何单位和个人托售的物品；严禁集体向单位或个人赠送礼金或礼品；严禁以节日或庆典等为借口，用集体资金发放奖金、福利；严禁干部购置生活用品或购置超标准的办公用品在管理费用中列支；严禁控制交通费、通信费；严禁发生新的债务；严禁滥发补助。[1]

（十）全面推行电算化

“工欲善其事，必先利其器”，推进财务管理装备和设施现代化，改进和提高工作手段，是提高农村财务管理效率、推进财务工作电算化和信息化的有效途径。农村财务电算化，就是对农村财务的记账、核算等会计业务实现微机管理，这是财务管理手段的发展方向，对于实现农村财务管理现代化具有重要作用。[2]

（十一）化解现有债务，严控新增不良债务

一是要加强领导，把清理债权债务工作落到实处。各级党委、政府要把化解村级不良债务工作摆上重要的议事日程，实行目标管理，层层落实责任制，切实把化解债务工作抓紧抓好。二是妥善处理现有的债务债权。对已形成的村级债务，要认真清理核实，逐笔登记，逐一排查，分清责任，区别情况，分类处理，采取有效方式削债减债，该清偿的清偿，该剥离的剥离，能核销的核销。三是规范村级财务。一方面实行村财务预决算制度。村集体经济组织要合理编制财务收支预算方案，严格控制非生产性项目，特别是对固定资产购建、兴办公益事业、干部工资补贴、招待费等支出要严格实行预算控制，并将预算

---

[1] 陈咸清，崇敬：“严抓源头管理，规范村级财务”，载《江苏农村经济》，2006 年第 11 期。

[2] 谢周东：“社会主义新农村建设要求规范农村财务管理”，载《内蒙古农业科技》，2008 年第 5 期。

执行情况按时公开，接受群众的监督与质询。另一方面稳定农村财务队伍。规范农村会计人员任职资格审定，实行持证上岗；对村会计人员的任免程序作出规定，防止“一任领导，一任会计”的现象。四是发展集体经济，提高偿债能力。要采取灵活的措施，充分发挥资源优势，大力发展特色产业，以此带动经济的启动。同时，村集体要着眼于为农民提供产前、产中、产后信息和科技等各种服务，通过服务，壮大农村集体经济。要加强集体资产管理，盘活现有资产，促进农村集体资产保值增值。村集体固定资产以及林地、荒地、滩涂、水面等资源性资产，都要通过竞标，实行租赁、承包等方式使之产生效益，提高村级组织偿债能力，防止新的不良债务产生。严控不良债务，要以民主理财、财务公开为关隘，把好入关口；以村账乡代理为手段，把好入账关；以内部审计为抓手，把好监督关。通过细化工作、强化管理、建立健全集体资产管理制度，保证资金安全，严格控制新增债务。❶

阅读延伸材料

创新理念　探索新路　委托代理

山东烟台市创新理念，探索农村财务管理的新路子，具体做法有以下四点。

1. 成立农村财务委托代理中心

以各乡镇为单位，成立“农村财务委托代理中心”，各村把财务委托给代理中心代理，由代理中心统一在银行按村开设账户，银行开户印章由代理中心主任印章、村财务专用章和村负责人印章组成。两级印章实行分管制。

2. 搞好农村财务委托代理申请书的填写

农村财务委托代理实施过程中要遵循自愿代理的原则，依法履行委托代理的有关程序和手续。村集体经济组织必须开好村两委会、党员会、村民大会或村民代表会，形成决议后以村委会的名义写出将村级财务委托代理中心代理的书面申请，报乡镇政府批准。同时，村级财务人员要在10天内将本村所有账务整理完毕，以备委托代理。

3. 搞好村级财务清理

一是对现有的账目，杜绝出现白条顶库的现象和遗留单据顶现金的问题。二是对现有的财务档案，包括会计凭证、账簿、报表以及其他会计资料进行全面登记造册并由村财务清理领导小组成员、财会人员、村委负责人签名盖章。

❶ 张小兰：“新农村的财务管理探索”，载《消费导刊》，2008年第9期。

三是对历史遗留、情况复杂的问题，要依法按照程序进行处理。

4. **建章立制，规范管理**

区经管总站是乡镇委托代理中心的业务主管部门，负责对农村财务委托代理中心进行业务指导和监督。区经管总站对代理中心的所有工作人员和村级的会计助理人员搞好业务培训，做到持证上岗。同时要建立健全各项财务管理制度，做到财务管理有章可循，规范运行。

摘选自：张杰："创新理念　探索新路　委托代理"，载《农村财务会计》，2006 年第 6 期。

第九章

农村社区土地管理

土地管理是农村社区管理的重中之重。其主要内容包括地籍管理、土地利用管理和耕地保护管理。加强农村社区土地管理，是我国基本国情的需要，是确保我国粮食安全的需要，是维护社会稳定和国家长治久安的需要，是认真贯彻落实科学发展观、确保国民经济持续健康发展和维护当前改革发展良好局面的当务之急。本章介绍了农村社区土地管理的概念、制度演变，重点分析了我国目前农村社区土地流转管理中存在的问题，并有针对性地提出了政策建议。

第一节　农村社区土地管理概述

一、农村社区土地管理的概念

土地管理是研究农村社区土地管理的基础。因此必须先弄清楚“土地管理”的概念。国内很多学者对土地管理的定义有着不同的理解：刘胜华、刘家彬认为，“土地管理是指国家为维护土地所有制，调整土地关系，保障土地的合理利用，促进社会经济的可持续发展，对土地资源的开发、利用、整理、保护，对土地资产的流转、收回等各项活动进行的计划、组织、控制和协调”[1]；孙在宏、陈惠明、乔伟峰、吴长彬等认为，“管理者根据法律规定，确定和巩固与社会中占统治地位的生产方式相适应的土地占有形式，调整土地关系，对土地的利用实施规划、调节、监督、组织而采取的一系列法律、经济、行政、技术方面的措施”[2]；陆红生认为，“土地管理是国家在一定的环境条件下，综合运用行政、经济、法律、技术方法，为提高土地利用生态、经济、社会效益，维护在社会中占统治地位的土地所有制，调整土地关系，监督土地利用，

---

❶ 刘胜华，刘家彬：《土地管理概论》，武汉大学出版社，2005 年版，第 28 页。

❷ 孙在宏，陈惠明，乔伟峰，吴长彬：《土地管理信息系统》，科学出版社，2005 年版，第 2 页。

而进行的计划、组织、控制等综合性活动”[1]。

关于农村社区土地管理的定义，学界目前尚未作出界定。其定义可以从不同的角度进行分析。

从经济学角度说，可以将农村社区土地管理定义为：运用经济手段和方法管理农村社区土地，引导土地的合理利用，以取得农村社区土地利用的最大经济效益的管理活动。

从行政学角度说，可将农村社区土地管理定义为：国家和地方人民政府行政主管机关，依照国家宪法、有关法律、法规和政策，对农村社区土地及其所有者、使用者、经营者进行全面、系统的管理，以实现国家行政权力在农村社区土地资源配置中的作用。

从法学的角度说，可将农村社区土地管理定义为：有关部门制定、修改和执行相关法律、法规和政策，对农村社区土地及其所有者、使用者、经营者进行依法管理，以维护其合法权益的行为。

但农村社区土地管理不仅仅是以上几个学科意义上的概念，还是管理学、政治学等其他学科的概念，综合各个学科的范畴，可以将农村社区土地管理定义为：国家和地方各级人民政府行政主管机关为维护土地所有制，调整农村社区土地关系，保证土地的合理利用，通过经济、行政、法律、技术等手段对农村社区土地的开发、利用、整理、保护和土地资产的流转、征用等各项活动所进行的计划、组织、控制和协调。这一概念的含义有：① 农村社区土地管理的主体是国家和地方各级人民政府行政主管机关。② 农村社区土地管理的客体是农村社区土地及由土地产生的人与人、人与地之间的关系。③ 农村社区土地管理的目的是国家为维护土地所有制、调整农村社区土地关系、保证农村社区土地的合理利用，最终实现社会的全面协调可持续的发展。④ 农村社区土地管理的手段包括：经济、行政、法律、技术等。⑤ 农村社区土地管理的职能是计划、组织、协调和控制。

二、农村社区土地管理的特征

农村社区土地管理除具有土地管理具有的如阶级性、社会性、法制性、技术性等一般特性，它相对于城市土地管理及其他管理而言，还有自己的特征。

1. 政治性

城市土地管理更多的具有经济性，其主要目的是如何最大限度地发挥土地的经济价值，相对于城市土地管理而言，农村社区土地管理更具有政治性。根据我国人多地少的基本国情，农村社区土地管理直接关系到我国 13 亿人口的

---

[1] 陆红生：《土地管理学总论》，中国农业出版社，2002 年版，第 13 页。

粮食安全，关系到社会经济可持续发展，关系到社会稳定，而这些问题都是关系到国计民生的政治问题。

2. 基础性

现阶段，在我国还没有建立起覆盖城乡的社会保障体系之前，土地是农村社区居民赖以生存的基础，他们的生老病死都依赖其仅有的土地，土地对他们来说具有生存保障功能。因此，相对于其他方面的管理而言，农村社区土地管理对居民来说是基础性的、保障性的。

3. 复杂性

在现阶段，我国农村社区的基本单位依然是村落。不同的地域，不同的人口数量，不同的文化，自然就决定了农村社区土地管理在贯彻执行国家大的方针政策的基础上，还要依据当地的实际情况来制定符合当地的制度和政策。另外，农村社区又有农业社区和非农社区之分，这又决定了在两类社区实行的土地管理是不尽相同的。因此，农村社区土地管理要综合各种情况，具有一定的复杂性。

三、农村社区土地管理的任务和内容

农村社区土地管理的任务可分为根本任务、基本任务和具体任务。我国是社会主义国家，土地是公有制，因此，农村社区土地管理的根本任务就是维护我国社会主义土地公有制。其基本任务是：贯彻和执行国家有关土地管理的法律、法规、方针、政策。最主要的是认真贯彻我国《土地管理法》和“十分珍惜和合理利用每一寸土地，切实保护耕地”的基本国策。农村社区土地管理的具体任务是：保护耕地，实现耕地总量的动态平衡，确保我国粮食生产安全；促进农村社区土地管理体制改革，以更好地促进农村社区土地管理；深入宣传土地管理的相关法律、法规，加大执法力度，强化农村社区居民的法律观念；做好农村社区土地管理的各项工作。

农村社区土地管理的内容包括以下内容。

1. 地籍管理

地籍管理是农村社区土地管理的基础。它是指为取得地籍的相关资料而进行的诸如土地调查、土地登记、土地统计、土地分等定级等一系列的土地行政工作。农村社区地籍管理的对象是农村集体所有的土地，国营农、林、牧、渔等地。根据现阶段我国的国情和农村社区土地管理的需要，又可将地籍管理分为土地调查、土地登记、土地统计和土地分等定级。

土地调查是指调查土地的数量、质量、利用情况、权属状况等。根据土地调查的侧重点不同，又可分为土地利用现状调查、土地资源调查、土地条件调查和地籍调查。土地利用现状调查，是指对一定范围内的土地面积、分布、利用情况和土地权属的调查。土地资源调查，是指对以土地的自然性状和社会性状为主，现在和将来能为人们利用的，在一定条件下能够产生经济价值的土地的调查。土地条件调查，是指对土地的土壤、植被、气象、水文、地形等自然条件和经济、文化等社会条件的调查。地籍调查，是指对土地权属的调查。

土地登记是指国家依照相关法律规定对土地的面积、用途、等级、权属、价格等登记造册，核发证书的制度，它是国家用以确认对土地所有权、使用权的有效措施。农村社区土地登记又可分为初始土地登记和变更土地登记。

土地统计是利用数据库形式反映土地的数量、质量、面积、分布、权属、利用状况，并进行全面系统的整理和分析的一种土地管理措施。农村社区土地统计又可分为初始土地统计和年度土地统计或日常土地统计。

土地分等定级是指对土地的自然条件（包括气候、水文、土壤、植被、地形等）和与土地利用情况有关的社会条件等进行综合鉴定，并根据鉴定结果将土地分成不同等级。

2. 土地利用管理

农村社区土地利用是农村社区居民在生产生活中，通过利用土地的特性来满足其需要的过程，包括土地的规划、开发、使用、保护等。在土地利用的过程中，对土地利用保护的程度将直接影响其开发利用的效果和土地利用的长期性。因此，土地利用管理是农村社区土地合理利用的重要保障。它是指国家为实现有限土地资源的合理利用，通过采用经济、行政、法律、技术等手段来调整土地利用结构、布局和方式的一种管理活动。它包括土地利用规划、土地整治与保护、土地利用监测管理、土地利用监督检查管理等。

土地利用规划是指根据农村社区发展的需要和当地的自然、经济、社会条件，在国家政策和农村社区指导下，对土地的合理利用的管理活动。包括土地利用总体规划、土地开发规划、土地整理规划、土地复垦规划、土地保护规划等。

土地整治与保护是在土地利用过程中，为更好地实现土地的价值和更高地创造效益而对土地进行的整理、治理和保护等活动，包括土地整理、土地保护、土地治理、土地复垦等。

土地利用监测管理是在土地利用过程中，有关部门对土地利用情况进行的各项监测，包括土地利用类型的变更、农用地专用的范围和数量、土地质量的变化、土地生态环境的变化、未利用土地开发的数量等。

土地利用监督检查管理是在土地利用的过程中，主管部门依据有关法律、法规和政策及土地规划，对土地使用情况进行的监督检查，包括是否按土地规划内容使用土地、是否闲置或浪费土地等。

3. 耕地保护管理

耕地保护管理是指有关部门依据相关法律、法规、方针、政策，结合土地利用总体规划对耕地实施保护的管理活动。耕地保护是关系到我国经济和社会全面协调可持续发展的战略性问题，因此，耕地保护管理是农村社区土地管理内容的根本所在。

四、加强农村社区土地管理的意义

我国农村人口占全国人口的 2/3 的基本国情决定了土地问题将是我国现代化进程中最重大的问题。加强农村社区土地管理，是认真贯彻落实科学发展观，确保国民经济持续健康发展和维护当前改革发展良好局面的当务之急。

第一，加强农村社区土地管理，是我国基本国情的需要。据统计，截至 2008 年 1 月 1 日，我国有 13.862 8 亿人口。国土资源部公布的 2008 年全国土地利用变更调查结果显示，截至 2008 年 12 月 31 日，全国耕地面积为 18.257 4 亿亩，人均耕地面积 1.32 亩。世界人均耕地面积为 2.88 亩，我国人均耕地面积仅占世界人均耕地面积的 45.8%。而且由于耕地占用、生态破坏等各种原因，我国耕地面积在逐年减少，而人口数量却依然呈逐年上升趋势，使我国人地矛盾更加突出。

1998—2004 年我国耕地面积减少情况　　单位：万亩

年份	年末实有耕地面积	年内新增耕地面积	年内减少耕地面积	建设占用	灾毁耕地	生态退耕	农业结构调整	年内净减耕地面积
1998	129 642.1	309.4	570.4	176.2	159.5	164.6	70.1	261.0
1999	129 205.5	405.1	841.7	205.3	134.7	394.6	107.1	436.6
2000	128 243.1	603.7	1 466.0	63.3	61.7	762.8	578.2	962.4
2001	127 615.8	265.9	893.3	163.7	30.6	590.7	108.3	627.3
2002	125 929.6	341.2	2 027.4	196.5	56.4	1 425.5	349.0	1 686.2
2003	123 392.2	343.5	2 880.9	229.1	50.4	2 237.3	364.1	2 537.4
2004	122 444.3	345.6	1 146.0	145.1	63.3	732.9	204.7	800.3

资料来源：2005 中国农业发展报告。

第二，加强农村社区土地管理，是确保我国粮食安全的需要。13 亿人口的吃饭问题是我国的头等大事。粮食产量的多少直接决定于耕地面积的大小。近年来，由于耕地面积的不断缩小，使粮食播种面积也随之缩小，并最终导致粮食产量降低。而我国人口正以逐年递增的趋势发展。用不断减少的粮食养活逐年增加的人口，这显然是矛盾的。因此，确保我国粮食生产安全，就必须以保护耕地为基础，而我国的耕地主要分布在农村，可见，加强农村社区土地管理是十分必要的。

第三，加强农村社区土地管理，是维护社会稳定和国家长治久安的需要。在我国还尚未建立起覆盖城乡的社会保障体系之前，土地不仅仅是必要的生产资料，它还是农村社区居民的生存保障。现阶段，大量耕地由于各种原因被征用、占用，导致很多农民失去了赖以生存的土地，随着外出务工就业形势的严峻，这些失去土地的农民成为了无土地、无工作、无社保的“三无农民”。若让此现象继续发展下去，必然会影响我国的社会稳定和国家的发展。因此，必须要加强农村社区土地管理，以确保我国社会稳定。

第四，加强农村社区土地管理，是贯彻落实科学发展观、促进国民经济又好又快发展的需要。目前，我国正处在国民经济高速发展的黄金时期。在经济发展过程中，会不可避免地占用一些土地。但是近年来，建设占用、滥用耕地现象严重。据国土资源部统计，2004 年全国建设占用耕地 217.6 万亩。并且有些地区建设占地的增长速度还高于经济增长的速度，更严重的导致有些农村社区面临无地可用的危险。这样的经济发展显然不是科学的、可持续的发展，更不是健康的发展。因此，在保证经济又好又快发展的同时，也要加强农村社区土地管理，全面贯彻落实科学发展观。

第二节　农村社区土地管理制度的演变

一、新中国成立初期的土地管理（1949—1953 年）

新中国成立初期，我国农村实行的是“农民所有，农民经营”的土地私有制。这一时期土地管理的主要任务是没收官僚买办和地主的土地，废除地主阶级封建剥削的土地私有制，建立新的农民土地所有制。1950 年 6 月 28 日，中央人民政府委员会第八次会议通过了《中华人民共和国土地改革法》。规定了国有土地种类和土地征收、没收、分配及特殊土地问题的处理。规定“所有没收和征收得来的土地和其他生产资料，除本法规定收归国家所有者外，均由乡农民协会接收，统一地、公平合理地分配给无地少地及缺乏其他生产资料的贫苦农民所有”。经过这次土地改革，全国大多数地区都进行了土地清丈、划界、定桩、登记、颁发土地证等工作。经过这次土地改革，迅速提高了农民的生产积极性，1952 年，全国粮食总产量达到 16 392 万吨，创造了历史最高水平。

二、人民公社化时期的土地管理（1953—1978年）

这一时期土地制度改革的目的是将个体农民的土地所有制改造成为社会主义集体所有制。先后经历了互助组、初级社、高级社，最后建立了人民公社制度。1953年12月，中共中央发布了关于发展农业生产合作社的决议，由此，农业的社会主义改造全面展开。按照中央计划“在第一个五年计划内即到1957年，全国农业生产合作社应争取发展到80万个左右，参加农户应争取达到农村总户数的20%左右”。到1955年夏季，初级社已发展到65万个，入社农户1 690万户，约占全国总农户数的15%。在初级社中，土地等生产资料仍旧归农民和私人所有，并没有改变农民对土地的私有关系，但使用权由个人使用变为集体共同使用，形成了土地“农民所有、集体经营”的土地所有制结构，这是土地制度的重大变革。

1956年，我国开始了大规模的高级农业生产合作社建设。1955年，全国人大常委会通过的《农业生产合作社示范章程草案》第17条规定：“社员的土地必须交给农业生产合作社统一使用，因为农业生产合作社组成的基本条件，就是把社员分散经营的土地联合起来，加以合理的和有计划的经营。社员所有的藕池、鱼塘、苇地等特殊土地，如果面积比较大，不宜于个人经营，经过本主同意，也可以由合作社统一经营。为了照顾社员种植蔬菜或者别的园艺作物的需要，应该允许社员有小块的自留地。社员每户自留地大小，应该按照每户人口的多少和当地土地的多少来决定，但是每口人所留的土地至多不能超过全村每口人所有的土地的平均数的5%。”1956年6月，全国人大通过的《中华人民共和国高级农业生产合作社示范章程》规定：“入社的农民必须把私有的土地和耕畜、大型农具等主要生产资料转为合作社集体所有。社员私有的生活资料和零星的树木、家禽、家畜、小农具、经营家庭副业所需要的工具，仍属社员私有，都不入社。社员土地上附属的私有水塘、井等水利建设，随着土地转为合作社集体所有。农业生产合作社应该抽出一定数量的土地分配给社员种植蔬菜。分配给每户社员的这种土地的数量，按照每户社员人口的多少决定，每人使用的这种土地，一般不能超过当地每人平均土地数的5%。社员原有的坟地和房屋地基不必入社。社员新修房屋需用的地基和无坟地的社员需用的坟地，由合作社统筹解决，在必要的时候，合作社可以申请乡人民委员会协助解决。”这一时期，我国农村实行的是土地“集体所有、集体经营”的所有制结构。

1958年8月，中央发出了《关于在农村建立人民公社问题的决议》，到11月初，全国农村基本实现公社化。全国74万多个农业生产合作社被合并改组为2.6万个人民公社，加入公社的有1.2亿农户，占全国农户总数的99%以上。把原来高级社拥有的土地和其他生产资料无偿地转归公社所有，由公社统一支配，全公社的劳动力则按军事编制归公社统一调配；在经营制度上，采取由公社统一经营、统一分配和统负盈亏的办法。这种不合理的制度严重影响了农民的生产积极性，阻碍了农业生产的发展。1959 年 2 月，中共中央通过了《关于人民公社管理体制的若干规定（草案）》，确立了农地以生产队所有制为基础的体制，实行队为基础，分级管理。同年 11 月，中央发出了《关于农村人民公社当前政策问题的紧急指示信》，明确提出人民公社应当建立“三级所有，队为基础”的制度；在确立以生产队为基本所有者的同时，也赋予了生产队下属的生产小队小部分所有权。1962 年 9 月，中共中央第八届十中全会正式通过了《农村人民公社工作条例修正草案》规定：以生产队为基本核算单位 30 年不变，再一次强调“三级所有、队为基础”的农地所有制；同时，重申农民家庭可以拥有自留地，自留地比例一般占生产队耕地面积的 5%～7%。

三、改革开放以来的土地管理（1978 年至今）

十一届三中全会后，广大农村干部群众的思想得到解放，一些地区的农村进行了“包产到组、包干到户”的实践，并取得了显著的效果。1980 年 9 月召开的省、市、自治区党委书记座谈会，讨论农村政策问题。会议对包产到户的意见是“区别不同地区、不同社区采用不同的方针。在边远山区和贫困落后的地区，可以包产到户，并在一个较长的时期内保持稳定”。这样，包产到户就取得了合法的地位。1981 年，全国掀起了“双包”的热潮，到 1982 年 6 月，全国实行农民家庭承包的生产队已占 86.7%。同年 12 月 31 日，中央政治局讨论通过《当前农村经济政策的若干问题》的文件，取消了对包产到户和包干到户的限制，并明确指出：“分户承包的家庭经营只不过是合作经济中的一个经营层次，是一种新型的家庭经济。”1983 年 10 月 12 日，中共中央、国务院发出《关于实行政社分开，建立乡政府的通知》。从此结束了长达 25 年的政社合一的人民公社制度，为我国农业发展和农村土地管理走向现代化扫除了制度上的障碍，取而代之的是充满生机和活力的家庭联产承包责任制。此后的时期，我国农村实行的是土地“集体所有，家庭经营”的所有制结构。

改革开放后我国农村土地管理主要出现了以下几个新变化。

1. 土地管理机构的设立

我国自 1954 年撤销内务部地政司后，一直缺乏统一的土地管理机构。1986 年，中共中央、国务院《关于加强土地管理制止乱占耕地的通知》中明确指出：“为了加强对全国土地的统一管理，决定成立国家土地管理局，作为国务院的直属机构”。并于同年 8 月 1 日成立了国家土地管理局，县级以上地方人民政府也相继成立了土地管理局，乡（镇）政府也成立了土地管理所或专门的土地管理员，作为依法统一管理全国土地的职能机关，同时制定了相应的部门规章，如《土地登记规则》、《土地统计报表制度》等。自此，全国自上而下的土地管理机构体系形成。1998 年 3 月 10 日，九届人大一次会议第三次全体会议表决通过关于国务院机构改革方案的决定。根据这个决定，由地质矿产部、国家土地管理局、国家海洋局和国家测绘局共同组建国土资源部。下设了国家土地总督察办公室、政策法规司、调控和监测司、规划司、耕地保护司、地籍管理司、土地利用管理司等部门。这样通过部门细化，使我国的土地管理更加全面化、系统化。

2. 土地调查工作的开展

1984 年，《国务院批转农牧渔业部、国家计委等部门关于进一步开展土地资源调查工作的报告》指出，"准确的人口和土地数据资料，是编制国民经济计划、制定有关政策的重要依据。目前我国人口已经查清，而土地的家底还不完全清楚。为此，国务院决定进一步开展土地资源调查工作，请各地区、各有关部门按照报告的部署和要求，加强对土地资源调查工作的领导，认真做好这一工作"。此后，农牧渔业部根据需要开展了土地调查。开展土地调查工作，对解决我国农村社区的土地纠纷、确定土地权属、稳定社会生产关系都起到了积极作用。

3. 土地利用规划的发展

为了维护土地的社会主义公有制，经济合理地利用土地，防止村镇建房乱占滥用耕地。1982 年 2 月，国务院颁布《村镇建房用地管理条例》第 3 条规定："……村镇建房必须统一规划、节约用地，凡能利用荒地的，不得占用耕地；凡能利用坡地、薄地的，不得占用平地、好地、园地；凡是能就地改造的，应充分利用原有的宅基地和村镇空闲地。"自此，村镇规划在全国各地普遍展开。做好土地利用规划，使我国农村社区土地得到更好地利用，并有效地保护了耕地。

4. 土地管理相关法律、法规的健全

1986 年 6 月，全国人大颁布了《土地管理法》。这是我国自新中国成立以来第一部较为全面系统的土地管理方面的法律。《土地管理法》对土地管理的目的、基本制度、土地的所有权和使用权、土地利用和保护、建设用地及对上述内容的监督检查和法律责任等做了详细的规定，并于 1988 年和 1998 年两次修改并颁布新的《土地管理法》。这样，就对我国的土地管理工作提供了法律依据和保障，使土地管理真正走上了法制化轨道。此后，我国有关土地管理的法律、法规、政策日益健全。

第三节 农村社区土地流转的管理

一、我国农村社区土地流转的现状

由于我国农村土地属农村集体所有或国家所有，农民只享有土地的承包经营权，因此，我国农村社区土地流转是指土地承包经营权的流转，并不包括土地归属关系的流转。

1. 我国农村社区土地流转的基本概况

自20世纪80年代以来，我国农村社区社员承包地流转比例基本保持在1%～8%之间，其中，西部地区土地流转水平较低，发达地区土地流转水平较高，有的地区可达30%以上。1992年到2003年，土地流转面积从1 161万亩增加到5 400万亩，11年间增长了3.65倍。由下表可以看出，2003年广东、江苏、湖南、安徽4省平均土地流转比例在9.325%，但土地流转规模在不同省份间又有差异。广东的土地流转比例相对较高，安徽的土地流转比例相对较低。二者相差近十个百分点。这是由于经济较发达省份的工业化、城镇化水平较高，第三产业发展相对于其他省份较快，从而为农村社区居民提供了相对较多的非农就业机会，大大降低了其对土地的依赖程度。这样，就加快了当地农村社区土地的流转。截至2008年，全国农村社区土地流转面积已超过1亿亩，占全国农村社区土地承包面积的8.7%。可见，我国农村社区土地流转呈现加快趋势。

2003年广东、江苏、湖南、安徽4省土地流转调查状况

地区	流转耕地占耕地面积比例（%）	土地流转形式及土地流转面积比例（%）						农户与农户流转比例（%）	农户与企业流转比例（%）	流转户占承包户的比例（%）
		转包	转让	互换	入股	租赁	其他			
广东	14.4	30.0	4.8	2.0	30.6	28.3	4.3	61.5	38.5	25.3
江苏	12.1	45.0	9.2	4.1	15.4	22.4	3.9	73.1	26.9	23.0
湖南	6.3	65.0	13.0	3.0	6.0	10.0	3.0	85.0	15.0	18.5
安徽	4.5	59.0	14.0	7.0	3.5	14.0	2.5	76.0	24.0	14.3

资料来源：梅福林："我国农村土地流转的现状与对策"，载《统计与决策》，2006年第19期。

2. 我国农村社区土地流转的方式

我国《农村土地承包法》第32条和第49条分别对土地流转作了不同的规定，即"通过家庭承包取得的土地承包经营权可以依法采取转包、出租、互换、转让或者其他方式流转”；“通过招标、拍卖、公开协商等方式承包农村土地，经依法登记取得土地承包经营权证或者林权证等证书的，其土地承包经营权可以依法采取转让、出租、入股、抵押或者其他方式流转”。其中共规定了转包、出租、互换、转让、入股、抵押六种土地流转方式。《农村土地承包法》中所说的“其他方式流转”，并没有明确规定，理论和实践上都还处在不断的探索中。在研究和实践中出现了继承、赠与、信托、联营等流转方式，有些地区还出现了委托代耕、竞价承包、反租倒包、股份合作制等土地流转方式。近年来，我国农村社区在土地流转方式上不断出现新的尝试，2008 年，在四川省成都市农村产权交易所，出现了全国首例以电子竞拍方式成交的土地流转项目。

由上表可以看出，在 4 省份中，以转包方式进行土地流转的比例最大，以互换的方式进行土地流转所占的比例最小。在经济较发达的省份，土地流转的方式较为多样化，转包、入股、出租等方式较为多见。在经济发展较为落后的省份，土地流转的方式较单一，主要是采用转包，而且在农户与农户之间流转的比例较大。这主要是由经济发达程度决定的。经济相对较为发达的省份，乡镇企业较多，农户与企业之间的流转占了一定的比例。在经济发展相对较为落后的省份则相反。根据 2002 年上半年的统计，在各种流转形式中，转包约占农户承包地流转面积的 50%，转让约占 11%，互换占 7.58%，出租占 17.88%，入股占 5.71%，其他形式约占 10%。

3. 现阶段我国农村社区土地流转存在的主要问题

随着工业化、城镇化的快速发展，城乡发展不平衡已成为突出的矛盾，农村在基础设施、公共服务、社会保障等方面严重滞后于城市。农村社区土地流转也存在很多问题。

第一，农民观念陈旧，严重制约着农村社区土地流转。我国农民人口数量占总人口数量的 2/3，长期以来，农民对土地已经产生了深厚的感情，有“恋土”情结，土地是农民的“命根子”，土地就是他们的生活保障，没有了土地就没有了保障。这导致了即使是外出务工的农民工，宁愿将土地撂荒，也不愿意流转。这样的陈旧观念，严重阻碍了我国农村社区的土地流转。然而，从另一个角度来看，农民的陈旧观念是在我国没有建立覆盖城乡的社会保障机制状态下的一种理性反映。

第二，村级组织违背农民意愿，强制农民进行土地流转。中共中央于 2001 年下发的《中共中央关于做好农户承包地使用权流转工作的通知》中明确规定：“土地流转的主体是农户，土地使用权流转必须建立在农户自愿的基础上。在承包期内，农户对承包的土地有自主的使用权、收益权和流转权，有权依法自主决定承包地是否流转和流转的形式。这是农民拥有长期而有保障的土地使用权的具体体现。任何组织和个人不得强迫农户流转土地，也不得阻碍农户依法流转土地。”我国《土地承包法》第33条第1款规定：“平等协商、自愿、有偿，任何组织和个人不得强迫或者阻碍承包方进行土地承包经营权流转；……”虽然我国的法律法规对土地流转主体有严格的规定，但现实中由于城市建设和非农用地需求的增加，一些基层政府和村级组织受利益驱使，随意撤销或变更农民的土地承包合同，强迫其进行土地流转，擅自做主将土地向外发包。这严重阻碍了我国农村社区土地流转的正常进行。

第三，基层金融机构支持力度不够，阻碍农村土地流转。众所周知，土地流转需要大量的资金注入，如果没有资金支持，农村土地流转只能是纸上谈兵。然而现阶段，我国基层金融机构对农村土地流转的支持力度还远远不够。一方面，我国基层涉农的金融机构主要是农业银行、农村信用合作社和邮政储蓄银行。而这三家金融机构针对农民的信贷品种又主要是农户小额信用贷款、农户联保贷款和担保贷款三种。[1] 我国银监会规定，发达地区小额信用贷款额度可提高到10万～30万元，欠发达地区可提高到1万～5万元，允许用于传统农业生产的小额贷款跨年度使用；对生产经营周期较长的贷款，期限可延长至3年。[2] 土地流转后，大都成为规模经营，而规模经营品种存在着多样性。例如，果树的生长期多为4～5年，果农在3年的还贷期限内大多无力偿还贷款。另一方面，土地流转后，由于农村规模经营扩大，农业风险自然随之增大。我国目前在基层设立保险公司的只有中国人寿保险公司和中国人民保险公司。而这两家保险公司又由于农业风险的不固定性而几乎未设农业保险的险种。这对于农村土地流转市场的建立是极为不利的。

第四，农村土地流转市场体系不完善，土地流转缺少中介组织。我国农村土地流转市场能够正常运转的前提条件是有一个健全的市场体系。而现阶段，土地流转的市场体系尚不健全。首先，土地市场中介组织数量少，无法打破地区和阶层的局限，阻碍了土地流转信息的发布，造成流转信息严重不对称，从而减少了土地流转的机会；其次，缺少统一的土地评估标准。在现有的土地承包经营权流通的过程中，由于缺少统一的价格评定标准和等级评定标准，致使很多农民的利益受损。此外，我国土地信托机构、土地保险服务机构等都还尚未发展起来。

---

[1] 解洪文：“改进农村金融服务支持”，载“新浪网”，http：//finance. sina. com. cn/leadership/mroll/20090408/20466078458. shtml。

[2] 佚名：“中国银监会放宽农村小额贷款额度和期限”，载“中央电视台网”，http：//news. cctv. com/financial/20070808/101903. shtml。

二、国外土地流转的经验借鉴

1. 美国

美国是当今世界最发达、最具代表性的实现了现代农业的国家。美国土地面积 9 161 923 平方千米。其中，公有土地和印第安人保留地仍占土地面积的 40%以上。需要指出的是，这些土地中有近 60%的土地或者是难以开发的，或者是沙漠和山地，或者是处于军事目的被占用的。因此，在美国的公有土地中，可开发的部分是极其有限的。相反，私有土地在美国占据主要地位。约占美国土地总面积的 58.2%。美国法律保护公有土地和私人土地的所有权不受侵犯，允许土地自由买卖和出租。

早在独立战争后，美国就推进土地流转，其措施有：① 划小地块。美国 1780 年通过土地法把最低出售地块面积降为 320 英亩，1804 年又减至 160 英亩，以利于农民购买。② 采取信贷政策支持农民购买土地。1780 年的《土地法令》规定购买者可获得为期四年的信贷，1804 年又规定农民头期可以只付 40 英亩的土地价。③ 降低地价。1796 年地价为 2 美元/英亩，1804 年降到 1.4 美元/英亩，1820 年则为 1.25 美元/英亩。通过上述措施，大大刺激了土地的购买。

目前，家庭农场是美国农业生产经营的基本单位。美国政府采用信贷支持、政策引导、利息调节、价格补贴等经济手段，通过各种优惠政策，鼓励诱导家庭农场规模的适度扩大。在土地流转过程中，一般不涉及土地的所有权，而大多是土地使用权和经营权的有偿转让。[1] 为吸引外资，美国政策允许外国人也可以到美国购买土地。美国土地流转的主要目的是扩大农场规模，优化生产要素组合，以运用先进的科技和管理。其土地流转程序简单，一般是政府与家庭农场通过签订契约的形式来实现。若是私有土地之间买卖，在双方自愿签订协议之后，只需向政府缴足规定的税金，进行注册登记即可。

2. 日本

日本是一个典型的人多地少的发达国家，因此，其土地流转制度就显得尤为重要。日本现在形成了以农地私有为主，小规模家庭占有、合作化经营、社会化服务的农业经营体制。目前，日本全国土地 65%私有，其余 35%为国家和地方公共团体所有。其现有的农业经营体制是通过如下的改革实现的。

明治维新使日本走上了资本主义道路，并对土地制度进行了改革。1868 年废除村社土地所有权，宣布土地私有，取消土地不得买卖和农民不能自由种植的禁令。在明治维新后，农村形成了半封建的土地制，农村中佃农和半自耕

---

[1] 华彦玲，施国庆，刘爱文：“发达国家土地流转概况”，载《新农村》，2007 年第 2 期。

农组成的地主土地达到土地面积的40%以上。

第二次世界大战后，日本在1946—1950年进行了彻底的“农地改革”。其主要内容是：由国家强制收买地主超过规定标准的土地，并以低廉的价格转卖给原佃农或者其他无地、少地的农民耕种。“农地改革”在日本农村确立了自耕农制度，即农民小土地所有制。1950年还颁布了《农地法》，规定了农户拥有土地的最高限额和出让土地的最高限额。在这次“农地改革”中，为防止土地的过度集中，《农地法》严格限制土地所有权的流转，规定自有土地在3公顷以下的农户才有买地权。土地买卖必须经都、道、府县知事严格审查批准才能进行。这严重制约了农地规模的扩大。

1961年，日本政府颁布《农业基本法》，强调放宽对农地占有的限制，鼓励农地转移。1970年，政府提出了“综合农政”，通过放宽对农地租佃关系的限制来促进农地所有权与经营权的分离，倡导以租赁为主要方式的规模经营。1980年颁布《农用地利用增进法》以促进土地经营权的流动，推进经营委托、作业委托和合作农业组织的发展。1993年，日本议会又修改《农地利用增进法》，改称《农业经营基础强化促进法》，进一步加大对农地流转和农地保护的力度。

3. 英国

英国的土地产权制度是建立在私有制的基础之上的，包括土地所有权和土地保护权。英国的全部土地在法律上都归英王或国家所有，拥有土地所有权。国王将土地分给功臣和国民，给予其土地保护权。因此，英国的农业一直是以佃农制为基础。

谈到英国的土地流转，自然要想到英国的圈地运动。圈地运动是中世纪在欧洲发生的较为普遍的现象。但就其规模、时间和影响而言，英国的圈地运动最典型，也最具代表意义。

大约在十四、十五世纪，随着生产率的提高，一些农民愿意将自己零星分散的土地进行交换或者买卖，加以圈围。这样，其土地可以离居住地更近，并且可以按照自己意愿种植作物。这实际上已经是某种意义上的圈地。

15世纪末期以后，随着英国毛纺织业的快速发展，对羊毛的需求数量日益增加，使得养羊业成为最有利可图的生产部门。于是那些贵族和庄园主便大肆圈地，从事养羊业。圈地运动起初只涉及公用的林地、草地、沼泽地等，后来扩展到农户的耕地。这使得许多贵族和庄园主从中获取了大量的收入。但还有一部分受益者，就是一些富农。当农户持有的优良土地被圈占而只能得到劣质的土地时，富农就趁机把这些劣质的土地买过来，扩大了自己的土地面积。另外，随着一些租契持有农户的租期到期，手中的土地被收回，这些土地又流转到富农手中。[1] 这样，他们将买来和租来的土地合并，就形成了较大的农场。

在1945年以后，农场主的地位逐渐提高，他们取得了越来越大的安全租佃权，并形成了实际意义上的终身租佃制。英国政府为扩大农场规模，促进土地流转，出台了一系列政策以支持大农场，排挤小农场。1967年修订的《农业法》规定：合并小农场政府提供所需费用的50%，对愿意放弃经营的小农场主可以发给2000英镑以下的补助金，或者每年发给不超过275英镑的终身年金。[2] 在政府的政策、市场竞争和农业技术改革的共同作用下，英国的土地流转速度加快，农场数量逐渐减少。

4. 印度

印度与中国是世界上最大的两个发展中国家，两国具有很大的相似性，如人口众多、都是农业大国等。因此，研究印度的土地制度对我国农村社区的土地流转管理具有极大的借鉴意义。

印度实行的是土地私有制。印度的土地私有制度是有上限的，即户均不能超过多少面积，但是仍然有很多的家庭通过把土地分别登记在家庭不同成员名下等办法，拥有很多土地。目前，印度有43%的农户家庭不拥有土地或者拥有半英亩以下的土地，而完全没有土地的农户一直占1/4左右。

印度农业经济的特点是封建的、个体的和资本主义的经济成分并存，小农经济占绝对优势，农户的经营规模较小。在取得国家独立后，印度进行了自上而下的土地改革，主要内容有：① 取消中间人地主。印度独立后，北方邦于1950年首先制定了取消中间人地主的立法，随后其他邦也相继出台了类似的立法。主要内容有：由国家付出赎金征收中间人地主的土地，并将其所有权分配给佃户，规定地租数量并规定地主不得驱逐佃户，农民耕种6年取得永佃权，允许佃农购买土地等。② 改革租佃制度，废除大土地所有制，由政府规定地租数量以保障租佃关系，通过补偿的办法接管大地主的部分荒地、森林和耕地，有偿分给耕种者。[3] ③ 实施个人土地最高持有限额。规定限额以外的土地由政府征收并分配给无地或少地的农民。可分为两个阶段，第一阶段从1960—1972年，各邦都制定了关于土地限额的立法，限额标准很不一致，最低的为9公顷左右，最高的为16公顷左右。1972年以后为第二阶段，1972年7月，各邦首席部长在新德里举行会议讨论土地限额问题，会上通过了一项

---

[1] 吕晔，白莹："简论英国圈地运动对我国当前土地流转的启示"，载《农村经济》，2004年第1期。

[2] 华彦玲，施国庆，刘爱文："发达国家土地流转概况"，载《新农村》，2007年第2期。

[3] 李博婵：《农村土地管理一本通》，中国社会出版社，2006年版，第117～121页。

“知道原则”。要求各邦降低土地最高限额，按每户 5 口人的标准实践，并把土地限额的立法列入宪法。[1] 但这一举措并未得到很好的落实。

在 20 世纪 60 年代后，印度进行了一场旨在提高农村土地生产率的绿色革命。在这场革命后，印度土地关系中的重大变化就是租地市场的变化和部分租佃性质的改变。在商业化程度较高的旁遮普、古吉拉特邦，在新农业条件下，投资条件较好的大土地所有者为了扩大经营，就从缺乏资源的小所有者那里租进土地，这与传统的租佃方式（由佃农向大土地所有者租佃土地）有质的区别，属于资本主义的租佃方式。虽然还有些大土地所有者继续出租土地给小佃农耕种，但是出租者已不满足于收取单纯的约定租额，而是与佃农就投入与产出分成都做了安排，佃农必须遵守出租者的决定。1985—1986 年美国学者希拉·芭拉对安德拉邦 4 个区 5 个村庄的调查表明，佃农耕种的土地要比所有者耕种的多，前者平均为 9.61 英亩，而后者仅为 5.95 英亩。这些村庄出租土地的往往是小所有者，而租进土地的往往是资本主义型大农，他们租进土地主要是为了提高有效经营面积以获得更多利润。传统的大地主、小佃农模式逐渐减弱。有的研究者将租地市场的这种新趋向称为“向上出租”。[2] 这是在农业新技术条件下，由于市场力量推动，对土地资源进行重新配置的一种方式。

三、我国农村社区土地流转的政策建议

现阶段，我国农村社区的土地流转还处在初级阶段，有待发展和健全。针对我国的特殊国情，借鉴国外土地流转的先进经验，提出如下政策建议。

第一，继续完善农村社会保障制度。首先，要建立覆盖全体农民的最低生活保障制度。将农民依靠土地作为保障转移到依靠社会保障制度，可以较好地改变农民生老病死都依赖土地的现状，从而弱化土地在农村的保障性功能。其次，要在最低生活保障的基础上，考虑设立一些有针对性的社会保障项目，如对于外出的农民工可以设立养老、工伤、失业保险等，对于老弱病残等设立养老、医疗、生育等保险。这样，建立起全面的社会保障机制，可以大大减轻农民的负担，从而解除农民土地流转的后顾之忧。

第二，健全相应的法律法规，加大普法力度。通过健全相应的法律法规，为农村社区土地流转市场化提供更好更完备的法律支持，使农村社区土地流转进入真正的法制化轨道。如 2007 年颁布并实施的《物权法》将土地承包经营

---

[1] 孙培钧：“印度土地改革”，载“中国百科网”，http：//www.chinabaike.com/article/316/religion/2008/20080102112414.html。

[2] 金永丽：“绿色革命后印度土地关系的新变化”，载《鲁东大学学报（哲学社会科学版）》，2007 年第 3 期。

权确定为用益物权，是第一部规定土地承包经营权的物权属性的法律。这就为维护农村社区土地承包经营权人的合法权益，促进农村社区土地流转提供了法律依据。然而，仅仅这部法律还远远不够，要使农村社区土地流转顺利进行，还要继续完善有关土地流转的法律法规。例如，取消现行《农村土地承包法》第 37、41、42 条对以家庭承包方式取得的土地承包经营权流转所做的特别限制性规定，以及第 26 条第 3 款承包方转为非农业户口发包方可以收回承包地的规定；放宽《农村土地承包法》第 40 条关于以家庭承包方式取得的土地承包经营权的互换主体——承包方必须是同一集体经济组织的规定；明确规定通过家庭承包方式取得的土地承包经营权可以抵押；取消《土地管理法》第 43 条集体所有土地流转为建设用地应先转为国有土地的限制性规定。[1] 通过对上述法律的完善，必将使我国农村土地流转更具有可操作性，农民进行土地流转的积极性会更高。此外，还要加大农村社区的普法力度，使农民认识到依法进行土地流转的重要性，明确土地流转的程序等，以维护农民的合法权益。

第三，加大基层金融结构对土地流转的支持力度。借鉴美国采取信贷政策支持农民购买土地的经验，我国农村社区土地流转按照“产权明晰、用途管制、节约集约、严格管理”的原则来进行。金融部门要密切配合“用途管制”的土地流转原则来进行机构的设置、信贷产品的设计。首先，针对当前农村土地流转贷款多以土地承包经营权作为抵押的情况，要建立健全土地承包经营权的抵押登记制度和价值认定，避免因此出现法律上的纠纷。其次，可以适度扩大贷款额度，降低贷款利率，并根据实际情况延长还款期限。如针对果苗的生长期限相对较长的特点，可以适度延长还款期限为 5～7 年。再次，针对土地流转后的“离土不离乡”的农民，可以设置多种类的贷款品种，如对农副产品加工类的订单式贷款，即农民接到订单后，凭借订单可到银行贷到相应数额的款，这样，可以尽快地帮助这些农民致富。最后，要加大对农业保险的投入，保险公司应根据农业的实际情况，研究出适销对路的保险产品，如产前、产中和产后保险等。尽量避免因农业风险给农民造成的巨大损失，从而加大农民参与土地流转的热情。

第四，健全农村土地流转市场体系。健全农村土地流转市场体系，关键是完善农村土地中介组织和土地定级与价格评估机构。首先，建立土地流转信息服务站，为土地承包经营权双方提供洽谈场所，建立土地流转信息库和信息网，以便及时发布土地流转信息。其次，聘请专业的土地流转师，以指导签订规范的土地承包经营权流转合同，逐步使土地承包经营权流转工作走上规范管

---

[1] 韩志才：“健全土地承包经营权流转市场”，载《池州学院学报》，2008 年第 4 期。

理的轨道。最后，政府应综合考虑土地纯收益和农民最低生活保障金来制定土地价格标准，根据土地纯收益与承包费的差额来确定土地承包经营权流转费。[1]

阅读延伸材料

浙江省加强农村社区建设土地利用管理的对策与措施

浙江省在农村社区土地管理中，重点做好四个环节的工作。

(1) 做好土地利用总体规划与村镇规划衔接，加快农村社区建设规划。在节约集约利用、内涵挖潜的原则下，对农村社区建设用地数量与类型进行科学预测，合理规划农居点的数量、布局和规模，保障合理的农村建设用地，做好建设用地预留，特别是农村的饮水安全、农田水利、乡村道路、能源等基础设施建设以及教育和卫生等公共事业用地的保障。通过土地利用规划，引导村民尽量在闲置地上建房，改善村庄内部环境，在布局上控制村庄的位置和规模，达到农村土地的优化配置。

(2) 加快编制宅基地整理规划，加大宅基地整理力度。宅基地整理规划是指导开展宅基地整理工作的基础，是解决村庄散、小、乱问题的有效途径，通过"撤并自然村，整治空心村，建设中心村，改造城中村"，建设农村社区。在宅基地整理规划编制中，要以土地更新调查成果为基础，开展对农村宅基地利用情况的调查，核查全省农村村内宅基地空闲地、闲置的老房等可以盘活的存量土地资源和需自然村撤并、需退宅还耕的土地资源的数量及分布状况。同时，做好与地质灾害防治、搬迁避险工程、下山脱贫工程的结合。

(3) 完善宅基地使用管理的法律制度，积极推进宅基地流转。进一步完善宅基地使用管理的法律制度，针对农民宅基地空置率高的现象，分别探索制定农民宅基地退出激励机制以及对宅基地建设违法现象，按不同情况采取惩罚措施等。

(4) 探索农村土地承包经营权的流转机制，促进农业土地规模经营。在稳定完善农村土地承包关系的基础上，探索实施统分结合的双层经营体制，按照"依法、有偿、自愿"的原则，依法有序、积极稳妥地推进农村土地承包经营权流转，以实现农业规模经营，提高农业生产力。农民可以把承包土地使用权当做一种财产权留在手中，保障自己最基本的土地权益，同时将土

[1] 韩志才："健全土地承包经营权流转市场"，载《池州学院学报》，2008年第4期。

地耕作经营权按经营的需要转包、出租给其他的农业生产者，获取土地经营收益。

摘选自：张月英："对农村社区建设中土地管理问题的思考"，载《浙江国土资源》，2007 年第 9 期。

第十章

农村社区治安管理

治安管理是农村社区管理的重要内容之一，是对社区的社会秩序和人民生命财产安全依法进行管理的活动。它具体包括农村社区秩序管理；群体性治安事件管理；户口管理；民用危险物品管理；特种行业管理；道路交通安全管理；消防管理等。重视农村社区治安管理，是保持农村地区社会秩序安定的需要，是促进农村地区各项建设顺利进行的前提和重要保障。

第一节　农村社区治安管理概述

一、农村社区治安管理的含义、主体和内容

治安，“治”即管理、处理，“安”即安全、安定。治安管理，即公安机关依照国家法律、法规，依靠群众，运用行政手段，维护社会治安秩序，保障社会生活正常进行的行政管理活动。[1]

农村社区治安管理，是指国家公安机关为维护农村社区的社会治安秩序，保护农村社区居民的人身财产安全，协同行政、司法机关以及社区内群众性自治组织，对农村社区依法进行管理，保障社区安全的行政管理活动。

农村社区治安管理的主体，包括国家公安机关、基层政府组织以及群众性自治组织三类。其中，国家公安机关的范围包括基层公安局、派出所、特警队、交通队、消防队等；基层政府组织，即乡镇党委、政府；群众性自治组织，如村民委员会，农村治安保卫委员会，农村人民调解委员会，农村治安巡防组织等。

农村社区治安管理的内容，即管理对象，具体包括农村社区秩序管理、群体性治安事件管理、户口管理、民用危险物品管理、特种行业管理、道路交通安全管理、消防管理等。

---

❶ 陈合权等主编：《治安管理学》，中国人民公安大学出版社，2007 年版，第 1 页。

1. 农村社区秩序管理

农村社区秩序管理主要是指对扰乱农村社区正常的社会秩序，妨害社区内居民正常生活，损毁社区内公共场所设施等的违反犯罪行为依法进行管理的行政活动，如社区内的集贸市场、公园、活动场所等人们经常聚集和活动的地方，也是各种违法犯罪行为容易发生的地方，这就要求管理主体必须加强对这些场所的监督，杜绝黄赌毒、宣扬封建迷信等违法犯罪行为，净化社会风气，维持社区正常秩序。

2. 群体性治安事件管理

群体性治安事件是指一定数量的人基于某种共同目的或利益，自发集合起来并违反法律、法规，对政府管理和社会安定造成不利影响的事件，如非法集会、阻塞交通、围堵政府、聚众闹事等行为。在我国，由于贫富差距的拉大导致各种社会矛盾凸显，农村社区成为群体性治安事件的高发区。据有关资料显示，2006 年 1 月至 9 月，全国共有 38.5 万人次农民参与群体性事件，居各类参与人员之首。[1] 所以，群体性治安事件日益成为农村社区治安管理的一项重要内容。

3. 户口管理

户口管理是指户口管理机关依照相关法律和政策，收集、确认和提供公民身份、亲属关系、法定住址等人口基本信息的国家行政管理活动。[2] 农村社区户口管理工作包括户口登记、户口迁移、户口调查、户口档案、户口统计、居民身份证管理、流动人口管理、人员卡片管理等。

4. 危险物品管理

危险物品是指具有杀伤、爆炸、剧毒、易燃易爆等性质的物品，如枪支、弹药、各种管制刀具、危险化学物品等。对危险物品的管理包括两个方面：一是加大对农村社区危险物品的管理，从生产、销售、使用等各个环节进行严格管理和控制，将其危害降至最低；二是要增强村民的安全防范意识，安全生产，安全使用，避免因盲目造成的人身财产损失。

5. 道路交通安全管理

道路交通安全管理是指公安机关交通管理部门为了维护道路交通秩序，预防和减少交通事故，保护人身安全，保护公民、法人和其他组织的财产安全及其他合法权益，提高通行效率，依照《道路交通安全法》等道路交通法律法规，对人、车、路、交通环境等所进行的各种组织管理活动的总和。[3] 农村社

[1] 参见：《中央社会治安综合治理委员会 2006 年第二次会议公报》。

[2] 刘振华等主编：《新编治安管理教程》，中国人民公安大学出版社，2007 年版，第 89 页。

[3] 刘振华：《农村社区社会治安防控体系研究》，中国人民公安大学出版社，2008 年版，第 153 页。

区道路交通安全管理的内容主要包括：车辆管理、机动车驾驶员管理、路面安全设施管理、交通秩序管理、交通事故管理、交通安全教育等。

6. 消防管理

消防管理主要是指公安机关消防管理部门依法对消防技术、手段、设施，以及火灾发生后有效进行救助的管理活动。

二、农村社区治安管理的特征

农村社区治安管理的特征包括区域性、法律性、综合性与广泛性、群众性和强制性。

1. 区域性

农村社区治安管理的区域性，是指它是一定地域范围内的治安管理活动。不同的社区存在人口密度、人口素质、生活方式、地理环境、民风民俗等方面的差异，使社区治安管理工作呈现很强的区域性特征。主要表现为以下几个方面。

第一，不同的区域特点对社区治安的内容与工作重点提出了不同的要求。我国幅员辽阔、人口众多，各地的区域特点十分突出。比如，同城市相比，农村具有人口较为稀疏、经济欠发达、交通不便、人口素质较低等特点，这使得农村社区治安管理工作在任务实施和活动开展上具有较高的难度，在管理水平和工作效率的提高上具有一定的困难。

第二，不同的区域特点使社区治安问题的表现形态有所差异。[1] 如在沿海地区，治安问题往往表现为走私活动较为突出；在经济贫困、文化落后、信息封闭、交通不便的地区，治安问题往往表现为封建迷信活动猖獗、宗族势力抬头、拐卖人口问题严重；在普通城市和经济发达的地区，治安问题又往往表现为经济犯罪、黄赌毒等违法犯罪行为。

第三，农村社区的区域性特点是处于动态的变化过程，这使得农村社区治安管理也具有动态性，随着社区实际情况的不断变化而改变。尤其是随着城市化进程不断加快，农村的经济、文化等都发生了巨大变化，农村社区治安工作也应进行及时调整，以适应新环境的要求，满足现实需要。

2. 法律性

农村社区治安管理的法律性，是指社区治安活动是一定区域内的一种行政执法活动。社区治安的这一属性主要表现为如下。[2]

首先，社区治安的职权是国家赋予并以法律规定和确认的。社区治安是国

[1] 汪大海等主编：《社区管理》，中国人民大学出版社，2005 年版，第 202 页。

[2] 贾征等主编：《社区治安与综合治理》，中国社会出版社，2005 年版，第 13 页。

家管理中对社会治安秩序的专门管理。管理的根本目标，是维护和巩固体现统治阶级意志并符合统治阶级需要的社会治安秩序。为了保证这一目标的实现，国家赋予社区治安部门一定的职权，并以法律、法规的形式规定和确认。新中国成立以来，国家颁布了一系列的治安管理法律、法规，这些法律、法规规定了社区治安的职责和权力。国家授予社区治安的权力主要有：宣传教育权、行政管理权、使用武器警戒权、治安处罚权、监督检查权、使用秘密力量权等。社区治安管理就是使用这些权利来对治安秩序实施管理。

其次，社区治安活动的实质是对法律、法规的贯彻、执行和运用。社区治安的各种管理活动，包括社区治安主体内部的管理，都是以社区治安法律、法规为依据。社区治安法律、法规明确规定了社区治安的职能、任务、手段和作用；规定了人民群众在社会治安方面的权利和义务以及行为规范；规定了社区治安中专项业务管理的职责范围、管理对象、管理的方式和要求；规定了治安处罚的程序、种类、界限以及某些限定条件。因此，社区治安活动的实质是对法律、法规的贯彻执行，在社区治安的实际工作中，法律、法规又是实施管理的一种手段。

再次，社区治安的主体也要用法律、法规约束自己的行为。社区治安部门和公安干警是社区治安的主体，但是在实施管理的全部活动中也要用法律、法规约束自己的行为。例如，在行使警察职权时，必须按照法律、法规的授权范围，不能超越职权，更不能滥用职权。在行使治安处罚权时，必须严格按照法律程序办事，必须“以事实为依据，以法律为准绳”；在采取治安强制措施时，必须与法律的限定条件相吻合；在实施具体管理工作中，不能发生与法律、法规相违背的行为等。

3. 综合性与广泛性

农村社区治安管理的综合性，是指社区治安的领导力量、管理手段和管理方法都具有综合性。领导力量的综合性是指，社区治安管理工作必须在乡镇党委、政府的统一领导下，以基层公安机关为管理主体，协同村民委员会、农村治安保卫委员会、农村人民调解委员会、农村治安巡防组织等群众性自治组织，共同进行管理。在进行管理时，必须综合运用行政、经济、法律、教育等多种管理手段，采取打击、预防、教育、管理、建设、改造六项管理措施，综合发挥作用，共同完成维护社区治安的任务，达到促进社区和谐发展的最终目的。

广泛性，主要是指农村社区治安管理内容的广泛性，体现在农村社区治安管理的范围、对象以及管理方式上。从农村社区治安管理的范围和对象来看，既有对人的管理，又有对物的控制；既有对农村社区行业、场所的管理，又有对农村社区治安案件、群体性事件和治安灾害事故的预防和查处。从治安管理手段上来看，既有被动式的治安管理手段，又有主动式的治安管理手段。从治安管理的方式上来看，既有公开的管理，又有秘密的控制。由此可见，农村社区治安管理的范围、对象和方式的广泛性，就决定了农村社区治安管理工作是一项十分广泛而复杂的专门管理工作。❶

4. 群众性

农村社区治安管理的群众性，是指治安工作对群众具有很强的依赖性。从整体上来说，群众既是社区治安的客体，又是社区治安的主体。社区治安是一个复杂的社会问题，需要全社会力量的积极参与和支持，因此，群众性是农村社区治安管理工作的一个重要特征。其主要表现如下。

第一，群众是农村社区治安的主体力量，农村社区居民及居民自治组织是农村社区治安管理主体的一部分。做好社区治安管理工作，必须依靠社区群众，坚持群众路线，充分调动社区群众的积极性。新中国成立后的社区治安实践充分证明，发动、依靠、组织群众参加社区治安，是搞好社区治安管理工作的重要保证。村民委员会、农村治安保卫委员会、农村人民调解委员会、农村治安巡防组织等都是群众性自治组织，在农村社区治安管理的实际工作中共同发挥着重要作用。

第二，群众互动是解决社区治安问题的重要保证，也是衡量社区风气好坏的晴雨表。社区治安事件的发生偶发性强，时效要求高。这就要求社区居民都要怀着一颗爱心和同情心，都要有是非善恶观念，及时伸出援手帮助受害者，谴责和惩治邪恶，以减少灾害和祸害损害的程度，形成良好的社会风气。因此，社区群众的互相援助是解决农村社区治安问题的重要保证。❷

第三，社区治安效能很大程度取决于群众的支持。群众对违法犯罪活动的态度和行为表现以及群众的自治意识，是社区治安效能的反映。在维护社区安全中，各级各部门制定了许多制度和行为规范，但这些制度、规范只有建立在广大群众自觉遵守的基础上才能充分发挥作用。在社区治安过程中，警察职能的发挥更离不开群众的支持和帮助。❸

第四，社区群众的高度满意是农村社区治安管理工作追求的最终目标，也是检验和评价这一社区治安状况的最高标准。因此，农村社区治安管理工作者必须依靠群众，尊重群众的意愿，以群众满意为标准，听取群众意见，关心群众需求，解决群众的热点难点问题，得到群众的支持和认可，获得群众满意。

---

❶ 刘振华：《农村社区社会治安防控体系研究》，中国人民公安大学出版社，2008 年版，第 149 页。

❷ 娄成武等主编：《社区管理学》（第二版），高等教育出版社，2006 年版，第 246 页。

❸ 汪大海等主编：《社区管理》，中国人民大学出版社，2005 年版，第 204 页。

第二节　农村社区治安管理的基本任务与组织机构

一、农村社区治安管理的基本任务

第一，建立健全农村社区治安管理体系。由于农村社区的覆盖面较广，社区居民的素质较低等多方面原因，农村社区治安管理也具有一定的复杂性，治安管理的内容几乎涉及日常生活的各个方面。农村社区治安管理体系是农村社区各个治安管理主体的组织体系及其职责权限划分。农村社区治安管理是一项按照一定原则和科学规划进行的管理活动，当前，必须建立健全与社会主义市场经济体制相适应的农村社区治安管理体制和运行机制，坚持党的领导、政府指导和社会参与相结合，明确规定管理主体、管理客体的权责及义务，以及各管理主体之间的关系，也就是在乡镇党委、政府的统一领导下，农村社区治安管理主体各司其职，齐抓共管。基层公安机关在维护农村社区治安秩序中发挥骨干作用。在此基础上，村民委员会、农村治安保卫委员会、农村人民调解委员会、农村治安巡防组织等共同配合，协调发展，并动员和组织农村社区内人民群众广泛参与，维护社区的社会治安秩序。

第二，打击各种刑事犯罪行为和行政违法行为。依法严厉打击各种刑事犯罪行为和行政违法行为，是农村社区治安管理的重要内容之一。农村社区与城市社区不同，各种治安案件的发生地不太集中，使得公安机关在侦破各种刑事案件和行政案件时的执行力度更大。而且，农村社区刑事犯罪出现许多新的特点，如经济犯罪增加，犯罪日趋集团化，青少年犯罪比例增高等，都给农村社区治安管理带来新的挑战。农村社区内的行政违法行为，主要是指违反社会治安管理处罚条例的行为，包括扰乱社会秩序、妨害公共安全、侵犯公民人身权利、侵犯公司财产，尚不构成刑事处罚而应当给予治安管理处罚的行为。[1] 针对这些现象，农村社区治安管理主体首先要建立起能够有效预防农村社区各种刑事犯罪、行政违法行为发生的预警机制，严格各项管理，采取措施进行全方位、多层次的防预，预防和减少犯罪的发生。

第三，做好农村社区青少年犯罪的预防工作。青少年是国家和民族的希望，担负着振兴中华民族、建设社会主义现代化的重任。近年来，青少年犯罪的比例不断上升，引起了全社会的关注。据有关资料显示，以 2003 年为例，广西刑事案件作案成员 64％为农村人口，查处治安案件违法人员 71.5％为农

---

[1] 娄成武等主编：《社区管理学》（第二版），高等教育出版社，2006 年版，第 251 页。

村人口。其中，刑事案件作案成员中的农村人员，81%为农村地区青少年。[1]随着近年来进城务工人员不断增多，农村社区内青壮年人口的流动量增大，社区内基本上只剩老人和小孩。这些青少年因得不到正确及时的知识教育和心理辅导，有的就走向犯罪的道路。针对这种情况，农村社区内的各种管理组织，应全面做好青少年犯罪的预防工作。首先，社区学校要在全面实施素质教育的基础上，做好学生的心理引导工作，帮助学生合理安排课余时间；其次，对社区内或社区周围的各种娱乐服务场所进行严格管理，杜绝一切对青少年成长构成威胁的有害现象的产生；最后，要重视青少年的心理健康问题，学校、外出务工的家长应及时监督，发现青少年有心理问题时，及时给予正确辅导，做好青少年的心理咨询和引导工作，防止他们思想偏差，走上犯罪道路。

第四，对农村社区居民进行治安宣传教育。农村社区治安宣传教育，是指农村社区的有关单位、组织乃至家庭，运用多种文字符号载体和传播方式，积极主动的向农村社区群众传递法律法规、安全防范知识以及各种社会治安信息，引导农村社区群众全面了解社区内社会治安状况，使之不断提高安全防范意识和遵纪守法水平，并积极参与农村社区社会治安防范工作。

根据宣传教育的内容，农村社区治安宣传教育可分为法制宣传教育和治安防范知识宣传教育。法制宣传教育，是通过法律宣讲、法律咨询、法律援助等有效形式向农村社区居民灌输法律知识，使其达到知法、守法、用法、护法的要求，树立遵纪守法的观念，养成依法办事的习惯，最终实现提高其法律素质的目的。法制宣传教育，能够促使农村社区居民自觉参与社区治安管理，打击和减少各种违法犯罪行为的发生，促进农村社区治安管理环境的正常运行，保障社区安定，促进各项事业的顺利发展。

治安防范知识宣传教育的内容主要是：国家关于“四防”等安全防范工作的方针、政策、法规和制度；各地安全防范工作的经验和教训；治安防范基本知识和技能等。通过治安防范知识宣传教育，使农村社区人民群众了解各类违法犯罪的现状和特点，增强对各种违法犯罪行为的识别能力和紧急处理能力，并掌握治安防范的必要知识和基本技能，提高治安防范的能力。查阅全国各地先进农村社区的管理经验，在加强农村社区居民治安防范知识宣传教育方面，有的村民委员会编印了《家庭防盗十要》、《治安防范须知》等宣传材料，以通俗易懂的方式，向村民宣传教育，收到了很好的效果。

第五，防范灾害事故发生。治安灾害事故，主要是指因行为主体故意或过失，违反治安管理相关的法律、法规等造成的重大人身伤亡或经济损失，破坏社会秩序和社会安定的一种灾难性事故。社区内的治安灾害事故，主要包括与

---

[1] 胡卓萍等：《广西农村社会治安问题研究》，广西人民出版社，2006年版，第11页。

居民生活有关的煤、气、电引发的灾害；公共娱乐场所因管理不善引发的灾害；由自然灾害引发的人员伤亡和财产损失事故；对无行为能力或限制行为能力人员管理失控引发的灾害等。目前，农村地区的治安灾害事故有火灾、矿难、道路交通安全事故和中毒事故等。这些治安灾害事故，不仅直接影响农村社区人民群众的生命财产安全和社会稳定，而且也给社会大众造成一定程度上的心理恐慌。因此，防范灾害事故发生，是农村社区治安管理的重要内容之一，公安机关、相关组织必须采取措施予以预防、控制和查处。一方面切实采取措施，做好防范工作；另一方面对已经发生的治安灾害事故，要依法及时进行处理。

第六，加强重点部位和特殊人员的管理。加强重点部位和特殊人员的管理，主要是指对有可能危害国家安全或社会安定的人员进行管理。这些人员包括失足青少年、刑满释放人员、有违法犯罪可能但未造成实际伤害的人员以及流动人口。

做好对这些人员的管理工作，需要做到几下几点：① 了解具体信息。通过走访调查和个别谈话等形式，了解这些人员的基本信息，如家庭状况、社会关系、犯罪原因等，为进一步工作做好准备。② 帮助教育。对失足青少年和刑满释放人员进行心理咨询和辅导，帮助其找到引起行为偏差的心理症结，用科学方法引导他们逐步实现心理转变，克服各种障碍，鼓励他们重新融入社会，开始新的生活。并成立帮教小组，对它们进行定期教育和辅导，防止他们重新违法犯罪。③ 及时疏导。对因矛盾纠纷激化可能铤而走险或有闹事行凶苗头的，要积极做好疏通引导工作，调解纠纷，缓解矛盾；对确有犯罪迹象的，要对其进行严密控制；对经教育疏导后仍准备实施违法犯罪活动的，要依法采取强制措施，避免违法犯罪的发生。④ 做好流动人口的管理工作。主要内容包括：加强对房屋出租户和用工单位的管理；成立流动人口管理服务机构，努力为外来人口提供各种服务；加强对流动人口的法制宣传和教育，提高他们的法律意识和法制观念，增强他们遵纪守法的自觉性。[1]

二、农村社区治安管理的组织机构

1. 公安机关在农村社区治安管理中的责任

在农村社区治安管理工作中，公安机关下属的公安派出所，是进行农村社区治安管理的主体，代表上级公安机关开展工作。公安派出所的基本任务是，管理辖区的社会治安，维护公共秩序，预防和制止违法犯罪行为和治安灾害事故的发生，保障公民合法权益，保卫现代化建设的安全。具体而言，公安派出

[1] 汪大海等主编：《社区管理》，中国人民大学出版社，2005 年版，第 206 页。

所的社区治安工作可归纳为以下几项。[1]

第一，治安管理是公安派出所最基本的任务。公安派出所要依据国家治安管理法规和上级公安机关有关规定，通过公开的行政手段，对公共场所和重要地区的治安秩序进行管理，对旅馆、刻字、旧货业等特种行业的管理，对民用危险物品和违禁品的管理，对违反治安管理行为和治安案件的管理，对户口和居民身份证的管理。此外，它还要掌握和控制社会动态，维护社区正常的社会治安秩序，保障公共安全。

第二，预防违法犯罪行为、治安灾害事故和群体性治安事件的发生是公安派出所的主要任务。这里所说的预防，就是说在违法犯罪行为、治安灾害事故和群体性治安事件发生之前，主动采取措施，消除违法犯罪、治安灾害事故和群体性治安事件的各种因素和条件，从而达到控制和减少违法犯罪、治安灾害事故和群众性治安事件的目的。

第三，打击犯罪是公安派出所的重要任务。公安派出所要通过各种治安管理手段，并根据上级公安机关授权运用某些侦查手段，掌握材料，为公安机关在不同时期开展的各种专项斗争提供打击对象和重点；要主动深入群众开展调查研究，挖掘辖区内的犯罪分子；要通过掌握的人口情况，为侦查人员提供侦破线索；要协助上级公安机关侦查涉及辖区内的大案、要案，为上级公安机关提供所需的环境和条件，完成上级公安机关交给的任务。

第四，为群众排忧解难是公安派出所义不容辞的责任。群众路线是公安工作的法宝，是我国治安工作的一大特色，所以，公安派出所必须走群众路线。为了更好地发动群众、依靠群众，公安派出所要发扬和学习“人民警察爱人民”的优良传统，积极开展以“爱民、利民、便民、助民、不扰民”为主题的爱民活动，主动解决群众的实际困难；要端正工作态度，纠正警察队伍中的不正之风，严格纪律，树立人民警察在人民群众中的威信。

2. 乡镇党委、政府在农村社区治安管理中的责任

农村社区治安管理工作中，公安派出所、村民委员会等各种组织，都要在乡镇党委、政府的统一领导下开展工作，所以，乡镇党委、政府在农村社区治安管理中首先起着领导作用。具体包括：一是权力领导，乡镇党委和政府在农村社区治安管理中通过权力领导本区域治安管理，对本区域的社会治安工作进行统一部署，统筹解决社会治安问题；二是政策指导，党和国家的政策可以保证农村社区治安管理工作沿着正确的方向发展；三是榜样引导，农村社区治安管理工作归根结底是人所进行的工作，无论是采取防范、管理措施，还是服务、处置等措施，最终要靠人来进行。而在农村社区治安管理主体的所有要素

---

[1] 王治英等：《社区治安与社会稳定》，中国劳动社会保障出版社，2001年版，第134页。

中，共产党组织和政府组织起着“脊梁”的作用。在农村社区社会治安状况不好、违法犯罪猖獗之时，更需要共产党员和国家干部挺身而出。[1]

其次，乡镇党委、政府的具体工作还包括：加强基层党政组织和治安组织建设，搞好群众性治安联防工作；加强集镇和农贸市场的治安管理；认真及时的疏导由宅基地、承包土地、山林、水利等引起的民事纠纷，防止矛盾激化酿成案件；大力开展社会主义法治教育和农村基层文化活动，移风易俗，取缔封建迷信、赌博等社会丑恶现象。[2]

3. 村民委员会在农村社区治安管理中的责任

村民委员会是基层群众性自治组织，在农村社区治安管理工作中，村民委员会也有重要的职责，具体包括：宣传宪法、法律、法规和国家的政策，对村民进行法制教育，教育和引导村民行使法律赋予的权利和履行法律规定的义务，维护村民的合法权益；及时调解民间纠纷，处理矛盾，促进村民之间、农村社区之间的团结互助；开展多种形式的社会主义精神文明建设活动，最大限度地消除不安定因素；协助维护社区内的社会治安秩序，协助公安部门安置教育刑满释放、解除劳教的人员，防止其重新违法犯罪；及时真实地向上级政府反映社区内人民群众的意见和建议，做到民主管理，维持社区稳定。

4. 农村治安保卫委员会在农村社区治安管理中的责任

农村治安保卫委员会，简称农村治保会，是设置在基层的群众自治性的治安保卫组织。其职责具体如下：对村民进行法制宣传和教育，帮助其增强法制观念和安全防范意识；组织群众开展治安巡逻、安全检查等群防群治工作，落实防盗、防火、防破坏和防其他治安灾害事故的安全防范措施；及时向政府及公安机关反映敌情动态和有可能危害社区治安的民间纠纷和闹事苗头，并协助政府和有关部门做好教育疏导工作；对有违法犯罪行为的人进行帮助、教育、监督、考察；协助公安机关保护作案现场，积极提供破案线索，对现行违法犯罪分子进行控制或扭送公安机关；协助公安机关管理人口、租赁房屋，协助公安派出所申报出生、死亡、迁出、迁入登记和人口统计以及居民身份证管理，向政府及公安机关反映群众对社会治安管理工作的意见、建议和要求。[3]

5. 农村人民调解委员会在农村社区治安管理中的责任

人民调解是由人民调解委员会根据国家相关法律、法规和政策以及社会公德，对民间纠纷进行调解，使纠纷双方相互谅解，自愿达成协议，化解纠纷的活动。2002 年，我国司法部颁布实施的《人民调解工作若干规定》第 3 条规

---

[1] 金其高：《中国社会治安防控》，中国方正出版社，2004 年版，第 132 页。

[2] 张兴杰主编：《社区管理》，华南理工大学出版社，2007 年版，第 293 页。

[3] 张兴杰主编：《社区管理》，华南理工大学出版社，2007 年版，第 293 页。

定："人民调解委员会的任务是：调解民间纠纷，防止民间纠纷激化；通过调解工作宣传法律、法规、规章和政策，教育公民遵纪守法，尊重社会公德，防止民间纠纷发生；向村民委员会、居民委员会、所在单位和基层人民政府反映民间纠纷和调解工作的情况。"为了及时科学的处理矛盾，调解民间纠纷，人民调解委员会必须在一定原则的指导下开展工作。这些原则包括依法调节、自愿平等和尊重当事人的诉讼权利。同时，调解人员必须遵守严格的工作纪律，不得徇私舞弊，对当事人进行打击报复，泄露当事人的隐私。

6. 农村治安巡防组织在农村社区治安管理中的责任

农村治安巡防组织，是在农村基层政府指导下，由村委会或农村基层单位组建的治安联防队、治安巡逻队等不同形式和称谓的群众性治安防范组织，是协助公安机关预防和打击违法犯罪活动、维护农村地区社会治安秩序的重要力量。农村治安巡防组织的主要任务是通过值勤、巡逻等方式，协助公安派出所预防和制止违法犯罪活动，维护农村社区的社会秩序。其具体职责包括：协助公安人员堵截通缉、通报的各类违法犯罪嫌疑人；协助公安人员清理收容流浪露宿、乞讨人员、精神病人员；协助公安机关及有关部门对被政法机关裁决的缓刑、假释、监外执行、保外就医、管制等违法犯罪人员，进行定期考察、谈话教育工作；对有扰乱治安管理行为但情节轻微者进行劝阻教育，对不服教育或情节严重需要处理的，送交公安机关处理；积极参加抢险救灾等维护社会、群众安全的工作，帮助群众排忧解难；协助公安机关做好外来人口管理工作。[1]

第三节 农村社区治安的综合治理

一、农村社区治安综合治理的基本原则

农村社区治安综合治理，是指在乡镇党委、政府的统一领导下，以农村治安管理主体为主，动员全社会力量，依靠广大人民群众，运用政治的、经济的、法律的、社会的、文化的、教育的等多种手段，从根本上预防和减少违法犯罪，维护农村社区社会秩序，为农村各项事业发展创造良好的治安环境。为此，农村社区治安综合治理必须遵循下列原则。

1. 依法治理原则

该原则包括两个方面：第一，加强农村社区治安立法工作，使农村社区治安管理有法可依。由于农村社区治安管理工作具有一定的复杂性，而目前的法

[1] 张兴杰主编：《社区管理》，华南理工大学出版社，2007 年版，第 295 页。

律、法规无法解决所有的治安管理问题，因此，必须加强对农村社区治安管理工作的立法工作，制定专门性的法律、法规，协调所有相关法律、法规之间的关系，形成一致观点，给管理部门提供准确坚实的法律基础，切实保证农村社区治安管理工作有法可依。第二，农村社区治安管理的指导思想，要建立在依法保护社区内人民群众的合法权利的基础上；因管理需要而制定的有关社区治安的各项规定和措施，要符合国家法律、法规以及政策的基本要求；在农村社区治安的实际管理工作上，要体现法律、法规的严肃性，有法必依，依法办事，维护国家法律、法规的尊严。

2. 管理与服务相统一原则

所谓管理是指农村社区治安管理部门依法运用治安行政管理权，对职责范围内的社会治安要素进行行政规制、许可、监督、强制、处罚等执法行为，是履行国家治安行政职能的活动。所谓服务是指治安管理作为国家公共行政管理，奉行立警为公、执法为民的服务宗旨，为国家建设服务、为社会发展服务、为人民大众服务、为纳税人服务。管理与服务的关系是：以管理为手段，以服务为目的。农村社区治安管理工作应贯彻管理与服务相统一的原则。这一原则在农村社区治安管理中体现在三个方面：[1] 第一，农村社区治安管理部门要端正执法思想，淡化权利观念，树立服务意识。公安机关治安管理部门应树立严格依法履行职责的观念、法律面前人人平等的观念，尊重和保障人权的观念，强化证据意识、程序意识、权限意识和自觉接受监督的意识，严格依法行使职权和履行职责。第二，要严格管理、文明管理。农村社区治安管理部门应严格执行治安管理法律法规和规章制度，严密各项治安管理措施和方法，严肃处理各种治安问题，通过严格管理切实起到预防作用。治安管理部门在严格管理的同时，还应做到文明管理。第三，强化科学管理。农村社区治安管理应适应党和国家对农村社区治安管理工作的要求，以科学理论为指导，加快实现三个转变，即实现由控制型管理向服务型管理的转变，实现由全能型管理向有限型管理的转变，实现由审批型管理向效能型管理的转变，从而达到对农村社区科学管理、服务广大农村人民群众的目的。

3. 专群结合、群防群治原则

农村社区治安管理工作中的专群结合，是指在乡镇党委、政府的领导下，实行专门机关与群众路线相结合，即公安机关与广大人民群众相结合，做好各项治安防范工作。群防群治，是指在乡镇党委、政府的领导下，充分发动和依靠人民群众，由群众进行自防自治，预防和打击各种违法犯罪行为的活动。专

[1] 刘振华：《农村社区社会治安防控体系研究》，中国人民公安大学出版社，2008 年版，第 161 页。

群结合、群防群治的原则，要求农村社区治安管理部门在履行职责的同时，充分遵从群众路线的要求，充分发动和依靠广大人民群众，共同完成治安管理任务。如果不注重与群众相结合，不走群众路线，就会失去同广大人民群众的联系，难以调动群众的积极性，进而无法顺利完成治安管理的工作任务，也就无法保障农村社区的治安稳定和良好社会秩序。

4. 预防为主、保障安全原则

预防为主，是指对于农村社区存在的各种刑事犯罪和行政违法行为、治安灾害事故以及群体性治安事件，要重在预防，避免其发生，而不是事后处理和补救。保障安全，是指开展农村社区治安管理的各项工作时，要将安全放在首位，包括人身财产安全、社区环境安全等。在预防、制止和打击各种违法犯罪行为时，坚持安全第一，保障人身财产安全。因此，必须坚持预防为主、保障安全的原则。这就要求公安派出所及各种治安管理组织，必须首先牢固树立预防为主、保障安全的意识，并把这种意识充分彻底落实到农村社区治安管理的各项具体活动中。充分做好各项防范工作，发现问题时谨慎处理，避免重大案件、事件、事故的发生。

5. 以人为本原则

以人为本的原则，是指以人为最高目的的态度、方法和价值取向的原则。农村社区治安管理作为国家行政管理的重要组成部分，不是为管理而管理，其实质是为个人的自由和发展提供良好的社会环境。因此，在农村社区治安管理过程中，应充分体现人文关怀、人本精神、以人为本，加强对相对人的权利保障，注重相对人的主体地位。[1] 以人为本的原则要求农村社区治安管理工作应做到以下两点：第一，牢固树立以人为本的思想观念，将保护社区内居民的合法权益，为促进社区内居民的自由发展提供良好环境作为农村社区治安管理工作的基本价值取向。第二，在农村社区治安管理的具体工作中体现以人为本的原则。农村社区治安管理的各个管理主体，都应全面认真履行自己的职责，不相互推脱任务，不相互推卸责任，协同合作，共同维护农村社区的社会治安秩序，预防和打击各种违法犯罪行为，切实保护宪法、法律赋予公民的各项权利，保障社区内广大人民群众的根本利益。

二、现阶段我国农村社区治安中存在的不利因素

1. 农村社区劳动力大量流动

随着我国城市化进程的加快、中小城市的迅速发展，大量的农村剩余劳动

---

[1] 刘振华：《农村社区社会治安防控体系研究》，中国人民公安大学出版社，2008 年版，第 165 页。

力涌入城市，形成中国现代化进程中引人注目的特有现象——“农民工潮”。“农民工潮”虽缓解了农村社区剩余劳动力的巨大压力，但它在给流入地城市社会治安带来巨大冲击的同时，也给流出地农村社区的社会治安带来重大的影响。一方面，农村社区大量劳动力外流，其中绝大多数是有一定文化基础的青壮年农民，而社区内的剩余人口，则基本上是老弱病残者和儿童。由于人力资源的缺乏，农村社区治安管理的各项工作开展的难度加大，开展效果不理想，“四防”措施难以落实。由于留守人员文化素质较低，留守儿童的教育随之成为难题，这也是造成留守儿童缺乏正常的成长环境，身心成长不健康，甚至有的青少年因心理偏差走上犯罪道路的重要原因。另一方面，外出务工人员重新返回家乡，同时也带回了城市违法犯罪的相关讯息。由于城乡来往日益密切，其相互之间的影响也越来越大，城市中有关违法犯罪的途径、手段等不良信息极易传入农村，严重威胁农村社区的社会治安环境，给农村社区治安管理工作带来挑战。

2. 农村社区居民法律意识淡薄

由于经济水平较低、思想观念落后等原因，农村社区居民的文化素质较低，法律意识也相对淡薄。这主要表现在许多人不知法、不懂法，不能运用法律武器保护自己的合法权益；缺乏辨别是非的能力，容易受人挑唆和蛊惑，从事非法活动；遇到矛盾和纠纷首先想到的不是通过法律途径和正常渠道解决问题，而是恶意打击报复、意气用事，从而引发各种群体性治安事件和打架斗殴等刑事案件。这些都给农村社区治安管理工作带来困难，严重影响农村社区的社会治安。

3. 邪教组织影响不断

近年来，尽管邪教组织已得到有效遏制，但在一些经济文化比较落后、交通不便的边远山区以及基层政权组织相对薄弱的农村地区，邪教组织仍在频繁活动，并毒害群众，威胁着农村社会稳定。当前，在农村社区残余的邪教组织具有明显特点：一是制造教主崇拜。邪教教主无不冒充宗教神灵，大搞造神活动，制造出狂热的教主崇拜；二是精神控制。邪教教主通过灌输邪说，对信徒进行“洗脑”，使他们丧失独立思考、分辨是非的能力；三是宣扬神秘主义，散布迷信，反对科学。邪教教主往往利用信徒的愚昧无知和现代科学的局限性，宣扬神秘主义，吹嘘其超自然能力，愚弄坑害民众；四是非法聚敛钱财。邪教教主绝大多数都打着宗教的旗号，编造种种理由，非法聚敛钱财；五是仇视社会，敌视政府。邪教组织对社会和政府进行攻击批判，煽动敌视情绪，甚至企图伺机夺取政权。[1] 还有一些邪教组织打着祛病强身、积德行善的幌子，

---

[1] 刘振华：《农村社区社会治安防控体系研究》，中国人民公安大学出版社，2008年版，第109页。

经常深入到边远山区，对老弱病残者进行大肆宣讲，加大了查处难度。

4. 贫富分化成为农村社区治安问题的根源

改革开放以来，农村经济得到了迅速复苏和发展。乡镇企业的大力发展以及农村旅游业的逐渐兴起，给农村社区居民带来可观的经济收益。但是经济体制的转变，也带来了一些不利影响，如社会贫富分化。根据著名社会学家陆学艺教授的研究，我国农村阶层划分为八个层次，即农业劳动者阶层、农民工阶层、雇工阶层、农民知识分子阶层、个体劳动者阶层和个体工商户阶层、私营企业主阶层、乡镇企业主阶层、农村管理者阶层。[1] 在这些阶层中，农业劳动者阶层和农民工阶层处于农村社区人口的最底层，对美好生活的向往和现实生活的巨大反差，使他们对现实生活产生强烈不满，加之经常被克扣工资，缺乏各种保障，从而引发大量的社会治安问题，成为影响农村社区治安环境的不稳定因素。

三、农村社区治安综合治理的途径

根据当前农村社区治安中存在的不利因素，农村社区治安管理的各个部门、组织必须依照农村社区治安综合治理的各项原则，有计划分步骤地科学制定规划，选择最有效的农村社区治安综合治理的途径。

1. 完善农村社区治安管理的法律体系

完善的农村社区治安管理法律体系应是：形成以国家法律为依据、地方性法规与国家法律相衔接、政府行政规章与法律、法规相配套，以各主管部门的规范性文件为补充的社会治安管理的法制框架。具体要求如下。[2]

第一，根据农村社区治安管理的区域性特征，各地应在深入调查研究的基础上，在确保与国家的法律、法规精神一致的基础上，充分利用地方立法优势，将经过实践证明行之有效的治安管理的措施、规定和要求，通过制定政府规章、部门规范性文件等形式逐步加以完善，最终上升为地方性法规，使之更具权威性。

第二，将农村社区治安管理的制约监督机制纳入法制化轨道，即将农村社区各个治安管理主体在社区治安管理工作中应承担的职责，以法规和规章的形式进行分解和量化，明确违反规定的各项处罚办法，使之更具严肃性，使社区治安管理工作处于依法监督、检验、评估的工作状态。

第三，坚持将居民自治管理、政府行政管理和法制管理紧密结合起来，建立法制化的社区治安防范和管理体系。

---

[1] 陆学艺：《社会结构的变迁》，中国社会科学出版社，1997 年版，第 87 页。

[2] 娄成武等主编：《社区管理学》（第二版），高等教育出版社，2006 年版，第 268 页。

2. 强化农村社区治安责任体制建设

强化农村社区治安责任体制建设要做到以下两个方面。

第一，明确各管理主体的职责界定及其相互关系。农村社区治安管理的主体包括三类，即国家公安机关、基层政府组织以及群众性自治组织。其中，国家公安机关具体包括基层公安局、派出所、特警队、交通队、消防队等；基层政府组织，即乡镇党委、政府；群众性自治组织，如村民委员会，农村治安保卫委员会，农村人民调解委员会，农村治安巡防组织等。这些管理主体的职责界定及定位要明确，对于其中存在的职责相似的部分，要进行明确的说明，避免因职责界定不清引起的相互推诿。对于这些管理主体之间的相互关系，也要进行明确说明。农村社区治安管理各项工作的开展都必须在乡镇党委、政府的统一领导下，根据国家的相关法律、法规和政策精神，由基层公安机关主持开展工作，同时，必须要有各个群众性自治组织的协助，依靠广大人民群众，共同完成治安管理任务。广大人民群众对公安机关的工作进行全面监督，积极向政府部门反映意见、建议和要求，从而促使政府部门了解民情、民愿，督促领导公安机关及时改进技术和工作方法，更好地为农村社区治安管理服务，保障农村社区的治安环境和社区居民的人身财产安全。

第二，提高各管理主体的各项素质。对于农村社区治安管理的三类不同的管理主体，要分别加强其素质建设。政府部门要积极提高自身的科学素质以及决策能力，与时俱进，把握好农村社区治安管理工作总的前进方向。公安机关应提高自身的政治觉悟和职业素质，树立一切从人民的根本利益出发的观念，加强专业技术和治安设施的改进，真正发挥农村社区治安的中坚力量。各个群众性自治组织要积极提高自己的文化素质和法治意识，并积极宣传各项治安理念和日常治安防范知识，了解社区内居民的各种情况，做好与公安机关的配合工作，协助公安机关维持农村社区的社会治安秩序。

3. 加强农村社区的普法宣传与教育

加强农村社区的普法宣传与教育，主要是针对农村社区人员法律意识和法制观念淡薄而开展的，目的是通过各种群众喜欢容易接受的方式，向其宣传与生活密切相关的治安管理法律常识，使广大人民群众知法、懂法，并学会用法律武器保护自己合法权益，与不法行为作斗争，积极维护社区治安。农村社区的普法宣传与教育工作应采取多种形式，定期开展，这样才能取得良好效果。比如定期举办法律知识讲座、法律知识竞赛和法制演出进行宣传；利用标语、板报、宣传栏等进行宣传；播放法制电影、电视等进行宣传；组织法律工作者走进农村社区，宣传法制教育，进行模拟法庭表演；与法律专业的大学等建立联系，组织大学生走进农村社区，宣传法律知识，回答社区居民的问题，用法律帮助他们解决难题，理清纠纷等。这些方式既形象生动，容易得到农村社区居民的认可，又有效地宣传了基本法律知识，大大提高了农村社区居民的法律意识和懂法、用法的水平，为农村社区治安管理其他工作的开展提供了有利条件。

4. 积极创建安全文明农村社区

安全文明农村社区建设是指在基层社区范围内，由乡镇党委、政府统一领导，以基层公安机关为骨干，联合村民委员会、农村社区治安保卫委员会、农村人民调解委员会、农村治安巡防组织等群众性自治组织，各负其责，动员和组织农村社区内各方力量，齐抓共管，共同创建治安稳定、社会风气良好、环境优美、人民生活和乐的农村社区模式。

总结国内先进的安全文明农村社区建设经验，在此将创建安全文明农村社区的标准概述如下。[1]

第一，基层组织健全，群防群治形成网络。基层党支部和村委会班子团结有战斗力，综合治理领导责任制、目标管理责任制落实，工作制度健全，人员报酬落实。治保会、调解会、联防队、护村队以及帮教、监改小组等组织健全，作用发挥较好。

第二，社区治安防范措施落实。各种形式的义务联防、专职联防，包括交通沿线的联防形成制度并长期坚持；乡村企业配备治安保卫人员，仓库、财会室安装防盗门；有条件的居民住户安装报警、防盗装置；帮教、监改考察工作落实。

第三，有固定的法制宣传窗，开展经常性的宣传活动，完成普法年度的任务；村规民约健全，家喻户晓；村民的法制观念增强，青少年违法犯罪减少。

第四，暂住人口、外出务工经商人员、私房出租户管理工作规范化、制度化，教育管理措施得力；刑释解救人员帮教措施落实，重新犯罪率低于15%。

第五，社会风气良好，治安稳定。家庭和睦，邻里团结，见义勇为、助人为乐蔚然成风。刑事案件发生率下降，未发生重大灾害事故。村民对治安的满意率达80%以上。

第六，环境优美。无脏乱差现象，无垃圾乱堆放现象，无牲畜栏乱建问题。引导和帮助农民切实解决住宅与畜禽圈舍混杂问题，搞好农村污水、垃圾治理，改善农村环境卫生。

---

[1] 刘振华：《农村社区社会治安防控体系研究》，中国人民公安大学出版社，2008年版，第137页。

阅读延伸材料

湖北省襄樊市柿铺乡建立农村社区治安联防点的成功探索

柿铺乡位于襄樊市中心区的郊区地带，全乡共有8个自然村、63个组，分布相对紧凑。2006年，柿铺乡街道办事处（原乡政府）为进一步加强社会治安综合治理工作，推进平安建设深入开展，维护辖区社会政治稳定，特在本乡8个自然村的重要路段和路口设置了29个治安联防点，由点到面，形成治安防护网络，以打造“平安柿铺、法制柿铺”。治安联防点，以1间小平房为据点，实行5户联防守夜盘查制度，即每次守夜由五户家庭各抽出1名代表参与到治安联防工作当中，主要是守夜盘查夜晚23:00到次日凌晨3:00之间过往的行人。依次类推，下次守夜联防工作由另外五户组成。五户联防组织人员守夜工作时必须做到佩戴袖标（标语“社区治安联防人员”），配备木棒（用于自卫）、手提灯、喇叭，在治安联防点及附近区域守夜盘查巡逻，实行排班轮值。为切实提高治安防范工作的科技含量，整合现有人防、物防、技防资源，特在29个治安联防点的韩洼村及樊丹路（国道）两旁的扬帆纺织公司、东大化工公司、市五水厂、楚花乐园等5个区域进行了视频监控技防单位的试点建设，并在技防单位设立监控室，选配1～2名监控操作人员（包括专职人员和非专职人员），实行24小时全天候值班，规范各类工作台账和资料，建立健全考评、考核制度，并自觉接受派出所监督、指导。农村社区的视频监控系统建设计划用3年完成，2006年完成30%，2007年完成60%～70%，2008年年底实现视频监控系统全覆盖，推动“平安柿铺”建设向纵深发展。

摘选自：王华华：“农村社区治安建设中存在的问题及发展对策”，载《安徽农业科学》，2007年第6期。

第十一章

农村社区服务

社区服务也是农村社区管理的主要内容。农村社区的服务就是指在村民自治委员会领导下 ，以农村社区中的各村落为依托，具有社会福利性的社区公共性服务活动。其主要内容是为村民提供老年人服务、残疾人服务、便民服务、文体服务、卫生服务、治安服务、科技和信息服务等。目的在于通过社区服务使村民提高自助、互助能力和整个社区的生活质量。本章对农村社区发展的概念、现状及发展趋势进行了初步探讨。

第一节　农村社区服务概述

一、农村社区服务的概念

目前，学术界对社区服务还没有一个统一的定义。民政部的定义是“社区服务是在社区内为人们的物质生活和精神生活所提供的各种社会福利与社会服务”；原国家民政部部长崔乃夫认为：“社区服务是在政府倡导下，发动社区成员通过互助性的社会服务，就地解决本社区的社会问题的活动”❶；徐永祥认为：“社区服务是社区社会服务的简称，是指在政府资助和扶持下，根据居民的不同需求，由政府、社区内的各种法人社团、机构、志愿者所提供的具有社会福利性和公益性的社会服务以及居民之间的互助性服务；这种福利性、公益性的社会服务的本质特征是无偿性的服务，并辅以不以营利为目的的微利、低偿性服务；这种社会服务的对象主要是社区中的弱势群体和优抚对象，也包括社区中的边缘群体和全体居民”❷；周薇、童星则认为社区服务的定义应强调其具有福利性和经营性的双重属性，指出：“社区服务是在政府倡导和支持下，为满足社区成员多层次需要，依托街道办事处和居民委员会，发动社区各种力

---

❶ 张德江主编：《社区服务工作文集》，中国社会出版社，1991 年版，第 3 页。

❷ 徐永祥：《社区发展论》，华东理工大学出版社，2000 年版，第 173 页。

量开展的具有福利性和经营性双重属性的社区福利服务和社区社会化服务”❶；刘燕生认为：“农村社区服务是指在政府统一规划和指导下，以一定层次的农村社区组织（乡镇或村委会）为主体或依托，以自助—互助的广泛的群众参与为基础，既突出重点对象，又面向全体社区成员的，用服务设施和服务项目来增进公共福利、提高生活质量的区域社会性服务”❷。

笔者认为，所谓农村社区服务是指在政府的引导和扶持下，以农村社区为基本单位，以农村社区的居民为服务对象，以提高社区居民的生活质量为目的，通过开发、使用社区资源，开展的各种社会福利服务和便民服务。

二、农村社区服务的提供主体与内容

在农村社区服务中，服务的主体不是单一的，它应该包括本社区内的所有居民及组织，体现的是一种互助行为。但是目前农村社区服务的主体主要还是包括基层政权组织和群众性自治组织在内的基层社区组织。具体来看，社区服务的提供主体大致包括两部分：第一部分是提供公共服务、将政府的社会管理职能延伸到村民委员会和村民小组等行政主体，它包括民政、卫生、劳动与社会保障等承担社会服务职能的政府部门；第二部分包括自治组织、中介组织、专业项目组织、综合性组织、志愿者组织等社区的非政府组织和受政府委托的社区企业、事业单位和非营利性机构等。

目前，农村社区面临的突出问题主要有贫困、养老、医疗、文化、教育、卫生等方面。所以，“农村社区服务不应该再走城市社区服务内容从福利服务→公共服务，服务对象从民政对象→社区全体居民的逐步拓展过程，而应该从一开始就超越民政福利服务范围，创建一种在社区发展中为满足社区需求，由政府组织、社区组织、社会中介组织、辖区单位、邻里组织、居民个体等合作提供多种公共服务的服务体系”❸。由此可见，农村社区服务的内容几乎涵盖了社区组织、社区卫生、社区环境、社区服务、社区文化、社区治安六项内容。具体如下。

1. 便民利民服务

这类服务包含有利于社区居民生活的各类有偿或无偿服务。具体的有：日常生活服务，包括百货、饮食供给、家庭用品提供和修理、废旧物品的回收等；家政服务，包括照顾老人和小孩、做饭、清洁等工作；社区文体服务，如体育健身、书法、绘画、舞蹈等；法律服务就是为社区居民提供法律咨询、法

---

❶ 周薇，童星：“社区服务的性质、定义及其产业化”，载《中国社会科学》，1996 年第 5 期。

❷ 刘燕生：《社会保障事典》，当代中国出版社，1998 年版，第 521 页。

❸ 田华：“试论农村社区服务体系的创建”，《云南行政学院学报》，2004 年第 6 期。

律教育、法律调节等。

2. 优抚服务

我国农村社区存在着以孤寡老人、孤儿、残疾人以及贫困者为主的弱势群体，他们存在着这样或者是那样的生活困难，最需要社区提供帮助。有鉴于社区弱势群体的特殊性，社区为他们提供的服务应该以无偿方式为主。

3. 卫生服务

卫生服务以促进农村居民健康为目标，以公共卫生、疾病预防、妇幼保健、健康教育和常见病、多发病的诊疗和出诊、巡诊为主，为农民提供优质、价廉、方便的卫生服务。

4. 驻社区单位和各类组织的服务

农村社区内仍有各类企事业单位和社区组织的各类组织机构，他们的服务功能也由社区来承担，这样既有利于提高社区服务的经济效益，拓展社区服务的内容，也可以促进社区和各类机构及组织的协作，加强社区整合。

5. 就业中介服务

目前，我国农村地区蕴涵着巨大的劳动力资源，但是，由于农村社区的容纳力有限，出现了劳动力饱和的现象，支持富余的劳动力向非农产业转移，社区将发挥重大作用。社区可以提供相关的就业动向，提供就业咨询和就业指导，还可以有组织地集中劳动力集体外出打工。有条件的农村社区还可以组织培训，提高劳动力的就业技能，避免人力资源的浪费。

6. 支农服务

农村社区服务必须深深扎根于农村地区之中，结合农村社会、经济发展来开展支农服务，为农村地区的农村发展、农业进步、农民富裕提供支持帮助。支农服务包括：为广大农民朋友提供农业科学技术、传播先进的科学知识、为农民提供农产品的销售网络服务、宣传农业政策、介绍健康的生活方式等。

三、农村社区服务的特点

首先，农村社区服务与城市社区服务相比较具有显著的不同：“第一，服务对象的特点不同，城市社区的居民异质性较强，即具有不同的职业、不同的籍贯、不同的文化背景等；而农村社区的居民同质性较高，即具有相同的文化背景、相同的生产方式和生活方式、相同的互动习惯等；第二，从服务者本身看，城市社区服务者要求其专业化、职业化；而农村社区服务者不只是具有管理者身份，同时还是农业生产者，即农村社区服务者具有非职业性；第三，从服务内容看，城市社区项目繁多，主要有社会保障、儿童身心保健、少年成长服务、居民身体康复、对违法者的帮教、老人服务等；而农村社区服务则由于村民生产、生活的特质使服务内容更偏重于生产、商业、教育、计生工作、老人服务等几个主要服务项目，具有明显的管理性色彩，较突出的表现出促进社区政治、经济、文化等的正常运作和管理的特点，旨在促进农村社区在国家相关政策、法规等的指导下的正常、健康的社会运行”❶。

其次，农村社区服务具有福利性、互助性和地缘性三大特点：① 福利性。农村社区服务的目的是为了满足本社区居民的物质和精神生活需要，有些服务是不能通过货币购买的，而且提供者也不会从中获得利益，因此这种服务具有很强的公共性。农村社区服务是由农村社区整体提供，以社会效益为重，而不以营利为目的，带有很强的公益性，这也是农村社区服务的本质特征。作为一项社会福利措施，本社区内的所有居民都有权享受到社区服务，其中老年人、残疾人、青少年、贫困者、无业者等弱势群体和特殊群体是主要的服务对象，社区服务帮助他们解决生活中存在的一些困难，为这些特殊群体的生活提供一定的保障，极大地方便了他们的日常生活。② 互助性。社区服务具有互助性特征，它是社区与居民之间的互助服务以及居民之间的互助服务。在农村社区服务的过程中，村委会起到了很大的作用，目前村委会的主要作用是规划、指导和扶持，但作为一个管理机构，仅仅依靠村委会是不够的，很多农村社区建立了社区服务中心，给需要帮助的居民提供服务，还有各类社会团体和志愿者组织也发挥了很好的作用，填补了农村社区中的一些服务盲点。本社区内的居民也在积极地参与到社区服务的行列中，社区内的活动需要居民的广泛参与，大多数居民既作为社区服务的客体存在，也作为社区服务的主体存在，具有双重身份，在需要帮助的时候，获得他人的帮助，在别人需要服务的时候，向别人提供力所能及的服务，可以说社区服务也是一种互助服务。③ 地缘性。农村社区服务是一种属地式的服务，它的地缘性包含两方面意思：一是指“就近就地开展社区服务，主要满足本农村社区居民的物质生活和精神生活的需要”。❷ 农村社区服务只能存在于本社区内，超出本社区的范围，这些社区服务组织和社区服务设施也就失去了便民的作用；二是指这种农村社区服务，由于其社区地域性特点的差别及本社区自然条件和人文条件等要素的影响，社区服务的水平存在着差距，社区服务模式的选择在具体的做法上也是各具特点，是依照各自区域化、专业化和社区资源分布状况的不同而选择不同的社区服务模式。

第二节　我国农村社区服务的模式

一、我国农村社区服务的兴起

我国农村社区服务的展开较城市来说相对缓慢。新中国成立后，我国的社

❶ 陈克运：“农村社区服务中的观念误区及矫正”，载《长沙铁道学院学报》，2004 年第 6 期。

❷ 徐永祥：《社区发展论》，华东理工大学出版社，2000 年版，第 178 页。

区服务强调的是救济、安置和改造部分困难和边缘社区成员，并不强调服务功能。新中国成立后农村社区服务的建设最早开始于20世纪50年代末的人民公社时期，此时期农民的生存来源和生活方式并没有太大改变，农民在交往活动中注重的是血缘、宗族关系。

真正意义上的农村社区服务建设开始于20世纪90年代中后期。在市场经济的发展下，农村剩余劳动力大规模向城市转移，随之较大地改变了农村的收入水平和生活结构，农民的价值观念也发生了很大的变化，这些变化给农村的发展带来了一系列的问题，包括养老问题、医疗问题、教育问题、留守儿童问题和农民工这个特殊群体问题等日益严重，单靠传统的方式已不能满足农村居民的生活与发展的需要。加之城市化进程的加快，市场力量逐渐深入农村社区，农村社区服务的提供主体也在增加，改变了过去的单一模式，一些社会组织积极地参与到农村社区服务之中。2006年民政部发出了《关于做好农村社区建设试点工作推进社会主义新农村建设的通知》。2006年10月11日党的十六届六中全会通过的《中共中央关于构建社会主义和谐社会若干重大问题的决定》，决定第五部分以“推进社区建设，完善基层服务和管理网络”为题指出：“全面开展城市社区建设，积极推进农村社区建设，健全新型社区管理和服务体制，把社区建设成为管理有序、服务完善、文明祥和的社会生活共同体。完善居（村）民自治，支持居（村）民委员会协助政府做好公共服务和社会管理工作。”近几年，随着国家对“三农”问题的关注，相继出台了一系列的政策来解决农村的问题，农村社区服务得到了相对快速的发展。随着新农村建设的发展，国家财政正在加大对农村建设的各项投入。这些为农村社区建设及社区服务的发展提供了有利的制度保障和资金保障，农村社区服务过程中需要的各种设施和条件在不断的改善，农村社区服务的重要功能也逐渐凸显。

二、我国农村社区服务的发展现状

虽然我国农村社区服务的开展和推广时间并不长，但由于城市社区服务体系不断完善所带来的辐射效应，农村社区服务体系建设已有良好开端，我国农村社区服务设施的数量与质量也均有了明显的提高，以“村村通”为核心的农村社区服务设施建设已基本形成体系，农村社区服务取得了一定成就。如山东省诸城市“将政府基本公共服务延伸到规划建设的208个农村社区，打造起了‘2公里服务圈’，农村社区服务覆盖率达到100%，为政府公共服务向农村全面延伸搭建了平台，实现了政府公共服务资源向农村社区的全覆盖，初步形成了城乡一体化的公共服务体系”[1]。目前随着农村社区建设的不断推进，农村

---

[1] 杨炳珑：“农村社区服务由边缘化迈向均等化”，载《乡镇论坛》，2009年第8期。

社区公共服务体系建设不断加强，“公共卫生服务网已经基本覆盖农村社区，三级医疗预防保健网初步建立；农村义务教育制度得到了贯彻；农村社会保障体系逐渐形成，许多地方已经建立了农村社会养老保险制度；农村最低生活保障与特困户救助制度开始得到贯彻；五保户供养体系有了发展；农村文化体育事业得到重视”❶。农村社区服务水平得到了显著的提高，农村社区居民从社区服务中得到了切切实实的好处。

由于农村社区服务开展和推广的时间不长，农村社区服务体系建设还存在一些不足。“与城市社区服务体系建设飞速发展相比，农村则显得尤为落后，局部地区甚至举步维艰。总的来说，社区服务体系远不成熟、不健全，而且水平较低。此外，受到农村专业人员限制，已有的社区服务专业化程度也较低，内容有限。此外，受税费改革影响，社区服务方面投入资金严重不足，组织和机构也不健全。可以说，目前的农村社区服务体系发展还不能适应‘社会公平正义’和‘基本公共服务均等化’的要求，和‘全面小康’目标还有很大一段距离。在一段时间内，农村社区服务整体水平低，城乡差距过大，地区发展不平衡，财政投入长期不足等特征还将长期存在，所有这些都与不公平、不正义、不合理的城乡二元制度息息相关。”❷

三、我国农村社区服务的模式

由于我国各地的经济社会发展差异明显，各地农村群众的观念与需求也有所不同。因此，我国农村社区服务已形成多种模式。

1. 村委会承担社区服务

在农村社区建设过程中，多数农村社区是将原有自然村落或建制村改为社区，即“一村一社区”。在“一村一社区”的模式中，农村社区服务的主导者是村民委员会。农村社区服务即以村委会为依托、依靠社区内各方面力量展开。当前，在农村社区中，村委会主要有三项职能：① 经济职能，如土地发包、村集体经济等；② 行政管理职能，如承接、承办乡镇下来的有关“政务”；③ 自治职能，即“村务”自治，主要是社区服务。因此，这种模式下的农村社区服务中心包括两大服务：① 社区管理服务。其表现在：有村“两委”办公室；有村民议事活动场所；有社区事务受理服务站；有社区广播、宣传和呼叫服务设施；有警务室（巡防治安室）。② 社区综合服务。其表现在：有幼儿园；有卫生室或医疗站；有公共体育设施；有图书室等公共文化设施；有养

❶ 王景新：“农村社区服务体系建设亟须推进”，载《乡镇论坛》，2008 年第 5 期。

❷ 陈雷：“关于当前中国农村社区服务体系的一个初步考察”，http：//www.chinavalue.net/Article/Archive/2010/4/16/191049_3.html。

老院和老年活动室；有卫生保洁和公共设施养护人员、设备。

例如，青岛市各市（区）均建立了市（区）行政服务大厅、镇便民服务大厅、村便民服务站三级便民服务网络。各农村社区以本社区干部和骨干群众为主体，组织开展为民服务，代替农民“跑腿”，实现群众办事“小事不出村，大事不出镇”，既方便了群众，又增强了社区的向心力和凝聚力。胶南市在每个农村社区建设一处社区“邻里中心”，在“邻里中心”设立便民服务站、村民议事厅、卫生服务站、图书阅览室、文体娱乐室、科普宣传栏、健身场地、便民超市等，集党建、文明创建、村民自治、便民服务、文化教育、健身娱乐等功能于一体。[1]

这种农村社区服务模式依托原有的村委会实施，具有现实基础，方便接受和操作。同时，村委会集管理职能和服务职能于一身，有利于统一管理，也为开展更好的服务提供了保障。

2. 中心村设立农村社区服务中心

这种模式以山东诸城为代表，也被称为“诸城模式”。2007年以来，诸城市先后制定出台了《中共诸城市委、诸城市人民政府关于推进农村社区化服务与建设的意见》、《中共诸城市委、诸城市人民政府关于农村社区化服务与建设考核奖励办法》、《中共诸城市委关于建立农村社区党总支的意见（试行）》、《关于建立社区发展协调委员会的意见（试行）》等6个文件，对农村社区服务体系建设的相关问题作出规定，提出要求，以确保农村社区服务体系建设顺利推进、规范运行。诸城市的农村社区服务体系建设采取“政府主导、多方参与、科学定位、贴近基层、服务农民”的模式，就是把地域相邻的几个村庄规划为一个社区，在社区选择一个中心村配套设立社区服务中心，农村社区服务中心具体承接和延伸政府对农村的公共服务职能，使农民在“2公里服务圈”内享受近距离的公共服务。社区服务中心的职能定位是服务，不是一级行政管理机构，不能干涉村级内部事务，也不是以生产经营为主的经营性组织。

诸城市按照地域相近、规模适度、便于服务、服务中心所在的中心村有发展潜力的原则，合理确定社区中心村和社区服务范围。服务半径一般掌握在2公里，涵盖5个村、1 000户到2 000户，村庄集聚度高的可适当增加村庄个数，优化农村社区空间布局。社区服务中心一般设医疗卫生、社区警务、社会保障、社区环卫、文化体育、计划生育、慈善超市、社区志愿者8个服务站（室）和一个办事服务厅。在此基础上，根据群众需求，每个社区服务中心可以适当增设服务内容，为农民群众提供“一揽子”服务。同时，按照互利双赢

---

[1] 蒋德生，田志梅：“多种模式和谐发展的农村社区建设之路”，载《乡镇论坛》，2009年第11期。

的原则，组织引导供销、农技、邮政、电讯等部门和有实力的商流企业到社区服务中心设立便民超市、便民食堂、农资超市，代办代收有关证件费用等。既为农民提供除基本公共服务之外的其他服务，又可通过市场化运作，获得一部分收入用于社区服务中心运转，有利于形成公共服务供给的社会和市场参与机制。每个社区一般配备 7 名专职工作人员，以乡镇（街道）机关、医院和站所选派为主；同时，充分吸收老党员、老干部、老教师等热心社会公益事业的积极分子，组成社区工作志愿者。❶

在中心村设立农村社区服务中心，一是有利于城乡经济社会一体化发展和城乡基本公共服务的均等化。这种模式为政府公共服务向农村全面延伸搭建了平台，实现政府公共服务资源向农村社区的全覆盖，初步形成了城乡一体化的公共服务体系，为实现基本公共服务的均等化奠定了基础。二是加快了社区其他村庄向社区中心村的融合聚集。政府通过把基本公共服务集中到社区服务中心所在村庄，以及加大对服务中心所在村的基础设施投入力度，全面增强了中心村的吸引力，能够吸引周边村的群众开始向社区中心村融合聚集。这有助于农民逐步改变以家族为圈、以村庄为界的传统观念和生活形态，在农村基层形成新的社会生活共同体。

3. 供销社创办农村社区服务中心

这种模式也是在农村社区建设社区服务中心，但是服务中心是由农村供销社主办的。这是山东省供销社在发展农村现代流通服务网络的过程中提出的，并从 2005 年 6 月份开始试点。农村社区服务中心按照“党委政府领导、供销社主办、多方参与、市场运作”的原则进行规划、建设和运营。建设的思路是：在供销社发展超市连锁网络下乡进村的地方，配合农村连锁超市（包括日用品超市和农资连锁超市）的建设，把超市购物、生产合作社、体育健身、文化娱乐、法制教育等组装在一起，集经营性、公益性、中介性项目服务为一体，给农民提供一个能满足多方面需要的、健康的社交和综合服务的场所，成为农村社区活动中心。

每个社区服务中心，占地一般在 3～5 亩，建设投资约为 20 万～50 万元，服务半径为 5 000～10 000 人。建设用地有的是供销社原有的场地，有的是新购置的土地，有的是利用了村委会的大院或撤并学校留下的校舍。建设资金来自基层供销社投资、职工集资、经营者预付租金和上级扶持等多个渠道。图书资料、体育健身器材、卫生室、中介服务项目是由相关部门提供和设立的。整个社区服务中心由当地供销社实行统一管理，采用市场机制运作，鼓励和吸引

❶ “山东省诸城市全面推进农村社区服务体系建设”，载“民政部网站”，http://www.mca.gov.cn/article/zwgk/dfxx/200806/20080600016496.shtml。

农民和各类市场主体进入中心从事经营服务，同时积极争取当地党委、政府的支持及有关部门的配合。农村社区服务中心的服务项目主要有经营性、公益性和中介性三大类。其中，经营性服务以生活资料、生产资料两个超市为主，根据农民的实际需要增添了洗浴、餐饮、维修等项目，并积极开展农产品收购业务；公益性服务，首先建设了供老年人休闲娱乐、年轻人读书学习的活动中心和体育健身游戏场地，并争取将卫生室、科普长廊、调解室等村级公共服务项目搬进中心，有条件的还开办了村级幼儿园和敬老院；中介性服务，主要是联合邮政、电信、旅游、劳动、司法等部门和单位开展中介代理业务。[1]

供销合作社是连接城乡市场的桥梁和纽带，是繁荣农村经济的重要力量。山东省供销社通过建设农村社区服务中心，重新确立了在新时期的位置，找到了发挥作用的空间和途径，也探索建立了一种“商业＋服务”的新的集市社区，在顺应农民习惯、继承农村传统的同时，注入了现代文明，对于促进农村物质文明、精神文明的和谐发展，对于推进社会主义新农村建设具有重要的价值和意义。

4. 社会团体承担社区服务

现阶段我国农村社区服务多由政府及村民委员会承担，但也存在一些由社会团体承担社区服务的例子，如湖南低庄和湖北京山。湖南省低庄镇服务中心成立于1998年5月，开办经费分别由中心主任梁柏春个人出资8.6万元，市、县民政局分别资助5万和1万元，其他单位和个人捐助2.8万元。服务中心实行4块牌子一套人马：低庄社区服务中心、低庄老龄协会、低庄残疾人联合会和低庄慈善会。中心下设生产经营、互救互助、维护老年人及残疾人权益、文体娱乐和殡葬5个服务部，各村设社区服务网络组，由村主任兼任组长。5个服务部分别与中心签订责任书，各部根据自己的职责管理下属的服务实体和服务项目。所有实体和服务项目都采取承包制，承包人定期向所属服务部缴纳管理费，各部再悉数上交中心财务室。中心工作人员除主任外，全由老同志组成，都是不拿报酬的志愿服务者。[2]

湖北省京山县对农村社区的服务管理模式进行了有益的探索，大力推行“湾长”理事制。在推行“湾长”理事试点中，各试点村普遍建立了志愿者协会。协会成员由致富能手、农村“五老”（老党员、老干部、老模范、老退伍军人、老知识分子）和农民志愿者组成。同时，按照“地域相近、产业趋同、利益共享、规模适度、群众自愿”的原则，以自然湾落为基本单元，组建了农

---

[1] 张荣庆：“大力建设农村社区服务中心”，载《中国合作经济》，2006年第5期。

[2] 舒顺林，张甲凤，陈苏宁：“农村社区服务的有益探索——低庄现象扫描”，载《中国民政》，2000年第10期。

村社区志愿者分会，分会实行“湾长”理事制，建立了“村委会—农村社区志愿者协会—湾长—基本农户”的新型农村社区自治组织机构。“湾长”的主要职责是领头办理关系到湾内群众切身利益的琐事和小事、组织群众喜闻乐见的文体活动、开展邻里之间的互帮互助和化解邻里纠纷开展平安创建。❶

由社会团体承担社区服务，充分发挥了非营利组织的积极作用，对转变政府职能和多渠道筹措服务资金都是一种有益的探索。这种服务模式有利于协助政府工作的开展，也增强了农村社区自我管理和自我服务的功能，促进了农村经济发展和精神文明建设。

第三节　我国农村社区服务面临的问题及解决对策

一、加强完善农村社区服务的重要作用

“推进农村社区服务体系建设，是贯彻党的十七大精神，落实科学发展观、统筹城乡发展、逐步实现基本公共服务均等化、城乡居民共享改革和现代化建设成果的必然要求和重要举措。同时也是缩小城乡居民收入和财富差距、建设全面小康与和谐社会的重要前提。推进农村社区服务体系建设，既是把我国城市《十一五社区服务体系发展规划》向农村社区延伸的重要步骤，也是保障村级组织有效运转，凝聚社区的人心、人气，提升社区共同体意识的重要基础。”❷ 发展农村社区服务对于动员农村居民参与，服务农业生产、方便农民生活、构建和谐社会具有重要意义。

（一）有效整合政府公共服务资源，提高社区居民生活质量

开展农村社区化服务，加强农村社区服务体系建设，打造“2公里服务圈”，实现了对现有公共服务资源的优化配置，确保了公共服务资源利用效益的最大化。开展社区服务的农村社区，一般都建立起包括办事服务厅、卫生服务站、警务室、超市、计生服务站、纠纷调解站、文化活动中心等服务机构的农村社区服务中心。把医疗卫生、社区警务、文化体育、社会保障等基本公共服务职能整合进社区服务中心这个平台，有效避免了许多部门在社会建设过程中向村里撒芝麻盐的浪费现象，以及“各抓各的事、各干各的活”的“单打一”现象。而且服务设施配套齐全，内部布局合理，服务内容丰富的农村社区

---

❶ “推行湾长理事，探索农村社区服务管理新模式”，载“今日京山网”，http：//www. jingshan. gov. cn/article/show. php？ itemid＝3236。

❷ 吕雁归：“农村社区公共服务的体制缺陷与机制改善”，载《中共福建省委党校学报》，2009年第7期。

服务中心的建立能够极大地方便农村社区居民的日常生活，在一定程度上解决了农村社区居民的生产生活及文化生活所需，解决了农村居民关心的办事难、看病难、购物难等现实问题，为他们创造了便利的生产生活条件，不断提高了农村居民的生活质量。

（二）促进城乡基本公共服务均等化，推动社会主义新农村建设

发展农村社区服务，构建农村社区公共服务体系，能够推动政府公共服务不断向农村延伸，改变长期以来政府在农村的公共服务被“边缘化”的问题，促进城乡基本公共服务均等化。目前，大部分农村地区已解决温饱问题，农村的基础设施如道路、电力等基本到位，“新农村建设再向前推进就应该突出解决农村公共服务缺乏的问题，打破公共服务产品供给方面的城乡二元结构。这样，新农村建设才能更好地向前推进，城乡经济社会一体化发展的新格局才能真正形成”[1]。而开展农村社区服务，正是解决这一问题的有效途径。开展农村社区服务，初步打破公共服务产品供给上的“城乡二元结构”，能够使广大的农民群众像城市居民一样，享受到优质、高效的公共服务。优质的农村社区服务的提供，可以提高农民的生活水平，促进农村经济的发展，维护农村社区的稳定，极大地推动社会主义新农村建设。

（三）提升农民综合素质，促进乡村文明

社区服务从本质上来看是一项群众性自我服务活动。社区服务活动能鼓励村民参与自治活动，参与解决自己的问题，并有机会表达自己意见，形成真正互相关心的氛围。倡导互助精神、调解民间纠纷、化解各种矛盾、加强治安防控等措施有利于促进乡村文明、社会和谐。同时，农民群众在享受政府的公共服务、参与社区建设过程中，能够逐步养成文明健康的行为习惯和生活方式，逐步形成遵纪守法、互帮互助、邻里和睦的良好风尚，提高了农民的文明素质。农村社区建设，可将文化、体育、娱乐、党建、法律等服务项目引入农村，起到教育引导农民坚定共产主义理想信念，树立正确的人生观、价值观和世界观，从而提高公民的思想道德品质。

二、我国农村社区服务存在的问题

近几年随着我国农村社区服务的发展，使越来越多的农村社区居民享受到农村社区服务带来的实惠。在肯定农村社区服务取得的成绩的同时，我们必须认识到目前相当一部分农村社区的社区服务开展不足，社区服务存在一些问题，这些问题如果不能清楚地认识和妥善地解决，势必会影响农村社区服务的进一步发展，也会阻碍农村社区的整体发展。这些问题如下。

---

[1] 刘贵丰：“农村社区建设的有益探索”，载《中国农村小康科技》，2009 年第 3 期。

1. 提供农村社区服务的成本高，农村社区服务的资金不足

农村社区的人口密度较城市社区低得多，农村社区分布凌乱、分散、无序，制约了社区公共生活设施建设的配套和使用效率，但是农村人口在我国又占绝大多数，这种人口总量多，密度低的分布特征，增加了农村社区服务提供的人力及经济成本。农村社区建设是一项投资大、涉及面广的系统工程，要快速、顺利地推进农村社区的建设，必须要有大量的资金做保障，但由于受城乡二元管理体制的影响，很多的社会保障政策都是在以城市为基础上制定的，政府将有限的财力大部分投入到了城市，城乡公共产品的提供严重失衡，城市居民享受到了更多的公共服务，农村的基础设施建设则相对较为落后。随着农村居民生活水平的提高，他们的需求层次也在逐渐地提高，要从根本上满足农村居民的生活需要，对农村社区的软硬件设施都要改善，需要大量的资金。虽然各个地区依据各自的情况，采取了不同的筹资方式，但是有的乡镇领导支持社区建设的意识不足，没有将集体筹集的资金应用到社区服务水平的提高上，而是更多的是应用到发展经济上，导致发展农村社区服务的资金不足。

2. 社区服务人员整体素质偏低，缺乏高素质人才

社区服务队伍的状况如何，这是社区服务得以运转的重要条件，也是衡量一个地方社区服务事业发展水平的重要尺度。农村社区服务发展和推广时间不长，由于制度和资金等各方面原因，很难吸引到优秀的高素质人才。目前农村社区服务人员大多是农村的待业、失业人员，都不是专业化、职业化的社区服务者，具有专业技术、有社会工作经验的人员比较少，而且社区服务人员整体的知识水平较低，年龄结构也不合理，年龄偏大的人员较多。由于服务人员自身文化素质偏低，使得他们中有些人对社区服务的理解有很大的偏差，从而导致服务人员的参与积极性不高，服务质量不高。服务人员素质的限制使社区服务质量和服务项目的扩充难以提高，在一定程度上限制了农村社区服务的发展。

3. 农村社区服务供给主体单一，供给效率低下

农村社区服务的主体不应该是单一的，它应包括本社区内的所有居民，体现的是一种互助行为。但长期以来，各级政府都是提供农村公共服务的主体，几乎所有的农村社区公共服务全部来由政府提供。农村居民受宗族和家族思想的影响，认为农村社区的一些公共设施建设、公共服务的供给等完全是政府的事情，与自己无关，不愿意积极参与到提供社区服务的行列中去。而现行的私人部门、非营利性机构等非政府力量参与主体由于受到政府政策、产权界定和自身文化素质等因素的影响，难以大规模进入农村公共服务供给领域。由于几乎所有的农村公共服务全部由政府生产与提供，造成政府是一个高成本、低效率的全能政府，造就了大政府、小社会的格局，这严重影响了农村社区公共服

务和公共产品的供给效率，使广大农村社区居民对公共服务的正常需求得不到满足。

4. 社区服务项目设置和服务设施建设易脱离农村实际需要

由于我国农村社区的分布范围广泛，地理位置各不相同，发展水平存在差异，因此，在发展农村社区服务时，每个社区的需求情况存在差别。这要求每个社区必须立足于本社区的服务需求、服务能力和发展状况，因地制宜，从本社区自身的实际情况来考虑社区的服务项目和服务设施的设置，不能不切实际地盲目地照搬城市社区做法或参照其他农村社区的模式。但目前的情况是，部分农村社区盲目照搬其他社区的做法，所提供的服务和设施与社区居民的实际需要相差很远，不能够满足广大社区居民的实际需要，浪费了大量的人力、财力、物力，却不能发挥社区服务应有的效果。

三、完善我国农村社区服务的对策

完善农村社区服务，应坚持立足农村社区实际，围绕农村社区居民的需求，不断推进农村社区服务投入社会化、运作市场化、管理规范化、发展产业化，逐步改变农村社会的公共产品、公共服务短缺的现状。

1. 多渠道筹集社区服务建设资金

农村社区服务设施建设的投入需求巨大，必须妥善解决农村社区服务体系建设的经费来源，可以考虑通过以下 3 种渠道筹集农村社区公共服务资金："一是市场筹资渠道。可以适当考虑给予金融贷款各项政策优惠，对支农贷款给予合理的补偿，对积极支持农业发展而使经济效益受到影响的农业金融部门给予必要的奖励，从利益上鼓励金融部门增加农业信贷投入的有效供给。另外还可以通过直接融资方式在金融市场融资。随着我国金融市场的逐步开放，发行债券、借债等融资方式也成为地方政府公共融资的重要方式。二是非政府组织筹资渠道。非政府组织筹资不仅增加了农村公共服务项目生产和建设的资金投入，弥补了财政资金投入不足所导致的城乡公共服务生产和农村社区公共服务的体制缺陷与机制改善建设供给差距日益扩大的裂痕，而且，在筹资形式上引入了社会和非政府的概念。三是个人筹资渠道。农村公共服务生产和建设的个人筹资渠道有 4 种类型：第一种是个人直接投资从事某项农村公共服务的生产和建设；第二种是个人对某项农村公共服务的生产和建设进行部分资金捐助；第三种是在农村集体或社区政府倡导下的村民集资；第四种是企业家捐助。个人筹资渠道在农村公共服务供给过程中，越来越占有重要位置"[1]。

---

[1] 吕雁归："农村社区公共服务的体制缺陷与机制改善"，载《中共福建省委党校学报》，2009 年第 7 期。

2. 加强社区服务人员队伍建设，提高整体素质

农村社区服务人才数量严重不足、素质不能满足社区服务要求、人才队伍结构不合理、不完善等，是当前制约我国农村社区化管理的重要障碍因素之一。必须要注重加强社区服务人员队伍建设，加强对农村社区服务人员的培训，建立人才培训体系，储备农村社区服务人才。应逐步推行对农村社区服务人员的远程教育和网络教育培训，尝试建立农村社区服务高级专门人才的培训基地，广泛开展对农村社区服务人员及后备人才的职业素养、服务技能、服务规程等内容的教育培训。同时应注意拓宽人才渠道，出台各种优惠政策，鼓励大中专院校毕业生到农村社区工作。建立农村社区服务岗位公开招聘制度，每年推出一定数量的农村社区服务岗位，向大中专院校毕业生进行公开招聘。

3. 大力培育和发展社区民间组织

各类民间社会服务组织能够在农村社区的生产、生活中发挥提供服务、反映诉求、规范行为的作用，所以民间服务组织建设越来越得到重视。“积极培育形式多样的社区慈善组织、文体组织、学习型组织，扶持为老年人、残疾人、困难群众提供生活服务的非营利性机构，大力发展社区互助协会、老年协会、体育协会和法律援助协会等，鼓励和支持社区民间组织开展社会捐助、文体健身、科普宣传、就业服务、社会救助等服务活动。”❶

农村社区志愿者在农村社区建设和社区服务方面，发挥了至关重要的作用，所以必须重视培育和发展农村社区志愿者组织。“大力发展农村社区志愿者组织，培育社区志愿服务意识，弘扬志愿服务精神，鼓励居民参加社区志愿服务活动。配合社区服务体系建设，大力开发能够吸引居民参与的、生动活泼的社区志愿服务项目，鼓励开展社区救助、优抚、助残、老年服务、就业服务、维护社区安全、科普和精神文明建设活动。推进实现社会志愿服务活动制度化，逐步建立社区志愿服务的注册制度、培训制度和激励机制，不断创新服务形式，提高服务水平。”❷

4. 各农村社区应结合自身的特点，选择适合自己的社区服务模式

目前，我国农村社区服务的发展水平还较低，没有固定的模式可以遵循，不能完全照搬城市社区的服务模式，因此必须根据农村社区自身的实际情况，选择适合自己的社区服务模式，因地制宜，多措并举，便民惠民。根据我国农村社区的经济发展水平和所处的地理位置，主要可将农村社区分为两大类：一类是经济发达、人口集中、地处城郊的城郊村或城中村，它们的经济发展水平和城市社区相近，对于此类农村社区，可参照城市社区的建构模式，侧重于加

---

❶ 戚学森：《农村社区建设理论与实务》，中国社会出版社，2008 年版，第 90 页。

❷ 戚学森：《农村社区建设理论与实务》，中国社会出版社，2008 年版，第 90 页。

强基础设施建设以提高服务水平，按照四室（办公室、警务室、活动室、老年之家）、两站（服务保障站、卫生计生服务站）、一栏（村务公开栏）等标准，构建农村社区的村级服务设施；第二类是地理位置相对较偏、由纯农业人口构成、较分散的农村社区，对于此类社区必须要搞好统一的规划，建设社区中心居住点，形成集中的村庄居民居住区，逐步改善农村的道路、水、电、信息网络等，根据社区居民的日常需要，建设超市、菜市及其他便民的商铺，多建设些村级文化室等公共文化设施，充实居民的文化娱乐生活。无论是哪类农村社区都要根据各个镇村的实际条件，因地制宜规划建设，投资要适当，不做表面文章，不可盲目贪大求洋，避免劳民伤财。

阅读延伸材料

潍坊市农村社区服务建设成就

近年来，潍坊市从农村改革发展实际出发，紧紧围绕打破城乡二元结构，开展农村社区建设，政府公共服务逐步向农村延伸，推进城乡公共服务均等化。截至2009年，潍坊市全市规划的991个农村社区，已建成运行773个，农村社区覆盖6 717个村，投入运行的农村社区普遍建设了服务中心，设立了“一站式”综合性服务大厅，服务约500万农民，覆盖率接近80%。该市通过发展农村社区服务，构建农村社区公共服务体系，使政府公共服务不断向农村延伸，改变了长期以来政府在农村的公共服务被“边缘化”的问题，而且促进了城乡基本公共服务均等化。越来越多的农村居民享受到农村社区服务带来的实惠，农村居民的生活质量普遍提高。

摘自：杨炳珑：“农村社区服务由边缘化迈向均等化”，载《乡镇论坛》，2009年第8期。

第十二章

农村社区社会保障

农村社区是农村社会保障实施的基层单位，农村社区社会保障是在农村这一特定地区，针对农民这一特定人群所实施的社会保障。在当前社会转型的背景下，建立和完善农村社区社会保障制度，能够为农民提供有力的保障措施，有利于推动农村经济的发展，提高农民的生活水平。本章从农村社区医疗保险、养老保险和最低生活保障制度 3 方面分析了农村社区社会保障存在的问题，并提出了解决的思路和对策。

第一节　农村社区社会保障概述

一、农村社区社会保障的内涵

“社会保障”一词源于英文的 Social Security，它最早出现在美国 1935 年颁布的《社会保障法》中。对于社会保障，各国有不同的理解。美国《社会福利辞典》将其理解为：“是对国民可能遭遇到的各种危险，如疾病、老年、失业等加以保护的社会安全网。”英国将社会保障界定为：“是一种公共福利计划，旨在保护个人及其家庭免除因失业、年老、疾病或死亡而在收入上所受到的损失，通过公益服务和家庭生活补助，以提高其福利。”[1] 日本社会保障制度审议会认为：“社会保障是指对于疾病、负伤、分娩、残疾、死亡、失业、多子女及其他原因造成的贫困，从保险方法和直接的国家负担上寻求经济保障的途径。对陷入生活困境者，通过国家援助，保障其最低限度的生活。同时，谋求公共卫生和社会福利的提高，以便使所有国民都能过上真正有文化的社会成员的生活。”[2] 1984 年国际劳工局把这一词汇概括为：“社会通过一系列的公

---

[1] 中美联合编审委员会：《简明不列颠百科全书》（第 7 卷），中国大百科全书出版社，1985 年版，第 117 页。

[2] 多吉才让：《新时期中国社会保障体制改革的理论与实践》，中共中央党校出版社，1995 年版，第 4 页。

共措施向其成员提供的用以抵御因疾病、生育、工伤、失业、伤残、年老和死亡而丧失收入或收入锐减引起的经济和社会灾难的保护、医疗保险的提供及有子女家庭补贴的提供。”各国从不同角度对社会保障进行了界定，在我国，《中华人民共和国宪法》中明确规定：“中华人民共和国公民在年老、疾病或者丧失劳动能力的情况下，有从国家和社会获得物质帮助的权利。”

一般地说，农村社区社会保障是政府根据我国的国情，以一定的法律、法规为依据，由国家、集体和农民个人3部分进行筹资，通过对国民收入实行分配和再分配，对社区内农村居民在疾病、年老和遇到突发事件以及因各种原因暂时或永久失去劳动能力而生活出现困难时给予帮助，以确保其基本生活的一种制度安排。它是以农村社区为依托，以乡镇、社区居民为主要保障对象的社会保障体系，包括医疗保险、养老保险、最低生活保障等诸多内容，目的是保障农村居民的基本生活，提高其生活水平，从而维护农村社会的稳定和农村经济的发展。

二、农村社区社会保障的主要内容

农村社区社会保障制度内容的确立，既要与我国农村经济发展的水平相适应，考虑国家财政承受程度和农民个人的经济承受能力，又要充分注意广大农民对社会保障的迫切要求。因此，我国农村社区社会保障应包括农村社区医疗保险制度、农村社区养老保险制度、农村社区最低生活保障制度3部分。

1. 农村社区医疗保险制度

新型农村合作医疗制度是由政府组织、引导、支持，农民自愿参加，个人、集体和政府多方筹资，以大病统筹为主的农民医疗互助共济制度。农民以家庭为单位参加新型农村合作医疗，按照以收定支，收支平衡的原则，享有最基本的医疗服务。

新型农村合作医疗制度实行个人缴费、集体扶持和政府资助相结合的筹资机制，涵盖了中央政府、地方政府、集体经济和农民个人，其中中央和地方政府的资助各占三分之一，农民个人缴费占三分之一，并且政府的资助逐年增加。一般以县（市）为单位进行统筹，县级人民政府成立由有关部门和参加合作医疗的农民代表组成的农村合作医疗管理委员会，负责有关组织、协调、管理和指导工作。

新型农村合作医疗制度以大病统筹为主，主要补助参加新型农村合作医疗农民的大额医疗费用或住院医疗费用。有条件的地方可实行大额医疗费用补助与小额医疗费用补助结合的办法。对参加新型农村合作医疗的农民，年内没有动用农村合作医疗基金的，要安排进行一次常规性体检。

2. 农村社区养老保险制度

农村社会养老保险是指农村居民在政府的组织引导下，由个人、集体、国家共同出资，进行经济储蓄积累，允许其在达到规定的年龄界限时，以年老、丧失劳动能力为由，解除劳动义务，由国家和社会提供物质帮助，领取养老金，保障晚年生活，使其老有所养的一种社会保障制度。我国农村社区养老保险创造性地选择了完全积累、缴费确定型的保险模式。其主要特点是：以个人缴费为主、集体补助为辅、国家给予政策扶持，强化农民的自我保障意识；建立个人账户，农民个人缴费和集体补助全部记在个人名下，责权清晰，适应农民就业多元化、流动性大的特点；个人账户基金积累期根据银行存款和国债利率确定的标准分段计息，给付标准按照个人账户基金积累总额和养老年金精算原则确定，尽可能避免支付的风险；制度覆盖农村各类从业人员，工作方法上采取政府组织引导与农民自愿相结合。❶

3. 农村社区最低生活保障制度

最低生活保障制度作为社会保障体系中必不可少的基本组成部分，是社会保障体系中的最后一道“安全网”。它能够确保每一个公民在收入水平低于最低生活保障线而生活发生困难时，有权利得到国家和社会按照法定的程序和标准提供的现金和实物救助。以《国务院关于在全国建立农村最低生活保障制度的通知》为标志，我国从2007年开始，在全国范围内逐步建立农村完整的最低生活保障制度，由以往的只重视城市低保制度改变为同时重视农村低保制度，进而实现全社会的低保制度。农村社区最低生活保障制度是对社区内家庭人均收入低于当地农村居民最低生活保障标准的农村贫困人口，由国家和乡村集体按最低生活保障标准实行差额补助，以保障他们基本生活的一种社会救济制度。其主要内容包括保障标准的确定、保障对象的审批、保障资金的来源和实施救助的方式等。农村社区最低生活保障制度，实质上是一种保障贫困农民基本生存权的制度，为农村贫困人群的生存和发展提供“安全网”，设立一道“最后的防线”。

各地一般规定，农村社区最低生活保障的对象为具有当地常住农业户口，家庭年人均收入低于最低生活保障标准的贫困农民，包括无劳动能力、无生活来源的人；无法定抚（赡）养义务人的未成年人、老年人；因疾病、残疾或其他种种原因造成贫困的人。最低生活保障制度的保障方式分两种：一种是以现金和实物救助相结合；另一种是经济条件比较好的地方全部发放现金。保障资金一般由乡镇通过村（社区）发放，实物由村（社区）来发放。各地在实施农村最低生活保障

❶ 福建省农村社保模式及其方案研究课题组：《农村社会养老保险制度创新》，经济管理出版社，2004年版，第32页。

制度的同时，还相继出台了一些优惠政策，对保障对象减免提留款、统筹款和各种集资款，减免医疗费、子女上学的学杂费等，以减轻他们的负担。

第二节　农村社区医疗保险制度

一、农村社区医疗保险制度的产生和发展

1. 传统农村合作医疗制度的建立与发展

我国农村合作医疗制度，最早兴起于20世纪30年代末。1938年陕甘宁边区创立的保健药社和1939年创立的卫生合作社，是合作医疗制度的鼻祖。这些具有互助共济性质的医药合作社可以说是合作医疗的雏形，为后来合作医疗的发展奠定了基础。

农村合作医疗制度确立于1955年农业合作化时期。1956年，全国人大一届三次会议通过了《高级农业生产合作社规范章程》。章程规定，合作社对于因公负伤或因公致病的社员要负责医疗，并且酌量给予劳动日作为补助。这一规定首次赋予集体介入农村社员疾病医疗的责任。[1] 随后许多地方开始建起以集体经济为基础，集体和个人相结合，互助共济的集体保健医疗站、合作医疗站或统筹医疗站。1965年6月，毛泽东作出了"把医疗卫生工作的重点放到农村去"重要指示，在政府的强力推动下，全国农村合作医疗制度发展迅速。1978年合作医疗被列入五届人大通过的《中华人民共和国宪法》，成为合作医疗产生以来的最高法律形式。到1980年，我国农村合作医疗的覆盖率达到全国行政村（生产大队）的90%，覆盖了85%的农村人口，从而被世界银行誉为"发展中国家解决卫生经费问题的唯一范例"[2]。

2. 传统农村合作医疗制度的衰退

20世纪70年代末开始的农村经济体制改革改变了农村合作医疗赖以生存的制度基础，造成合作医疗的大面积瓦解。集体经济是农村合作医疗制度资金的主要来源，家庭联产承包责任制的实行使集体经济组织力量日渐薄弱，失去集体经济支持直接导致合作医疗的急剧瓦解。根据1985年全国农村卫生服务调查显示，全国实行合作医疗的行政村比例由高峰时期的90%以上猛降至5%。[3] 中国农村合作医疗制度走进了低谷，农村的医疗卫生状况恶化，农民

---

[1] 林闽钢："我国农村合作医疗制度治理结构的转行"，载《农业经济问题》，2006年第5期。

[2] 李岚清："大力加强农村卫生工作，全面提高农民健康水平"，载《人民日报》，2002年11月1日。

[3] 邓大松，刘昌平等：《2006—2007年中国社会保障改革与发展报告》，人民出版社，2008年版，第102页。

看病难、看病贵的问题越来越普遍和突出，部分家庭出现了因病致贫、因病返贫现象。

3. 传统农村合作医疗制度的恢复

20世纪90年代，中央政府高度重视农村医疗保障问题，多次发文要求加强农村医疗卫生工作。1991年，国务院转发了卫生部等部门《关于改革和加强农村医疗卫生工作的请示》的通知，指出要“稳步推行合作医疗保障制度，为实现人人享有卫生保健提供社会保障”。1993年，中共中央在《关于建立社会主义市场经济体制若干问题的决定》中指出，要“发展和完善农村合作医疗制度”。1994年，国务院研究室、卫生部、农业部与世界卫生组织合作，在全国7个省14个县（市）开展“中国农村合作医疗制度改革”试点及跟踪研究工作。1997年卫生部等五部委联合提出了《关于发展和完善农村合作医疗若干意见》，对于推动合作医疗在农村的恢复和发展起了积极的作用。❶

4. 新型农村合作医疗制度的建立

我国农村合作医疗制度的再次兴起与创新，始于2002年10月中共中央、国务院发布的《关于进一步加强农村卫生工作的决定》，要求“逐步建立新型农村合作医疗制度”。2003年1月，国务院办公厅转发卫生部等部门《建立新型农村合作医疗制度意见》，新型合作医疗建设工作全面铺开，我国农村医疗保障制度建设翻开了新的一页。2003年7月，新型农村合作医疗制度试点工作在全国展开。截至2007年6月30日，全国开展新型农村合作医疗的县（市、区）达到2 429个，占全国总县（市、区）数的84.87%，参加合作医疗人口7.2亿，占全国农业人口的82.83%。❷

与传统合作医疗制度相比，新型农村合作医疗具有很多“新”的特征：统筹层次由乡村统筹上升到县级统筹；以补偿农民的大病医疗费用为主；政府的转移支付成为新农村合作医疗基金的主要来源；管理方式由分散管理向集中管理和管理监督并重转变。

二、我国农村社区医疗保险制度现状

虽然新型农村合作医疗制度取得了一些成绩，但是，在运行过程中仍然出现了种种问题，逆向选择难题、保障水平低、运行成本高、医疗资源短缺等缺陷制约着农村社区医疗保险制度的发展和完善。

---

❶ 邓大松，刘昌平等：《2006—2007年中国社会保障改革与发展报告》，人民出版社，2008年版，第110页。

❷ 白晓威：“农民医疗保障覆盖面已达我国历史最高水平”，载《公益时报》，2007年10月16日。

1. 逆向选择难题

新型农村合作医疗制度强调农民自愿参加的原则，这就不可避免地面临着国际上自愿性医疗保险的经典难题——逆向选择问题。医疗保险理论表明，不同健康水平的人群面临的疾病风险不同，因此对医疗服务的需求各不相同。疾病风险高、需要更多医疗服务的人群会倾向于购买保险来对抗风险，而疾病风险低的健康人群则不愿意购买保险。这就是所谓的“逆向选择”。由于保险方与参保人之间存在着信息不对称，这样的“逆向选择”不可避免，结果“最愿意加入的人是成本最大的人”。[1] 逆向选择必然导致医疗费用开支的增长，从而有可能导致合作医疗的入不敷出，如果提高保险金，则更多的低风险人群将退出保险，如此不断恶性循环。国际经验表明逆向选择会迅速破坏并最终导致一个建立在完全自愿基础上的保险计划的解体。新型合作医疗制度强调农民自愿参与主要原因是为了避免地方政府以合作医疗为名进行乱收费，从而激化农村基层政府与农民之间的矛盾。但是，在自愿情况下要保持高参保率，将要付出巨大的宣传、管理成本。要维持较高的参保率，国家施加一定的强制性是必要的选择。

2. 保障水平低

新型农村合作医疗制度是以大病统筹为主，即以补偿大病医疗费用为主。这事实上是放弃了对大多数人基本医疗需求的保障责任，保障水平低，还会产生负面效应。一方面，加重逆向选择。毕竟得大病、生病住院的几率较小，这会加剧有病的人参保、健康的人不参保的状况。另一方面，降低医疗效率。研究表明，预防效率高于治疗效率，治小病的效率高于治大病的效率。大病统筹会使低收入者为了节省门诊费用而小病不看，最后拖成大病再治疗，降低了医疗效率，增加了合作医疗基金的医疗费支出，也违背了真正改善农民的健康状况这一建立合作医疗制度的初衷。

3. 运行成本高

在筹资成本方面，新型农村合作医疗筹资坚持自愿原则，每年筹资一次。受逆向选择现象的影响和对合作医疗的认识不足，由农民出资的部分，每年都需要工作人员挨家挨户的筹资，组织宣传和经费交纳工作面广、难度大，有时为了达到一定的参保率甚至是一个一个谈出来的，筹资成本相当高。基层干部挨门逐户收缴，耗费了大量的人力、物力和财力，特别是乡镇一级干部和村医生，基本上都是在义务做工作，部分行政村还存在用村集体资金先期垫付或甚至有用村干部工资垫付的情况，增加了村集体经济负担，这将对该项制度的持

[1] 雅诺什·科尔奈，翁笙和：《转轨中的福利、选择和一致性》，中信出版社，2003年版，第47页。

久与长期性发展带来挑战。在管理成本方面，实际运作中需要成立专门的管理机构进行新型农村合作医疗制度的管理，这也就意味着要增加相应的工作人员和办公经费，此外基层财政还要承担数额较大的宣传组织费用和运转管理费用。许多基层政府由于本身财政紧迫无法安排这部分经费，就将这部分费用转嫁给卫生机构，包括县医院、乡镇卫生院和村级诊所，而这些机构最终又会把这部分费用在经营中转嫁给患者。

4. 医疗资源短缺

由于我国长期以来对农村卫生工作不够重视，造成了农村医疗卫生资源严重不足，乡（镇）卫生院和村卫生院的设施十分陈旧，卫生技术人员长期缺乏培训，许多人都达不到应有的业务水平。2004 年卫生部关于农村医疗机构与人员状况的调查显示，占全国人口 70%的农村人口只享有 4.8 万家医疗机构，平均每院拥有床位数 15.4 张，人员 24.3 人。每千人农业人口仅仅拥有床位数 0.83 张，医院工作人员 1.28 人。在乡镇卫生院，高中及以下学历占卫生技术人员总数的 21.8%，中专人数占卫生技术人员的比例为 59.5%，大专人数则为卫生技术人员中的 17.1%，三类人员总和占乡镇医院卫生技术人员总数的 98.4%，乡镇卫生技术人员的学历水平明显偏低。这使目前状况离“小病不出村、大病不出乡（镇）”的标准尚有不小的差距。由于没有建立起完善的社区卫生医疗制度，基层医疗服务机构的服务量严重不足。在缺乏政府投入和集体经济支持的情况下，基层医疗服务机构面临严重的经济困难。基层医疗机构经济困难、服务提供量不足，农村社区居民患病在当地难以得到有效治疗，要到外地、到大医院就诊，不仅造成了看病难的问题，也增加了农民的经济负担。农村医疗卫生服务条件不能满足农民基本需求，也影响了农民参保的积极性。

三、我国农村社区医疗保险制度发展的思路

新型农村合作医疗作为一种社区型的医疗融资机制，对于解决我国农村居民基本医疗保障问题具有重要作用，所以必须针对其中存在的问题加以完善。

1. 采取适度的强制性措施

我国新型农村合作医疗制度强调的农民自愿参加原则，使其面临着逆向选择问题。从国外情况来看，为保证医疗保险的正常运转，英国国家卫生服务、新加坡健康储蓄保险和德国社会医疗保险等均带有不同程度的强制性。我国在政策上强调自愿是尊重公民选择权的表现，但在实际操作中仍应以提高各地区的参保率为目标。只有维持较高的覆盖率，才能壮大风险分担的池子，使低风险保户和高风险保户都参加医疗保险，共同分担医疗风险，使医疗保险正常运转。

目前，我国的新型农村合作医疗制度在农民筹资方面，自愿缴费仍然是工

作难度最大的环节。究其原因，问题的关键不在于农民的支付能力，而在于农民的支付意愿。因此，新型农村合作医疗建设应该改变“自愿参加”原则，代之以“适度强制”原则。当然，“强制”并不排斥“灵活”。要把握好度，政府对操作的程度应该有一个底线，即避免地方政府以合作医疗为名进行乱收费，不能因此而导致农民对合作医疗产生反感，甚至采取抵抗行动。政府应以经济发展水平等客观因素为依据，制定新型农村合作医疗的强制参加标准。如规定人均收入一定金额以上的地区必须参加，对于确实存在支付困难的低收入人群，由政府进行减免等措施，从而兼顾制度的强制性与灵活性。

2. 发展多种合作医疗模式

大病统筹的模式由于会导致“逆向选择”、受益面小、重治疗轻预防的低效率医疗行为等问题，会挫伤农民的参保积极性，影响医疗基金的财务可持续性。但是我国农村人口众多、地区间经济发展存在差异，对全体农村居民实行门诊、住院等全面医疗保障也不具有现实可操作性，因此，应该按照经济发展程度采取多种模式的医疗保障。

各地可根据当地的实际情况，采取不同的给付模式，以资金利用效率最大化为目标，满足农民的不同需要。对于经济落后地区，应该改变保大病的模式，转而将有限的资金用在保小病上，因为对于这些地区的农村居民来说，即使给予一定的大病补偿，也仍然无法支付超出自己收入几倍甚至几十倍的医疗费用，仍然摆脱不了因病致贫、因病返贫的困境，而如果将有限的资金用在日常门诊和卫生保健上则可以有效减轻农村居民的医疗负担，同时也使其敢于去看病，从而不至于将一些小病拖成大病。与此相反，处于经济比较发达地区的农村居民，支付日常门诊费用已经不成问题，如果一些大病支出能够得到有效的补偿，则可以大大降低因病返贫的几率。同时，可以逐步实行城乡一体化的社会医疗保险制度，便于进行城乡统一的社会医疗保险制度的探索，以达到社会医疗保险向农村延伸、逐步实现城乡一体化的目标。当然对贫困地区农村居民的大病也并不是采取置之不理的态度，各地可以在合作医疗中专门拿出一部分资金用于大病补偿，另外民政部门也应设立专项基金用来进行大病的救助。[1]

3. 降低运行成本

对于降低筹资成本，一是政府要加大宣传力度，调动农民参保的积极性。据有关调查显示，当前农民最关心和最担心的问题就是医疗和子女教育问题。新型农村合作医疗制度正好与农民关注的焦点相一致，政府应该加大对新型农村合作医疗制度的宣传，使农民切实了解制度，体会到制度的优越性，以充分

---

[1] 李放，魏磊：“新型农村合作医疗的制度困境和对策”，载《卫生软科学》，2008年第5期。

调动农村社区居民的参保积极性，减小筹资的难度；二是要采取便捷、低成本的筹资方式。一些实行新型农村合作医疗制度的地区筹资成本高达30%，使得原本有限的资金更为紧张。挨家挨户收缴，平均收一户参保基金要跑三次，费时又低效，如此资金收缴方法不利于长久持续。今后各社区应该限定时间由社区居民到村委会集中缴纳保费或是委托有关部门（税务所、信用社、电力部门等）代收、代扣，这样既能保证筹资的高效率和低成本，也有利于实施操作中的可持续性。

对于管理成本，要强化中央和省（市）级政府的筹资责任，加大资金的筹集力度，以保证基层政府资金的及时足额到位。

4. 构建完善的社区卫生服务机构

国际经验表明，健康、亚健康人群的预防保健，绝大多数普通门诊疾病治疗都是在基层社区，由社区卫生服务机构来提供的。社区卫生服务机构能够很好地把疾病治疗和预防保健结合起来，是实现医疗保险与公共卫生、预防保健相结合的基本平台。社区卫生服务机构一般承担以下主要职能：一是为每个人建立健康档案，开展体检、健康教育、健康指导等预防保健项目；二是为普通的门诊小病提供基本的治疗；三是通过双向转诊制度把社区无力诊治的大病转到高等级医院治疗，把在医院病人的后期治疗、康复任务从医院转回社区。

要构建完善的社区卫生服务机构，就要加强农村社区基层医疗机构基础设施建设和人才培养，改善就医条件，完善服务功能。以满足基本需要为原则，考虑增加各级政府新型农村合作医疗管理人员的编制，至少是保证足够数量的专门管理人员，并保证必需的管理经费和设施。对现有的农村合作医疗管理人员进行系统培训，通过面授、技术指导手册、经验推广等多种形式提高其理论水平和管理水平，同时强化中央和省级的技术指导力量，从而促进新型农村合作医疗制度的稳妥实施。提高乡镇卫生院的服务质量和技术水平，条件成熟时以县医院为龙头组建医疗集团，加强县内外医疗机构的纵向业务合作，逐步实现“小病不出乡，大病不出县，疑难重症才到大医院”的目标。

第三节　农村社区养老保险制度

一、我国农村养老保险制度的发展历程

在我国，由于老龄化浪潮汹涌而来，农村养老问题变得日益突出和紧迫，建立和完善农村养老保险制度成为农村社会经济发展的必然要求。我国政府从20世纪80年代中期开始，探索性地建立了农村社会养老保险制度，之后的20多年中，这项制度不断进行创新，大致经历了以下4个阶段。

第一，探索阶段。1986 年，民政部根据国家“七五”计划关于“抓紧研究建立农村社会保险制度，并根据各地经济发展情况，进行试点，逐步实行”的要求，开始在经济发达地区进行农村社会保险工作探索，启动了建立农村社会养老保险制度的工作。

第二，推广阶段。1992 年，民政部制定下发《县级农村社会养老保险基本方案》，确定了以县为基本单位开展农村社会养老保险的原则，农村养老保险工作在各地广泛开展。1992 年 12 月，民政部在张家港市召开了“全国农村养老保险工作会议”，重点总结了江苏省的经验，并向全国各地推广。1995 年《国务院办公厅转发民政部关于进一步做好农村社会养老保险工作的意见》要求积极稳妥推进农村社会养老保险工作，为此，民政部又先后下发了《加强农村社会养老保险基金风险管理的通知》和《县级农村社会养老保险管理规程(试行)》等一系列规范性文件。1997 年 11 月，在山东烟台召开了农村社会养老保险管理工作现场经验交流会。至此，全国有 26 个省政府相继颁发了开展农村社会养老保险工作的地方性法规和文件，将这项事业纳入政府工作的重要内容，有 31 个省、市、自治区的 2 100 多个县不同程度地开展了农村社会养老保险工作，参保农民达到 8 000 多万人。❶

第三，整顿阶段。1998 年，农村社会养老保险由民政部移交给劳动和社会保障部，实行社会保险的统一管理。1999 年，《国务院批转整顿保险业工作小组保险业整顿与改革方案的通知》认为我国农村尚不具备普遍实行社会养老保险的条件，决定对已有的业务实行清理整顿，停止接受新业务，提出有条件的地区向商业保险过渡。

第四，恢复阶段。2002 年 11 月，党的十六大明确提出“在有条件的地方探索建立农村社会养老保险制度”，农村社会养老保险工作进入了一个新的发展阶段。十六大以后，中央逐步加大了解决“三农”问题的力度，十六届三中全会提出了以“五个统筹”为核心的科学发展观，2004—2005 年，更是连续两年以党中央、国务院的名义下发了关于农村问题的第六、第七个一号文件。在这种大背景下，全国各地针对农村社会养老保险制度建设加大了政府支持力度和制度创新力度。

二、我国农村社区养老保险制度现状

在一定意义上，我国初步建立了农村社会养老保险制度。但是，实践中的曲折和低效率也反映了我国农村社会养老保险制度存在许多问题和缺陷。

---

❶ 福建省农村社保模式及其方案研究课题组：《农村社会养老保险制度创新》，经济管理出版社，2004 年版，第 6 页。

1. 社会性差

在包括发达国家和发展中国家的世界有数据可查的131个国家中，至少有129个国家城乡社会养老保险基金的基本来源均是全部由政府拨款或由政府和雇主出大头，受保人出小头。[1] 但我国农村养老保险资金的筹集坚持个人缴费为主、集体补助为辅、国家给予扶持的原则，缺乏社会保障应有的社会性和福利性。国家财政投入少，而许多集体经济由于效益不好又难以拨出专款补偿农民的养老保险，在这种资金筹集模式下，农村养老保险基本上是农民个人在缴费，实际上是农民个人养老保险，不是真正意义上的社会保险。目前的农村养老保险社会性差，没有体现出国家和集体的责任。

2. 发展不平衡

参保基金中个人缴纳部分和集体补助部分受当地经济发展水平影响很大，由于我国地区间经济发展的不平衡，导致我国农村养老保险发展也呈现出不平衡的态势。东部沿海地区具有优越的经济条件所以发展较好，而在中西部地区开展得不尽如人意。当经济状况比较落后，在满足自身生活和子女上学都存在困难的情况下，农民根本就不可能产生对养老保险的需求。因此，全国农村养老保险基金主要来源于几个发达省市，仅江苏、浙江、山东、上海和北京的农村养老保险基金就占全国基金总量的70%以上。[2] 现阶段的农村养老保险成为保富不保贫的保险制度，这不符合建立农村养老保险制度的初衷，不能真正解决农村养老的难题。

3. 管理体制不完善

养老保险的管理工作是一项技术性很强的工作，既包括商业保险的技术难度，又包括依法实施的政策难度，需要高要求的管理水平。但是在现实中，却缺乏专业的人才和严格的管理制度，再加上机构设置的不健全，很难保证在管理上不会出现问题和漏洞，尤其是养老保险基金的管理问题最令人担忧。按照国际通行的做法，社会保险基金应该遵循征缴、管理、使用三分离的原则，三权分立，互相制衡，从而保证养老保险基金的安全性、流动性和收益性。但是农村社会养老保险基金在成立之初由当地的民政部门管理，1998年以后，各地陆续将农村社会养老保险基金移交给劳动与社会保障部门管理，仍旧缺乏真正意义上的具有相对独立性的基金管理机构。

4. 缺乏法律保障

由于没有建立农村养老保险的专门法规，地方政府在制定具体的实施办法

---

[1] 李永成："农村养老保险的困境与解决之道"，载《金融与经济》，2006年第1期。

[2] 推进社会主义新农村建设课题组："农村社会养老保险制度建设的紧迫性、发展现状和政策建议"，载《中国经济时报》，2007年4月13日。

时，难以找到有力的法律依据，大都根据1992年颁布的《县级农村社会基本养老保险基本方案》，再稍作修改。但由于社会状况发生了很大的变化，此法规已经落后于实践，各地方政府只好各自为政，确定暂行办法，大大降低了地方立法的规范性、长期性和稳定性。这种不稳定性也使得农民对于现行制度缺乏足够的信心，参与的积极性受到一定的影响。

三、我国农村社区养老保险制度发展的思路

针对我国农村社区养老保险中存在的问题，要在总结各地成功经验的基础上，充分发挥政府、集体、个人的作用，采取合理有效的措施来完善我国农村社区养老保险制度。

1. 加大政府扶持力度

作为社会保障组成部分的养老保险属于公共产品，政府对它的管理和完善具有不可推卸的责任，具体应表现在制定完善的养老政策并提供财政资金支持上，这样才能体现社会保险的公共性。首先，要从政策上提供条件，支持农民养老保险工作的开展，积极建立社会保障信息网络和社会保险救济网络，为促进农民养老保险向社会转化提供必要服务；其次，创新农村养老保险模式和体制，要进一步明确各级政府的职责，加大政府的财政支持力度，多渠道筹集资金，还可将土地补偿费、使用费等土地利润与农村税收中的部分资金纳入农村社会保障基金中，在一定程度上分担农村养老保险的风险；再次，努力加快社区建设，要大力发展农村社会事业，优化社区养老机制，使农村老人的生活服务，由家庭“独揽”变为家庭与社区共同承担；最后，重视农村养老保险工作，提高工作的宣传力度，要在社会开展对农村居民养老工作的宣传，使各方面都来关心和支持农村社会养老保险事业。

2. 大力发展县域经济

农村社会养老保险采取的是经济手段，必须具备相应的农村经济基础才能加以实施。农村社会养老保险需要由农民交纳保费和集体补助来实现，保费的积累金额决定到时能领取养老金的数量。因此，养老保险制度的覆盖面及养老水平直接取决于当地经济的发展和农民收入的提高。没有较强的经济实力就难以建立起完善的、持久的和有后劲的农村养老保险制度。从地缘上看，农村养老保险主要是在县域范围内进行，县域经济发展状况如何决定了农村养老保险水平。只有县域经济发展了，集体经济才有足够能力进行补助；只有农民收入提高了，农民才能有能力来投保，才能在年老时领到一笔确实能解决养老问题的养老金。所以发展县域经济是推广、繁荣养老保险事业，提高农民养老水平的根本。今后，要把搞活县域经济作为建立健全农村社会养老保险制度的支撑点，用改革的新思路来探索县域经济发展的新体制、新模式，在此基础上培育

和壮大集体经济，大幅增加农民收入，提高农民和农村集体组织参与农村社会养老保险的经济承受能力。

3．科学规范管理体制

目前我国绝大部分地方没有建立起养老保险养老基金的征缴、管理、使用的管理机构，诸多管理权限集中在民政或者劳动与社会保障部门。没有制约的权力必将导致腐败。因此，应当尽快建立和完善各种机构，形成相互制约相互监督的机制。要建立基金内审稽核制度，各级社会保险基金监督部门和行政部门要将农村养老保险基金纳入日常监管业务范围，切实履行监督职责，对基金的使用、投资运营等进行定期检查，对事关基金安全的事项及时进行处理。同时还要加强财政监察、审计监督和社会监督。要采取经济、行政、法律等多种措施，坚决回收违规基金，妥善解决被重组、撤销、破产的金融机构农村养老保险基金的债权清偿问题。

加强社会养老保险的信息管理。建立严密的信息制度，从社会养老保险各个分支经办机构中获取、储存信息，并且在社会养老保险经办机构和其他有关的执行机构中建立有效的信息传递渠道。建立双向信息沟通渠道。农村社区居民需要被告知农村社会养老保险制度的操作的基本原则，以及在该制度中的权利、义务和责任；经办机构的工作人员需要了解和掌握被保险人的最新情况和需要。

4．加快立法进程

在增强农民参保意识的同时，还要加快立法进程，确保农村社会养老保险的合法性。法制化是现代社会保障的一个重要特征。西方各国社会保障制度的制定和实施都是以立法的形式表现出来的，无论是1601年英国制定的《济贫法》、1883年德国俾斯麦政府颁布的《疾病保险法》、1889年颁布的《养老·残疾·死亡保险法》，还是1935年美国制定并实施的《社会保障法案》等，都使得这些国家的社会保障工作走上法制化轨道。法律能够明确农民应享有稳定社会养老金的权益，增加农民投保的积极性，而且也可以保证农村养老保障制度的连续性。

为了保证农村社区养老保险制度正常运行，要尽快以法律形式明确规定诸如农村养老保险制度应遵守的原则、主要内容、管理体制、资金来源、支付标准、基金的运营情况、农村养老保险制度的监督及相关部门的责任等，以便为各项有关具体措施提供法律依据，使我国养老保险制度能够真正实现以法制为依托，以法律为保障。同时，要加强各单项法规的建设，形成一体化的基本养老保险体系，使农村养老保险逐步走上完善的法制化轨道，以维护农民的合法权益，保证农村社会养老保险制度的稳定性与持续性，提高广大农民的信心。各地应根据当地农村经济社会发展的实际情况，在国家制定有关法律的基础上，制定具体的农村社会养老保险办法，为农村社会养老保险事业的顺利进行提供良好的法制环境。

第四节　农村社区最低生活保障制度

一、我国农村最低生活保障制度的发展历程

在提出建立农村最低生活保障制度之前，我国对贫困人口实行的是社会救助。但是社会救助是不定期、非连续性的，而且很多地方并没有按要求严格实施，社会救助一直以来都不是解决农村贫困问题的最优选择。农村最低生活保障制度作为农村社会救助制度改革完善的产物，走过了十几年的探索过程。我国农村居民的最低生活保障工作于 1994 年在山西省阳泉市开始试点，该市当年 6 月颁布实施了《阳泉市农村社会保障试行办法》，其中就包含了建立农村最低生活保障制度的初步设想，规定：县、乡、村根据各自经济发展的不同状况，确定基本保障线，对生活在基本保障线以下的贫困户，以户建档，逐年核定，实行救济，使其生活水平达到基本保障线。

1996 年 1 月，全国民政厅局长会议召开，会议首次明确提出了改革农村社会救济制度，积极探索农村居民最低生活保障制度的任务，并把做好这项工作列入了当年的工作要点。会后，民政部开始在全国部分地区开展农村社会保障体系建设的试点工作，并确定了山东烟台市、河北平泉市、四川彭州市和甘肃永昌县等发达、中等发达和欠发达三种不同类型的农村社会保障体系建设的试点县市。烟台市以政府令形式出台了《农村社会保障暂行规定》，平泉市制定了《农村社会保障制度建设基本方案》，都规定了建立农村居民最低生活保障制度的内容。彭州市更是向全市下发了《关于建立农村最低生活保障制度的通知》，指出建立农村最低生活保障制度是对农村传统救济工作的重大改革，是建立农村社会保障体系的重要措施，并确定彭州市农村最低生活保障标准为每年每人 600 元，要求各乡镇和各部门认真贯彻执行。在农村社会保障制度建设探索中，各试点县市都形成了自己鲜明的特点：如山西阳泉是保障标准有高有低，重在制度建设；山东烟台是各项保障项目齐全，立法力度大；河北平泉是从建章立制起步，做到量力而行，尽力而为。

为了加强对这项工作的指导，1996 年年底，民政部印发了《关于加快农村社会保障体系建设的意见》（以下简称《意见》），制定了《农村社会保障体系建设指导方案》（以下简称《方案》），明确指出，“农村最低生活保障制度是对家庭人均收入低于最低生活保障标准的农村贫困人口按最低生活保障标准进行差额补助的制度”，“保障资金由当地各级财政和村集体分担”，并提出“各地

要积极试点，稳步推进。凡开展农村社会保障体系建设的地方，都应该把建立最低生活保障制度作为重点，即使标准低一点，也要把这项制度建立起来”。[1]《意见》和《方案》的下发，进一步加强了民政部门对各地农村社会保障体系的规范和指导，有力推动了农村最低生活保障制度的进程，试点范围扩大到了全国256个市县，使农村居民最低生活保障制度建设工作在全国迅速开展起来。

“十六大”以来，农村最低生活保障制度的建设明显提速。“十六大”提出：“有条件的地方，探索建立农村养老、医疗和最低生活保障制度。”此后的十六届四中全会和建设社会主义新农村的有关文件也提出了同样的要求。2006年12月召开的中央农村工作会议首次明确提出，“要在全国范围建立农村最低生活保障制度”。在2007年的“两会”上，温家宝总理在《政府工作报告》中明确提出，“今年要在全国范围建立农村最低生活保障制度”，这是加强“三农”工作、构建和谐社会的又一重大举措。

截至2008年年底，已有1 982.2万户、4 305.5万人得到了农村最低生活保障，平均低保标准每月82.3元/人。2008年全年共发放农村最低生活保障资金228.7亿元，人均补差50.4元/月。[2] 农村低保正向应保尽保的目标迈进，农村最低生活保障制度在全国范围内普遍建立。

二、我国农村社区最低生活保障制度现状

农村社区最低生活保障制度为贫困农民的生存和发展提供了“安全网”，自实施以来也取得了初步成效，保障了农村群众的基本生活，维护了农村社会的稳定。但是这项制度毕竟探索的时间不长，再加上各种因素的影响，使得制度在实施过程中暴露出了一些问题。

第一，保障水平较低。一方面，由于我国区域经济发展不平衡，各地区经济发展水平存在较大的差异，因此各地区农村最低生活保障标准也存在较大的差异。东部沿海地区政府财力雄厚、经济实力强，最低生活保障比较完善，保障水平相对会较高一些。而在我国广大中西部地区，受财力限制，最低生活保障的标准相对较低，甚至有的地区由于资金的欠缺，最低生活保障工作还未启动。在全国范围来看，农村社区最低生活保障还没有实现“应保尽保”，覆盖面不高。另一方面，最低生活保障制度的主要保障对象是因病残、年老体弱、

---

[1] 宋士云：《新中国农村社会保障制度结构与变迁（1949—2002）》，中南财经政法大学博士学位论文，2005年版，第99～100页。

[2] 民政部：“2008年民政事业发展统计报告”，载“民政部网站”，http：//cws. mca. gov. cn/article/tjbg/200906/20090600031762. shtml。

丧失劳动能力以及生存条件恶劣等原因造成生活常年困难的农村居民，基本上还是传统的农村救济对象，即农村绝对贫困人口，并没有覆盖到实际生活水平下降而未达到最低生活保障线的相对贫困人口，保障的范围较窄。这种低保障水平使我国农村整体保障效果发挥不充分。

第二，保障对象难以准确界定。从原则上讲，凡年人均收入低于农村最低生活保障线的农村社区居民就是农村社区最低生活保障的救助对象。但在实践中，准确界定保障对象却是最低生活保障工作开展过程中的一个难点。首先，农村居民收入有其自身特点，使得在收入界定上存在一定困难。农村居民的收入以实物为主，难以货币化；农作物受季节、自然气候的影响，以及外出务工的增加，使收入具有不稳定性；具有法定赡养、抚养关系并且在一起共同生活的农村居民，收入难以界定。其次，有关致贫原因的争议。在现实生活中，符合“年人均收入低于农村最低生活保障线的农村居民”这一要求的保障对象的范围广、种类多，由此引出一个享受低保是否考虑其致贫原因的问题。因为超生被罚款造成实际家庭生活困难的人是否列入保障对象？因建房、购置物业失败而导致生活困难的人是否列入保障对象？因吸毒、赌博等违法行为导致贫困的人员是否列入保障对象？……另外，“五保户”与低保户范围的界定政策不明确，农村“五保户”和特困户是否纳入低保范围，全国没有统一的政策和做法。

第三，保障资金严重不足。资金是社会保障运行的物质基础。农村最低生活保障资金严重不足一直是困扰我国农村最低生活保障工作开展的核心问题，不落实保障资金，制度订得再好也难以实施。我国农村最低生活保障资金主要来自基层政府，对于发达地区而言，基层政府可能还承担得起，但对于经济不发达的地区来说，资金供给保障上就显得捉襟见肘了。通常情况下，越是财政紧张的乡镇和村，贫困人口往往越多，分担保障经费的任务就越重，结果就是常常不能落实。再者，随着农业税的取消，乡镇一级的财政也越来越少，落实保障经费的压力越来越大。由于分级负担的资金得不到有效落实，导致了一些地方农村社区最低生活保障工作进展迟缓、陷于停滞，甚至是名存实亡。此外，我国农村社区最低生活保障资金几乎都是由财政投入的，资金支出压力大，尚未建立起以政府财政投入为主、社会多方参与的多元化筹资机制，资金供给渠道单一。

三、我国农村社区最低生活保障制度发展的思路

实践证明，农村社区最低生活保障制度是应对农村贫困问题的最适宜的制度选择，符合当前我国农村发展的实际情况，也顺应经济发展的需要，必须切实加强和完善。

1. 科学确定保障标准，提高保障水平

最低生活保障制度能否发挥其应有的功能，关键在于能否正确地制定最低生活标准。最低生活保障的面有多大，需要的资金有多少，都与保障标准线有关。由于我国的地区发展差距较大，因此对最低生活保障线的划定，应该分为国家标准和地方标准。国家标准是维持农村居民基本生活需要的标准，即国家贫困线。地方标准是各地在国家标准的基础上，根据本地居民的生活水平、物价指数、财政支付能力等情况测量出的标准，确定后的保障线在保持相对稳定的同时也并不是一成不变的，要根据农村社区居民总体收入水平以及物价的变化而适时调整，确保保障标准的科学化。保障标准的确定一般主要考虑四个方面因素：维持农村居民最基本生活的物质需要、当地农村经济的发展水平、地方财政和村集体的承受能力以及物价上涨指数。同时，继续扩大最低生活保障制度的覆盖面，确保落实，尽快将农村社区的贫困人口全部纳入保障的范围，切实保证最低生活消费，真正解决农村社区居民的贫困问题。

2. 合理界定保障对象，规范保障范围

农村社区最低生活保障的对象一般都规定为具有当地常住农业户口，家庭年人均收入低于最低生活保障标准的特困农民。由以上分析可以看出，审定最低生活保障的对象是非常复杂细致的工作，保障对象的收入测算很难完全按章办事，按条条框框统计清楚。因此，在完善收入核算方法的同时，可以采取让村民参与、组建村民评议小组的方式辅助保障对象的识别工作。这种方法既能体现民意，又利于村民互相监督，是一种政府管理与群众自治相结合的工作机制，更加符合以人为本的执政观念。此外，我国目前农村的救助资源和救助对象极为分散，既有实物救助也有资金救助；既有最低生活保障救助，还有五保户救助、临时救助、专项救助等。资源的分散和各自独立的运行导致救助工作管理成本高，操作不规范，随意性大。因此，整合救助资源，规范救助管理，是完善农村社区最低生活保障制度的一个方面。具体来讲，就是将各种救助形式整合为长期的最低生活保障和短期的临时灾害救助，从而统筹安排救助资源、规范救助对象、降低管理成本，为农村社区居民提供更好的服务。而对于享受最低生活保障是否考虑其致贫原因的问题，就我国目前的经济发展水平以及保障资金不充足这一现实条件而言，对保障对象作一些条件性的规定是有必要的。限制性条件能够防止道德风险的发生，确保有限的保障资源应用于真正需要的地方。

3. 有效扩充保障资金，巩固保障基础

农村社区最低生活保障制度能否真正建立的关键问题就是保障资金的筹集问题。作为政府行为的农村社区最低生活保障制度建设，资金的投入应该来源于财政，通过各级政府来筹措。它应该以由中央、省、市、县、乡五级共同承担农村社区最低生活保障资金的筹集机制代替目前以地方为主的资金筹集方式，合理确定分级负担比例，其中中央、省、市高层政府要加大对贫困地区农村保障资金的投入力度。各级政府应把农村社区最低生活保障资金列入财政预算，以确保资金有稳定的来源。但我国农村人口众多、国家财政有限，难以全部负担广大农村低保人口，为确保最低生活保障对象都能享受或领取到足额的保障金，可以通过征收统一的社会保障税、积极增加慈善捐赠等其他社会投入的办法，实现收入分配的调节，解决最低生活保障资金筹集难的问题。在资金管理上，必须实行专项管理，专款专用，严禁挤占挪用，保证资金及时足额落实到人。

阅读延伸材料

绍兴市以农村社区养老模式应对养老难题

近几年来，绍兴市老龄化趋势日益加剧。截至 2008 年年底，全市 60 岁以上老人 71.4 万名，占总人口数的 16.35%，总体呈现出高龄老人多、孤寡老人多、农村老人多的现状，由此带来一系列人口老龄化问题，首当其冲的就是“老有所养”，特别是农村养老问题。目前，我市农村主要以家庭养老为主体，辅之以少量的机构养老，社区养老明显不够。在市委、市政府要求全面推进农村社区建设的背景下，社区养老应该顺时应势，积极跟进。事实上，按照社会化养老的大方向，社区养老是衔接家庭养老和社会养老之间的一种合理过渡，也是解决农村现实养老问题的一种有益补充。首先，农村社区养老有助于解决家庭养老的某些局限性。其次，农村社区养老是社会化养老的必要准备。最后，农村社区养老具备了一定的实施条件。一是市委、市政府先后出台了《关于全面推进农村社区建设的实施意见》、《关于加快推进养老服务体系建设的意见》等政策文件，为农村社区养老的实施提供了必要的政策保障。二是农村社区股份合作制改革的推行，有力地增强了农村集体经济的活力和效益，为社区居民提供了稳定可靠的养老资金。此外，持续多年的“星光老年之家”建设，也为农村社区养老的推行提供了必要的经济基础和物质保障。三是农村社区建设的稳步推进为社区养老的实施创造了有利的社会条件。四是现行的家庭养老为社区养老提供了必要的家庭基础。社区养老是家庭养老的延伸，改进的只是理念和手段，不变的是环境和对象，因而，家庭养老客观上为社区养老提供了广泛的心理基础。

摘选自：李俊：“农村社区养老：社会化养老的必要过渡”，载《绍兴日报》，2009 年 11 月 29 日。

第十三章

农村社区发展

农村社区是一个社会体系，是经济、政治、教育、宗教、福利等多种因素及多种功能的互动体系。农村社区发展就是农村社区居民与政府机关协同改善社区的经济、社会、文化、教育、福利等状况，逐步实现人口、资源和各种生产要素在社区内部的重新合理配置，从而促进农村社区的可持续发展和全面进步。本章主要对农村社区发展的含义、不同类型农村社区发展的动力以及参与式社区发展理论及其在我国农村的应用进行了探讨。

第一节　农村社区发展概述

一、社区发展的历史

社区发展作为社会工作的一部分在西方已有悠久的历史。从 15～16 世纪的社区救助、17～18 世纪的社区组织到 19～20 世纪的社区发展运动，社区发展已经历了上百年的历程。早在欧洲工业革命之后，一些工业国家为了应付当时工业发展所带来的一系列社会问题，在社区内开展了一系列社会工作，尤其对原有的社会福利制度和社会救济制度进行了较大的改革，并越来越多地注重调动社区居民自身的积极性，增强社区居民参与社会工作的主动精神。如德国实行的汉堡福利制度和英国成立的慈善组织协会等。到 20 世纪初期，法国、英国和美国等国出现了一场更具广泛性的“睦邻运动”，其宗旨就是在充分利用社区的人力、物力、财力等资源的基础上，培养社区居民的自治精神和互助精神，动员社区居民参与改造社区生活条件的运动。第一次世界大战期间，美国政府为适应战时的需要，在全国普遍开展了战时服务，社会工作由此得以迅速发展，并引起了社会学家的广泛关注和研究。

1915 年，美国社会学家 F. 法林顿在其著作《社区发展：将小城镇建成更适合生活和经营的地方》中最早使用了社区发展（Community Development）的概念。1928 年，美国社会学家 J. 斯坦纳在其著作《美国社区工作》中，对社区发展略有论述。1939 年，美国社会地理学家 I. T. 桑德斯在《农村社区组织》中，对社区发展的有关问题，进行了较为详细的阐述。

第二次世界大战结束后，许多新兴的发展中国家，尤其是农业国家面临着贫穷、疾病、失业、经济发展缓慢等一系列问题。要解决这些问题，仅仅依靠政府的力量是远远不够的。在这种情况下，一种运用民间资源，发挥社区自助力量的构想应运而生了。1948 年，联合国就明确提出了经济落后地区的经济发展必须与社会进步同步进行。1951 年，以联合国经济社会理事会通过的 390D 号议案为标志，“社区发展运动”的倡议正式发出，并提出通过建立社区福利中心来推动全球经济、社会发展。该议案的主要设想是通过在各基层地方建立社区福利中心来推动经济和社会的发展。后来制定的更为行之有效的“社区发展计划”指出要以乡村社区为单位，由政府有关机构同社区内的民间团体、合作组织、互助组织等通力合作，发动全体居民自发地投身于社区建设事业。1952 年联合国正式成立了“社区组织与社区发展小组”，来具体负责试行推广世界各地的社区发展活动。该小组于 1954 年改为联合国社会局社会发展组。起初，联合国的社区发展计划侧重点在发展中国家，重点在亚、非、拉、美等地区的不发达国家推行社区建设和发展运动，尤其是广大农村地区，意图通过“扶贫性”的开发促进当地的社会进步与发展。1955 年，联合国发表《通过社区发展促进社会进步》(Social Progress Through Community) 的专题报告，指出社区发展的目的是动员和教育社区内居民积极参与社区和国家建设，充分发挥创造性，与政府一起大力改变贫穷落后状况，以促进经济的增长和社会的全面进步。1957 年，联合国又把这项工作推广到发达国家，试图以此来解决发达国家城市化面临的一些社会问题。同年，联合国秘书长在联合国大会上发表了《社区发展的原理与概念》的重要讲话。

进入 20 世纪 70 年代以后，联合国推行的社区发展进入了新阶段，更加注重经济发展与社会全面进步的协调一致，更加注重社区成员对社区建设发展的参与与自我管理。半个世纪以来，联合国沿着两条线路不断完善社区发展事业：一是不断丰富社区发展内容，二是把发展重点放在发展中国家。

目前，社区发展已不再局限于对相对落后的发展中国家的扶贫帮困工作，而是拓展到所有国家的社区工作的各个方面，如社区的经济、政治、文化、教育、卫生、环境、服务、管理等都是社区发展的组成部分，社区发展尤其注重社区居民的积极参与，综合性和全面性是社区发展的趋势。

二、社区发展的含义

社区发展的宗旨是加强国家政府同社区的联系，充分发挥社区成员的积极性，利用社区自身力量和外部资源提高社区的经济社会发展水平，改善社区居民的生活，解决社区存在的社会问题。美国社会学家桑德斯在《社区：一个社区系统讨论》一书中从四个方面揭示了社区发展的内涵，即过程说、方法说、方案说和运动说。我国理论界一般将社区发展理解为一种过程和方法，认为“方案说”和“运动说”都有片面性。“方案说”过分强调社区的物质建设和生产发展，忽视了社区成员的教育；“运动说”只注重以运动的形式来推动社区的发展，而忽视社区发展的可持续性。而将社区发展理解为一种过程和方法则较为妥帖，他认为社区发展是一个动态的过程，反映了社区通过一系列有计划的引导和努力来发动社区力量，从而促进社区进步和居民参与。

徐永祥认为：“所谓社区发展，概指居民、政府和有关的社会组织整合社区资源、发现和解决社区问题、改善社区环境、提高社区社会质量的过程，是塑造社区居民归属感（社区认同感）和共同体意识、加强社区参与、培育互助与自治精神的过程，是增强社区成员凝聚力、建立新型和谐人际关系的过程，也是推动社会全面进步的过程。”[1] 在这一概念基础上形成的社区发展观点包含了社区中的所有事项。

另一种具有代表性的观点是把社区发展等同于基层社区建设，认为中国目前的社区建设是在借鉴国外“社区发展”概念基础上形成的基本概念。[2] 中国当前的社区发展运动始于1996年上海市提出的“社区建设”概念，之后，社区建设渐成全国之势，并从城市走向农村。社区建设与社区发展虽然不是完全等同的概念，但在某种程度上二者的内涵与外延具有很大的包容性。

赵志强认为：“社区发展是一种有方向性的变迁，它指社区的变迁是具有积极性的，是有目标、有计划的、在人为的积极控制和推动下才发生的。因此，我们也可以把社区发展的过程，看作社区中的人们以积极行动改造社区，使之更适合于环境和人们生活愿望的过程。”[3]

白秀雄认为，社区发展是一种工作方式、方法、方案，也是一种运动，同时也是一种过程或复杂的过程。它是以人民为主，政府为辅，并以联系配合为工作方式，全面整体推行，启发与辅助人民，使其自觉、自动、自发，注重人民参与的一种工作。

王思斌认为，农村社区居民生存的基础是耕种土地，或以其他方式直接利用土地而获取生活资料。农村社区发展也就是指农村社区的变迁，包括经济、政治、社会生活以及社区文化的全面变迁（王思斌，2003）。

1960年联合国出版的《经济发展和社区发展》一书中提出：“‘社区发展’

---

[1] 徐永祥：《社区发展论》，华东理工大学出版社，2000年版，第5页。

[2] 梁启东：《社区发展研究报告》，沈阳出版社，2002年版，第1～19页。

[3] 赵志强：“我国农村社区发展及存在的若干问题”，载《广西社会科学》，2002年第4期。

这个词已经变成为一个国际习惯用语，用以指称那种依靠人民自己的努力和政府当局的努力，改善社区的经济、社会和文化状况，并把这些社区整合进国家生活，使其全力以赴地对全国进步作出贡献的过程”，“这个进步的复合体由两个必不可少的元素所组成。人民尽可能依靠自己的首创精神来提高他们的生活水平；政府鼓励首创、自助和互助并富有成效地提供技术的和其他方面的服务”（UN，1962）。

参考以上对社区发展的理解和解释，可以对社区发展作如下概括：社区发展是指社区居民在政府机构的指导和支持下，依靠本社区的力量，整合社区资源、改善社区经济、社会、文化生活状况，解决社区问题，增强居民社区归属感、培育社区参与意识和互助精神，提高社区居民生活水平和促进社会协调发展的过程。

三、农村社区发展的含义及理念

如前所述，世界范围的社区发展最初是在农村，或者准确地说是在城乡结合部的农村首先开展起来的，其目的主要是利用邻近城市的资源和便利条件促进这些农村地区的经济发展，通过社区经济发展带动农村社会进步，让农民也有权共同分享文明社会的进步成果，如社会福利和医疗保障等；同时让这些落后的农村与发达的城区在经济和社会发展上同步，并对整个社会的进步作出贡献。

由此可见，所谓农村社区发展，就是农村社区居民与政府机关协同改善社区的经济、社会、文化、教育、福利等状况，逐步实现人口、资源和各种生产要素在社区内部的重新合理配置，从而促进农村社区的可持续发展和全面进步。[1]

农村社区发展的理念系指农村社区发展的指导思想或宗旨，是农村社区发展本身所应遵循的人文理想和伦理原则。具体地说，农村社区发展的理念有以下 4 点。

第一，社会进步和社会福利的理念。联合国在其关于社区发展的许多著作和文件中，都包含有这样的思想。只有通过社区发展，特别是农村的社区发展，才能缩小城乡差别，实现全国的均衡发展，促进社会的全面进步。社区发展的核心价值理念是社会福利，就是让所有老百姓都过上好日子。

第二，以农民为本的理念。从根本上看，农民是农村社区最重要的利益主体，是社区资源的拥有者、管理者、投入者和受益者，他们绝不能成为被动的发展对象。农村社区发展必须以农民为本，以农村社区为基本单元，充分尊重

---

[1] 马芒：“农村社区发展的特征与功能”，载《中国发展观察》，2005 年第 10 期。

农民意愿，满足农民的现实需要。与此同时，农村社区发展还必须坚持以实现、维护和发展农民群众的根本利益为出发点和落脚点，必须把农民是否受益和满意作为检验农村社区发展成效的重要标准。总之，以农民为本应成为农村社区发展的出发点与根本原则。

第三，农民普遍受益的理念。农村社区发展的目标是有效改善农民的生产、生活条件，解决农民生产生活中最紧迫的各种难题。因此，在农村社区内部就不能有农户受益程度的显著差别，社区发展的受益面应当覆盖社区内所有农户。尤其要特别注意，在农村社区发展中，贫困农户等弱势群体是最需要给予高度关注和切实帮助的，必须特别重视项目实施过程中贫困农户的参与性，认真听取他们的意见，充分考虑他们经济上的承受能力，积极采纳他们的合理建议，确保贫困农户在社区发展中能真正受益。

第四，社区资源整合的理念。农村社区中存在着土地、物产、人力、信息等资源，社区的发展就是借助自有资源不断促使自身进步的过程。调动和整合社区内外一切可利用的潜在资源，使之变成社区发展的现实资源，促进社区在经济、政治、文化和社会福利方面的全面进步，这既是社区发展的价值目标，又是社区发展的价值理念，因为它包含着权利和义务、享受和回报、投入和产出等方面共享共担的观念。所以要根据社区资源状况、产业结构、历史传统等形成合理的资源配置格局，最大限度地整合资源，发挥有限资源的功用。

第二节　我国不同类型的农村社区发展动力

一、我国农村社区发展的三种类型

由于受到市场经济的影响和现代化的冲击，现在许多农村社区不再是一个“守望相助、共同生活”的共同体，许多传统的权威结构、文化价值和道德规范正逐渐散失了其原有的整合力和约束力，社区权威的力量也逐渐削弱，农村社区中缺少了促进社区成员的整合和协调力量，农村社会结构开始从“差序格局”向“原子化格局”发展，农村社区发展也呈现出一盘散沙的无序状态，成为“缺乏社会关联的村庄”[1]。

目前学术界对我国农村社区发展不同道路和模式的研究刚刚起步，而且多数研究过分注重对那些先发展起来的农村社区的社会结构和发展历程的研究，总结和推广其发展经验和模式，而忽视了寻找我国绝大多数农村社区发展仍然

[1] 贺学峰：《新乡土中国——转型期乡村社会调查笔记》，曲阜师范大学出版社，2003年版，第64页。

很缓慢的内部原因及探索适合社区发展的途径和道路的研究。鲁可荣、朱启臻在《新农村建设背景下的后发型农村社区发展动力研究》一文中，恰好弥补了这一领域的研究不足，作者依据农村社区发展的时序和发展程度来重新划分农村社区的类型，将我国的农村社区划分为先发型农村社区、后发型农村社区和滞发型农村社区。❶

（1）先发型农村社区。它是指发展起步较早、发展水平较高、发展阶段领先或超前的农村社区。这些农村社区为了满足社区成员的内在需求，依靠社区集体力量，有效利用和整合社区内外部资源率先发展以乡村工业为主导的非农产业，从而推动社区经济增长和社会发展，如江苏的华西村、天津的大邱庄、河南的南街村等一批在农村改革之初率先发展起来的"明星村"。

（2）后发型农村社区。它是指发展起步较迟、发展水平较低、发展阶段相对落后的农村社区，这些社区仍然以传统农业生产为主，保持着传统农村社区的基本特点，集体经济薄弱，社区发展缺乏后劲，但是社区居民有着强烈的发展欲望，社区逐步打破了传统封闭性，与外界的交流和流动日益频繁，并且开始意识到挖掘社区内部资源，利用后发优势自主促进社区经济、社会文化等方面的发展。目前我国绝大多数村庄都属于后发型农村社区，具有一定的发展潜力但社区经济和社会发展尚处于欠发达状态。

（3）滞发型农村社区。它是指由于面临恶劣的自然环境以及缺乏必要的发展资源致使社区居民仅能维持生存甚至还处于极度贫困、难以维持生存状态的农村社区。这些农村社区经济社会发展长期处于停滞状态，村落无集体经济积累，农民对社区发展失去信心，缺乏社区发展的内在动力，完全依靠外界的援助、扶持，主要包括中西部地区的贫困村。滞发型农村社区由于缺乏可持续发展的环境和条件，政府需要转变发展思路和策略，通过移民搬迁和村庄整合等方式逐步解决其发展问题。

二、先发型农村社区发展的动力

按照朱启臻教授的解释，农村社区发展的动力是：农村社区成员为了满足其不断增长的发展需要，形成社区归属感和共同体意识，本着互助与合作精神，通过社区参与，依靠本社区的力量，有机整合与协调有利于农村社区发展的内外部资源，发现和解决社区问题、改善社区环境、提高社区生活质量，最

❶ 鲁可荣，朱启臻："新农村建设背景下的后发型农村社区发展动力研究"，载《农业经济问题》，2008年第8期。

终促使社区经济、社会文化等方面综合发展的动力系统。[1]

在我国农村改革开放30年的历程中，无论是以集体工业为主的苏南模式，还是以个体经营为主的温州模式，以及远近闻名的华西村、南街村、后石村、长虹村、万丰村等，其发展经验蕴含着一个普遍性的命题，即乡村工业是先发型农村社区发展的动力。华西村农民从根本上打破小农意识，举起了大富、大农业、大天地的旗帜，稳定农业，发展工业，形成了一条农业起家、工业发家、第三产业兴家，一、二、三产业协调发展的现代化发展模式。南街村的发展模式在产业结构上与华西村并无差别，也是一、二、三产业协调并举，无非南街村之工业以农副产品深加工为主，但在管理模式上，南街村的"意识形态立村"，建立"共产主义小社区"的实践则显得非常独特。后石村则创造了"坚持巩固发展集体经济，鼓励支持非集体经济发展，以当地基础条件为出发点，以发展工业企业为契机，通过工业企业的发展壮大带动渔村政治、经济、教育、文化、卫生等事业的综合发展。同时，渔村在土地、水域、劳动力等资源整合的基础上又进一步促进工业企业的发展，摸索出一条"工业企业与渔村融为一体、经济社会和谐发展"的新渔村建设的"后石模式"。[2] 尽管这些农村社区发展工业的路子不尽一致，但其动力都在于发展乡村工业，单一的传统农业无法推动农村社区迈入现代化。

三、后发型农村社区发展的动力

目前，我国绝大多数的农村地区仍然以种植业为主，延续着传统的靠天吃饭的自然经济。尽管青年农民进城打工和一部分农民利用农闲季节外出打工在我国各地农村社区已经较为普遍，并成为农民收入增加的一条主要途径，但长期以来农民收入增长缓慢早已成了不争的事实。加之近几年教育、社会保障等各项改革措施所带来的急剧增加的各种预期消费支出，大大抵消了农民收入的缓慢增长，造成了当前广大农民的有效需求不足，消费水平不高，无法投入资金进行农村社区建设与发展，自然形成了广大农村社区发展长期停滞不前的局面。那么，如何有效地发挥后发型农村社区发展的后发优势并避免后发劣势，怎样整合与协调社区发展的各种因素来促进社区的全面发展？

对此，鲁可荣，朱启臻对此进行了专门研究，认为后发型农村社区发展需要内源发展与外部干预有机互动、相互整合，不仅需要培养和激发社区村民的需求和发展欲望，还要培养社区精英并充分发挥其示范和带动作用，同时要形

---

[1] 鲁可荣，朱启臻："新农村建设背景下的后发型农村社区发展动力研究"，载《农业经济问题》，2008年第8期。

[2] 同春芬，王书明，曲彦斌等著：《和谐渔村》，社会科学文献出版社，2008年版，第5页。

成互助合作的机制，通过广泛的参与形成社区的内聚力和合力。政府的作用关键在于提供有效的制度保障、政策引导和支持，动员社会多方面力量参与农村社区建设，为社区发展动力的形成创造条件。[1] 具体地说，一是要从农村社区发展的实际情况出发，充分发挥农民在社区发展中的主体地位和参与热情。只有从农村社区发展的实际情况出发，充分尊重农民的意愿，调动农民的积极性，才能有效地促进农村经济社会发展。农村社区发展是内发的发展过程。二是要围绕现代农业发展分类培养以农村社区精英为主体的新型农民。新型农民的培养应以农村社区精英为主体。三是要充分整合农村社区资源，加强社区互助与合作，促进农村社区合作组织建设。农村社区合作组织建设一方面要积极引导和支持农民发展各类专业合作经济组织，建立有利于农民合作经济组织发展的政策制度环境；另一方面要培育农村新型社会化服务组织，要鼓励、引导和支持农村发展各种新型的社会化服务组织。同时要充分发挥农村基层党组织的领导核心作用，健全充满活力的村民自治机制，进一步完善村务公开和民主议事制度，让农民群众真正享有知情权、参与权、管理权、监督权，为农村社区发展提供坚强的政治和组织保障。四是要制定和完善有利于农村经济社会发展的各项制度和政策，为农村社区发展提供有效的外部支持及发展干预。政府主导作用发挥的关键在于政府采取什么样的干预方式和策略。恰当的政府干预应该是根据市场经济发展的需要，围绕社区农民发展需要，从各地农村发展的实际情况出发，主动平等地参与到当地农村社区发展的实践中去。政府可以根据市场发展的需要，有效地利用和整合农村社区资源，通过多种方式为社区发展提供公共品，调整社区产业结构，增加农民收入，促进农村经济发展。通过制度性的诱导、政策的保障和资金的扶持动员和整合农村社区资源，将社区发展的外部资源和社区内部的发展驱动力有机地整合起来，最终推动后发型农村社区的发展。

第三节 参与式社区发展理论及其在我国农村的应用

一、参与式发展的理论渊源

参与式发展理论起源于对传统发展模式的反思，成长于对发展中国家援助的国际发展实践中。自 20 世纪五六十年代开始，社区发展运动兴起，一些西

[1] 鲁可荣，朱启臻：“新农村建设背景下的后发型农村社区发展动力研究”，载《农业经济问题》，2008 年第 8 期。

方发达国家在发展援助中采取“社区发展战略”，认为社区发展能否取得成功关键在于来自外部的发展干预，取决于一些接受过高等教育和较多培训的专家或精明能干的政府官员能否去帮助穷人。然而，这种来自社区外部的发展干预并没有很好地推动发展中国家的社区发展。在这种情况下，人们逐渐认识到：其所从事的发展项目应当公开和透明，把发展和机会赋权给目标群体，制衡项目合作伙伴。而鼓励和倡导人民大众参与国际或区域的发展项目是至关重要的，需要促进人们自主地组织起来，分担不同的责任，朝着一致的发展目标努力；发展项目的制定者、计划者及执行者之间形成一种有效的平等的“合作人关系”等。这些都发展和丰富了参与式发展理论。[1] 与此同时，联合国教科文组织在第一个中期计划（1977—1982 年）中提出了内源式发展（endogenous development）理论，并在第二个中期计划（1984—1989 年）中将其作为向发展中国家广泛推广的发展模式。所谓内源发展是“以人为中心的内源发展”的简单说法。“内源式发展”是指“在形式上，发展应该是从内部产生的；在目的上，发展应该是为人服务的”（联合国教科文组织，1988）。从本质上说，“内源式发展”的目标首先是为了满足人民的真正需要和愿望，确保他们自身的充分发展，同时，一个社会的发展应该是从其内部产生的，只有按照自己的方式，协调好人与自然、人与社会、人与文化等之间的关系，才能实现自然、社会、文化等方面的可持续发展。[2] “内源式发展”的精神实质在于，充分挖掘、动员“本土资源”。它不否认“外力”在某种条件下的重大作用，但更坚信所有的发展最终都必须是从各自社会内部中创发出来的，而不是简单地从外部移植过来的。毫无疑问，“内源式发展”为参与式发展理论注入了新的内涵。

到了 20 世纪 70 年代末和 80 年代，发展政策制定者和计划者开始对援助对象的政治参与和设计发展策略进行讨论。通过政治参与和设计发展战略，让穷人能够更直接地参与到发展过程中去。这种努力一方面使参与式发展方向成为国际发展领域中创新性的理论与实践方面的突破。另一方面是为了促进一个根本性的转移，包括从态度上和方法上，打碎数十年的纯粹自上而下的、非参与式的方法和实践。由于认识到非参与式发展途径所造成的问题，自 20 世纪 90 年代初，许多发展援助机构把它们的重点和资源放在了促进参与式发展上。参与式发展方式开始成为发展的主流，一些主要的援助机构如世界银行等开始将其援助重心和发展重点向促进参与式发展方向实行全面转移，参与式发展方式在全世界范围内真正蓬勃兴旺起来。

---

[1] 叶敬忠，王伊欢：“对农村发展的几点思考”，载《农业经济问题》，2001 年第 10 期。

[2] 鲁可荣，朱启臻：“新农村建设背景下的后发型农村社区发展动力研究”，载《农业经济问题》，2008 年第 8 期。

二、参与式社区发展的含义

如前所述，参与式发展理论是作为对以现代化理论为代表的传统发展理论的反思与批判的面目出现的。与现代化理论相比，参与式发展理论是一种微观的发展理论，它强调尊重差异、平等协商，即在外来者的协助下，通过社区成员的广泛参与，实现社区的可持续的、有效益的发展，使社区成员能够共享发展的成果。❶

参与式发展理论认为，在社区发展中外部的支持虽然重要，然而通常当地人也有能力来认识和解决自己的问题，发展的一个重要过程就是要强化和提高当地人自我发展的能力。因此，参与式发展要促进人们自觉地组织起来，参与到发展过程中来，共同实现发展目标（叶敬忠等，2005）。参与式发展的思想核心强调发展过程的主体是积极、主动的人，只有人的发展在项目实施过程中得到强化，这种发展才是可持续的、有效益的发展。

“参与式”的概念在理论上包括三个层次的含义。第一，对弱势群体赋权(Empowerment)，弱势群体在发展决策中的参与以及最终在变革社会结构的过程中发挥作用，这主要是政治学的视角；第二，社会学则强调社会变迁中各个角色的互动，以此引导社会角色在发展进程中的平等参与；第三，经济学家以及发展援助的管理者则是更多地从干预的效率这个方面来认同“参与”的概念。❷ 归纳起来说，自从20世纪70年代以来，“参与”的概念逐步演化成了相对丰富的参与式发展的理论，该理论体系主要包含以下几个方面的内容：①“参与”意味着发展对象在发展过程中的决策作用，他们不仅执行发展的活动，同时他们作为受益方也参与了监测与评价，这一思路引申出了参与式计划监测与评价体系；②“参与”主要是指在特定社会状况下发展的受益群体对资源的控制及对制度的影响；③“参与”是政治经济权利向有利于社会弱势群体进行调整的过程；④“参与”意味着在社会中构建社会角色相互平等的伙伴关系(Partnership)。伙伴关系不仅意味着磋商，而且意味着社会角色的基本愿望和知识系统都能得到充分的尊重。❸ 而发展则意味着经济、社会、政治、立法、人力、知识、资源、环境等各领域的全面进步，发展要求的是各领域的协调发展，它不但包括经济增长和经济发展，而且还包括社会稳定、民主参与、社会平等、文化的发展、授权、分权化、能力建设、创新、乡土知识（Indigenous

---

❶ 李小云主编：《谁是发展的主体》，中国农业出版社，1999年版，第23页。

❷ 陈建平：“从常规到参与式农村发展中的角色转换问题探析”，载《南方论丛》，2006年第1期。

❸ 李小云：《参与式发展概论：理论—方法—工具》，中国农业大学出版社，2001年版，第12页。

Knowledge）及生态环境的改善等方面。[1] 发展一方面是区域（社区）内特定的阶层、人群、团体和个体（“局内人”，Insiders）对社区的环境、资源、社会结构、文化和价值观进行认知、评价和分析，通过学习提高自身知识和能力、改变行为和态度进而自觉参与发展行动的过程。另一方面，也是社区系统以外的机构、群体（“外来者”，Outsiders）对其发展进程启动、辅助、推动和通过推荐合理的方案、方法进行干预的过程。从后者的视角看，社区内的群众和团体是外来干预的“受体”或外来援助的“受益者”。[2] 一个成功的项目往往是在当地人充分参与的基础上，外来者与当地人智慧融合的产物。

总之，参与式发展可以被定义为在决策过程中人民自愿的民主介入，包括：确立总目标、确定发展决策、计划、实施及评估经济和发展计划；为发展努力作贡献；分享发展利益。

参与式发展基本原则是：建立伙伴关系；尊重乡土知识、群众的技术和技能；重视项目的过程，而不仅仅只看重结果。它的思想核心在于：强调发展过程的主体是积极、主动的人，只有人的发展在项目实施过程中得到强化，这种发展才是可持续的、有效益的发展。

我们可以从以下四个方面理解参与式发展：

第一，参与式是人们相互间的一种自愿贡献；

第二，在农村发展中，参与式就是让人民自主参与项目的决策、实施、利益分配及监督和评估；

第三，社区的参与意味着社区人们有权力和责任参与揭示自身的问题，指出自身的需要，评估自身的资源，并找出解决问题的方法；

第四，参与式就是通过组织起来，通过自身的努力，形成有效的控制和创造；强调当地人的参与，由外来者协调和帮助，促进当地人进行调查和分析，分享调查和分析的结果，达到使当地人自我分析、作出计划和采取相应的行动。

参与的基本要素：共同的利益，平等合作，通过共同学习，共同决策所有活动，发起者与参与者达成共识，共同承担责任。

参与式发展的思想核心就在于：强调了发展过程的主体是积极、主动的人，只有人的发展在项目实施过程中得到强化，这种发展才是可持续的、有效益的发展。

---

[1] 叶敬忠，刘晓均：“现代发展的内涵及其在国际发展项口中的应用”，载《农业经济问题》，2000 年第 11 期。

[2] 李小云：《参与式发展概论：理论—方法—工具》，中国农业大学出版社，2001 年版，第 86 页。

由此可见，参与式社区发展就试图通过某些操作手段来协调外来干预和社区内部潜在的运行机制。所以“参与式”不仅提供了关于社区中的居民，包括不同年龄、民族和性别的人们是如何认识他（她）们的生活状况的灵活多样的操作手段，而且试图通过具体操作手段的运用来理解、确认社区人口的复杂、多样的现实需求，并与社区居民共同确认发展项目的主体活动及项目实施的组织原则。实际上“参与式”还希望通过将项目专家的角色由指挥者“降为”发展辅助者，来实现调动社区文化的积极作用及建立社区项目有效运作机制的目的。

三、参与式发展在我国农村的应用

20 世纪 90 年代，参与式发展的理论和实践被引入我国，目前以反贫困或公益如自然保护、生态恢复等项目为多。项目也逐步扩大，从农业、林业发展到农村能源、卫生保健、妇女、供水、教育等领域，从纯粹的自然保护拓展到生产与保护相结合，从单目标扩展到综合发展，从农村项目向小城镇发展项目扩展。[1] 据初步估计，到目前为止，在国内的国际发展项目中，大约一半的农村发展项目采用了参与式的理论和方法，近两年启动的农村发展项目几乎都采用了参与式理论和方法，其科学性和可操作性已经被越来越多的从事农业研究和农村综合开发项目的人员所接受。在此重点介绍三种参与式发展在我国的应用。

1. 以教育为主导的参与式发展

2003 年 7 月，在河北定州翟城村，也就是晏阳初等人当年进行乡村建设试验的地方，新乡村建设的领军人物温铁军，与翟城村村民委员会一起，集资建造了中国第一个“乡村建设学院”。免费对农民进行职业技术等培训，让农民来建设本乡本土，自己解决剩余劳动力，寻求发展。学校的课程设置分为培训、研究和推广三部分，并时刻关注农民的需要。其目标是：培养具有独立、奉献精神和创新、创造能力的各种乡村建设综合人才，作为桥梁及乡村发展的种子，将现代意识和科学精神引入农村。乡村建设学院体现改良取向的新乡村建设，秉持以人为本的基本原则，强调的基本宗旨是“人民生计、社会和谐、文化多元”。具体工作方针有以下 5 个：一是教育。建设即教育，教育即建设，乡土社会需要的平民教育这条主线要贯穿在各地农村试验区的工作中；二是试验。要以科学试验的态度去做好基层工作，有“报忧得忧”的思想准备，并随时对项目和思路进行检讨和修正；三是辅导。农民骨干是乡村建设工作的主体，从外面进入的志愿者要始终处于辅导的地位；四是综合。乡村建设要求整

---

[1] 李小云主编：《谁是发展的主体》，中国农业出版社，1999 年版，第 35 页。

体推进，政治、经济、社会、文化、卫生、科技、教育等方面应该循序渐进；五是组织。组织创新是当前一个时期内乡村建设的工作重心，是保证乡村建设其他工作的有效性和持久性的基础。开展农村试验区建设首先在于建立农民的自我教育组织和经济合作组织；或由教育组织来推动和完善经济合作组织。现在，翟城村村民不仅从学习中得到了实惠，培养了自己的自信心，并且使得翟城村的乡村建设经验得以在全国推广。

2. 以扶贫开发为主要内容的参与式发展

中国香港乐施会从 1992 年年初到内地，已经过去 10 多年了。主要在云南、贵州等地开展农村扶贫、技术推广工作和基础设施建设。乐施会始终把以赋权为核心的参与性作为社区发展的最基本手法。它认为村民是解决社区贫困的主体，机构只是社区发展的协作者。以社区为主体的发展，才是有生命力的发展，包办代替的发展是不可持续的。云南大理州剑川彝族白族自治县是乐施会在云南的一个项目点，乐施会在做象图乡的项目时，建立了一个不同于村民委员会、村民小组的社区发展委员会（简称 CO），强调由村民自己来管理自己。在引水工程、学校等项目中，CO 保障所有人都知道要讨论什么，要做什么，和自己有什么关系；讨论过程中，大家有没有充分发表意见，决定的时候，有没有他的一票。通过这种机制，村民们对于建设自己家园的积极性大增，社区组织生根发芽，社区精神也在近乎废墟的地方崛起。❶

1996 年，新西兰政府无偿援助云南中甸高海拔地区农村综合整治，此项目从一开始的设计也充分利用了参与性方法来解决农村发展的问题，并取得了预期的效果。具体来说，他们主要遵循了两个基本原则：① 每个人，无论是否受过教育，都具有自己特殊的知识和技能，这些知识和技能都应该受到尊重和得到充分应用；② 对解决实际问题来说，外部的支持固然很重要，但当地人在一般情况下更有发言权，同时他们也有能力去认识和解决他们所面对的问题。从这个意义上说，发展的过程是增强和提高当地人自我发展能力的过程。可以说，“参与式社区发展项目的确认与操作的核心是：发展的动力来自发展主体内部认同的有效、合理和公平的制度安排与资源投入”。❷

3. 以重建社区凝聚力为目的的参与式发展

家庭式生产经营方式造成了农民对于社区的长期脱离状态，没有形成对社区成员的认同和归属感即社区的精神依赖，农民缺乏社区归属感。1997—2000 年，北京零点调查公司选择了一个位于北京市北郊的一个较小规模的社区（以下简称 A 区）作为实验区，探索了以何种方式可以有效地促进社区内本地居

---

❶ 刘潜：“我国农村社区发展建设的几点思考”，载《北京理工大学学报》，2005 年第 5 期。

❷ 林志斌：“关于‘参与’式农村社区发展问题的讨论”，载《科技导报》，1998 年第 9 期。

民和外来人口之间社区关系的协调和融合。在A区内，本地村民约占社区居民的2/3，虽已不种地，但其农转非的手续还未办完，主要靠租房给外来人员维持生活。调查人员发现，该村的村民不仅与外来人员的关系冷漠，就是原住村民之间也逐渐生疏了，社区成员之间缺乏起码的交往信任。为了重建社区凝聚力，有一个真正意义上的社区公共空间，调查人员通过调查、走访、了解各方面的情况，随后针对调查信息，举办了各种活动，如举办社区儿童乐园、组织妇女参加体检，特别是前后举办了15期的社区自己的简报——《彩虹》，直接推动了社区成员之间的互动，使社区成员能够在一起围绕不同的主题形成讨论，并在此基础上采取了共同行动。“当前中国社区中社区凝聚力的涣散（不管是农村还是城市），在很大程度上被人们看做是影响中国社区自治进步的直接障碍。”[1] 零点调查公司通过这项由社区外部研究者和社区成员共同展开的边缘社区公共空间的建设行动表明，建立包括人的充分参与的社区公共空间，在社区成员之间建立起沟通，有利于增强社区成员认同性的团结，重建社区凝聚力。这对于每一个立志于社区建设的人来说，无疑有着很好的借鉴作用。可以明确的是，虽然每个社区根据自己的实际情况，选择的建设方法各有特色，但他们在其实施的过程中往往是同时兼顾几个方面。

阅读延伸材料

青海林业资源管理项目及成效

青海林业资源管理项目是中国政府和澳大利亚政府的合作项目，该项目自2002年5月起在青海省实施，为期5年，由隶属于澳发署的新西兰ANZDEC有限公司与Hassall&Associates国际公司协同青海林业局共同实施。澳发署与中方分别对此项目拨款1 230万及900万澳元。该项目主要解决当地环境退化和贫穷之间的联动，而这也是澳发署在中国的开发计划和中国政府关于自然环境及脱贫的方针政策所要优先解决的问题。该项目旨在提高林业管理水平，对青海省的环境可持续性发展和脱贫做出贡献。项目将为提高植被及水土资源的管理水平，进行相关的能力建设，从而造福于当地及湟水河下游地区。

青海林业资源管理项目的工作主要由社会经济调查评估工作、参与式规划、参与式项目实施与监测等内容组成。

项目在农村社区的工作过程，保障了村民最大限度地参与和受益机会，也保障了项目能够使村民获得发展实效。农民获得了发展，发展了替代生计，项

[1] 刘潜：“我国农村社区发展建设的几点思考”，载《北京理工大学学报》，2005年第5期。

目区的生态环境能够获得生息恢复的机会。村民在参与式的管理中，开始关注生态环境和村内的自然资源管理，发展管理自然资源的知识和技能，使生态环境恢复获得了真正的管理基础。

项目实施两年来，青海林业局局长李三旦这样评价道：项目区的人们对项目的热情随处可见，项目的成功取决于当地政府、实施机构及项目区的农户的共同努力，项目为青海省社会经济的可持续性发展提供了借鉴。

摘选自：张雪梅："生态恢复与农村社区发展如何实现双赢"，载《西部论丛》，2004 年第 11 期。

第十四章

农村社区社会工作

随着和谐社会和社会主义新农村建设的开展，社会工作备受重视和关注。农村社区社会工作作为社会工作的重要领域，是社会工作在中国本土化的切入点。它是以农村社区和居民为服务对象，运用社会工作专业技巧解决农村社区问题，服务农村社区居民的社会工作方法和过程。本章根据社会工作的基本知识，结合一些农村社区社会工作探索的经验，回答什么是农村社区社会工作、农村社区社会工作的理论和在我国的实践以及发展方向等问题。

第一节　农村社区社会工作概述

一、什么是农村社区社会工作

“社会工作”是一个被广泛使用的概念，也是一个歧义极多的概念。在国际社会，社会工作往往被称为社会服务（Social Service）或者社会福利服务（Social Welfare Service）等，而在中国，有的学者指出社会工作也有3种不同理解：普通社会工作、行政性社会工作、专业社会工作。在本章中，我们采用国际上专门性的“Social Work”来界定“社会工作”，强调“社会工作是在一定的社会福利制度框架下，根据专业价值观念、运用专业方法帮助有困难的人或群体走出困境的职业活动”。❶

早期的社区社会工作只是协调各种帮助穷人的机构和服务的组织管理工作，如英美等国家的安置所、英国的汤因比馆等；在20世纪初社会工作专业化发展中，社区社会工作作为一种协调机制和发展服务的方法，主要做一些间接地配合性工作；20世纪中叶后，社区社会工作也从一种间接服务走向第一线，成为社会工作的一种基本方法，被广泛运用于发展中国家消除贫困及发达国家解决社会问题的实践中。从社区社会工作和社会工作的关系看，社区社会

---

❶ 王思斌：《社会工作综合能力》，中国社会出版社，2010年版，第2页。

工作是社会工作在社区层面形成的一种专业方法，是社会工作的一部分。与此同时，社区社会工作也是社会工作针对社区需要的一种社会服务，即为社区居民，特别是那些有困难或者陷入困境的家庭和个人输送福利的服务工作。为此，可以把社区社会工作定义为：一种针对社区和居民为服务对象的社会工作方法，它通过组织社区内的居民参与集体行动，帮助他们认清自己的需要和所面临的问题，采取互助合作的方式参与和增能，解决社区问题，改善社区环境，提高生活质量。

对社会工作和社区社会工作的概念的把握，有助于对农村社区社会工作的理解。目前，对于农村社区社会工作的定义有两种倾向，即能力为本倾向与问题为本倾向。

（1）能力为本倾向。张和清认为，农村社区社会工作就是“专业社会工作者”和“现实社会工作者”（政府或准政府农村工作者）的合作，以村庄为基础，持守社会公正、社会关怀和真诚信任的伦理情怀，以重建政府与农民间的信任关系和农民的自信、自尊和权利意识为根本宗旨，通过与村民的同行、广泛参与和增能，倡导政府的社会政策改进或使政策更符合农民的真实需求，减少社会冲突，维护农村社会稳定；通过村民合作组织的发育，达到村民团结互助，以便共同应对市场压力；通过非正规教育和医疗保健等项目的推行，使村民获得与其生活相关的知识，提高他们应对社会变迁的能力；提高对村民提供个人、家庭、小组等直接支持和服务，改善他们的人际关系、提交沟通能力，以适应社区重建的需要，最终通过个人和社区能力的增强而实现可持续发展的目标。[1]

（2）问题为本倾向：农村社区社会工作是以农村社区为依托，运用社会工作的理念、方法、技巧解决农村社区发展中存在的结构性或非结构型问题，以促成社区生态系统的有序进行的过程。张乐天、谭贤伟和相关网站对农村社区社会工作定义都具有这种倾向。

二、农村社区社会工作的特点

农村社区社会工作是相对于城市社区社会工作而言的，作为以农村社区为活动舞台和实践场域的社会工作领域，虽然具有社会工作的共性，也可以借助城市社区社会工作的价值理念与方法技巧等开展工作，但农村社区社会工作也有自身的独特性，有自己的特征。

---

[1] 古学斌，阮增媛琪：《本土中国社会工作的研究、实践与反思》，社会科学文献出版社，2004年版，第393页。

（1）以农村社区为基础。农村社区是指居民以农业生产活动为主要来源的地域性共同体或区域性社会。[1] 以农村社区为基础是农村社区社会工作的首要特征。农村社区社会工作的有效介入与功能发挥，必须以农村社区为基础，依据农村社区的特殊历史环境、文化传统、社区结构等，掌握农村社区居民的思维及行动方式，在此基础上与社会工作的专业理念相结合，发展出一套因地制宜的方法与技术。为此，在进入农村社区时，应该对农村社区的地理位置、人口、经济、政治、文化等情况进行全面分析，并与村民建立良好的信任合作关系。

（2）特殊的服务对象。农村社区社会工作以广大的农村社区居民为服务对象。与城市社区居民相比，农村社区居民自身的特殊性是显而易见的。正是由于这种特殊性，“我们是否应以发展主义的眼光评判农村问题？村民的思想和行为与什么有关？他们在改变的过程中是主动选择、被动适应抑或是从众如流？”等问题常常困扰我们。因此，不能以发展主义的眼光看待农村问题，要尊重农村社区居民的文化和传统，并认定农村社区居民是农村社区发展的主体，他们有能力和策略解决社区问题，在这其中，要提倡社区居民自力更生，充分利用农村社区资源和社会支持网络、挖掘自身潜力，尽可能依靠社区自己的力量解决问题。

（3）方法的系统整合性。农村社区社会工作实务也需要社会工作专业方法的运用和整合。例如，具有丰富农村社区社会工作经验的实务工作者强调系统主义，强调没有偏向性的实践方法，并认为当情况被仔细考虑后再引入干预手段才是合适的。这种取向的农村社区社会工作持守结构功能主义的价值理念，其目标是为了维护社会稳定。

作为社会学的应用领域和社会工作的分支学科，农村社区社会工作也遵循个案工作、小组工作、社区工作等方法，但是由于农村社区社会工作服务对象的特殊性、农村社区的差异性，在开展具体实务时，不是简单地把社会工作三大方法移植到农村社区社会工作实务中，而是要注意各种方法的整合。在价值层面上，要遵循社会工作的价值理念，但也要遵循农村社区居民的思维逻辑和所思所想所愿所为，要处理好“价值中立”和“价值介入”之间的矛盾；在具体操作中，要注意方法得当，工作者不要摆出“专家”的架子，也不要刻意的“矮化”自己，要和农村社区居民“同行”，将专业方法和传统智慧结合起来；在具体的需求评估中，可以运用参与式观察、口述史深度访谈等方法。只有这样，才能满足农村社区居民的需求，解决农村社区问题。

（4）发展的不平衡性。对于我国农村社区来说，存在着明显的发展不平衡

[1] 徐永祥：《社区发展论》，华东理工大学出版社，2008年版，第43页。

性，也造成了农村社区社会工作发展的不平衡性。除了东、中、西部三个地区发展存在差距外，城乡也存在着明显的差别。相对来说，东部地区的农村社区发展的较快而中西部农村社区的发展较慢。同时，就在农村社区内部也存在以耕地为主的农村社区和以渔业为主的渔村等差异。这种发展的不平衡决定了我国农村社区社会工作在理论、方法和技术上不同于西方国家。我国农村社区社会工作发展的不平衡性还表现为不同农村社区的文化差异，因此农村社区社会工作者必须对文化差异性警觉。

三、农村社区社会工作方法

农村社区社会工作的理念和价值观需要通过一定的方法贯彻到实践中，转化为改造农村社区的行动，在长期的实践中，农村社区社会工作形成了许多不同的方法，它们在解决社区问题中发挥了重要作用。

1. 农村社区发展工作模式

专业社会工作介入农村社区发展应该遵循社区社会工作的实务模式。在这其中，美国学者罗夫曼（J. Rothman）所概括的社区发展三个模式即地区发展模式、社会策划模式和社会行动模式具有较大的影响，得到较多的认同。

地区发展模式主要追求建立社区自助能力和社区居民的过程目标，但它强调与解决具体问题的任务目标结合，并以任务目标来促进过程目标的实现。要实现这种目标，采用的方法是强调社区民主参与和互助合作的重要性，建立合作和沟通的渠道，加强居民之间的联络，和谐社区关系，以增强居民对社区的认同感与归属感，使他们在积极的互动中发展自助能力和解决社区问题的能力，从而恢复社区活力。在这一模式中，社区社会工作者的角色是使能者和协调者，而不是“专家”或指导者。他们的主要作用是协调社区各方面团体及不同背景的居民之间的关系，推动社区组织起来协助居民认识自己的需要和社区问题，引导他们建立互助合作的人际关系和社区网络，为他们参与社区事务创造良好的环境。此外，社区工作者也应该承担训练者或教师的角色，向社区居民传授沟通与合作的技巧和参与的方法，培养他们的自助互助精神。[1]

社会策划模式以任务目标为主，着重具体问题的解决。在方法上强调理性的解决问题，“需要专门的计划者透过技术能力的运作，包括操弄大型科层组织，才能引导复杂的变迁过程，并设计各种计划与政策，以有效的方式执行之”。[2] 在实践中，社会策划模式所关心的是那些困扰个人和社区的实际问题的解决，如农村老人的赡养、离家的流浪儿童的预防和保护、家庭暴力的干预

[1] 甘炳光：《社区工作——理论与经验》，香港中文大学出版社，1994年版，第121页。

[2] 苏景辉：《社区工作：理论与实务》，台湾巨流图书公司，1997年版，第39页。

等。因此，它必须对农村社区问题有系统的、全面的了解，分析社区居民的需求，对各种问题进行优先解决次序的选择，然后组织专门力量制订方案、寻找资源，协调各方面的组织和机构，争取政府和居民的支持，最后通过正式组织实施方案，解决问题。在整个社会策划的过程中，社会工作者的角色是专家，他们的意见代表着权威，他们所在的组织是主导力量。

社会行动模式也是一种以任务目标为主的工作模式，其目的是维护处于弱势地位的社区或群体的权利，争取合理的利益。其假设社会问题的产生是因为社会上的不同利益群体之间的利益冲突，弱势群体的利益遭到损害，他们“需要被组织起来、与他人联合，并根据社会正义或民主的理念，对社会提出适当的要求”。[1] 社会行动通常是集体行动，社会工作者在行动中既是组织者，也可以充当代言人。

2. 社会工作方法在农村社区社会工作中的应用

目前，针对农村社区的社会工作内容主要集中在农村社区反贫困和社区服务，在实际操作中还不够专业化，因此，有必要重申社会工作专业方法在农村社区社会工作的重要作用。个案工作、小组工作和社区社会工作同为社会工作三大介入方法，它们之间的区别在于前者以个人为对象，而后者以群体和社区为对象。传统的社会工作者通常把个案工作、小组工作、社区工作奉为三大“法宝”，而不注意方法的整合，造成三大方法的割裂。

而在农村社区中，社区居民所面临的个人问题和社会问题通常无法分开来解决，居民所面临的个人问题往往是社会问题在个人身上的表现。因此，我们不能抛开一定的社会背景来探讨和解决个人的问题，同样也不能无视个人问题而奢望社会问题的解决。特别是随着社会工作理论和方法的成熟，人们认识到早期将这三种方法严格区分的做法，不利于社区居民问题的解决，也限制了社会工作解决问题的能力的发挥。自 20 世纪 70 年代起，形成了三大方法整合运用的发展趋势。在实践中从个人层面、小组层面和社区层面向农村社区居民提供支持和辅导，使他们的问题得到综合解决。

在农村社区社会工作的过程中，运用组织和发展的方法解决社区问题，同样也需要个案工作和小组工作的支持，其运用到社区问题的解决上，不仅加强了农村社区工作解决问题的能力，使社区工作能够提供更多的服务来满足社区在不同层面上的需要；而且也使个案工作和小组工作可以在更广阔的社会空间里发挥作用，扩大了它们的实践领域。这对社会工作的发展和农村社区建设与管理都将起到积极的作用。

---

[1] 苏景辉：《社区工作：理论与实务》，台湾巨流图书公司，1997 年版，第 41 页。

第二节　农村社区社会工作理论及其在我国的实践

一、农村社区社会工作理论

在农村社区社会工作实务中，工作者的经验和悟性固然重要，然而大多数实践过程和工作技巧都建立在一定的理论知识基础之上。采用不同的理论和视角，会导致对社会工作的不同理解，也带来不同的工作效果。目前，关于农村社区社会工作的理论内容大多建立在社会学理论基础上，主要有功能主义、诠释学、批判理论、女性主义、后现代主义等。

功能主义认为社会是具有一定的结构或组织化手段的系统，社会的各部分以有序的方式相互关联，并对社会整体发挥着必要的功能，整体是以平衡的状态存在着，任何部分的变化都会趋于新的平衡。依据功能主义的观点，农村社区社会工作的良性运行必须依靠现代福利系统的支撑，因此农村社区社会工作的发展有利于现代服务体系的建立和完善，促进社会整合，稳定社会秩序。其次，协调社会与个人的关系是农村社区社会工作的基本功能，因此，农村社区社会工作能够最大限度地调节社区居民、群体和社会组织的关系，有利于强化社区居民的社会功能。当然，功能主义理论取向的农村社区社会工作也有局限性，因为它一般固守社区居民的问题本质化和个人化，用专家的姿态来干预社区居民的问题，限制了社区工作者从更广的视野看待社区居民问题，忽视居民自身的改变力量，在实务过程中，社区居民被视为发展的客体；容易忽视社会结构和权力关系的整体分析和寻求，沉迷于技术主义，对此我们应该有足够的警觉。

诠释学传统的开创者韦伯主张通过把握人的行动动机“理解”社会现象的“主观意义”；伽达默尔的“视域融合”理论强调“双向理解”，任何理解都是理解者与被理解者的合作，在这个过程中理解者与被理解者的角度融合，构成了对社会现象的理解；舒茨创建了现象学社会学，给社会工作带来“面向生活世界的社会工作”的方法论基础，关注社会互动过程中“生活世界”的主观意义，提出对意义的理解互为主体性（主体间性）。此外，加芬克尔的常人方法论、哈贝马斯的“强烈价值论和共识真理观”都属于诠释学的内容。[1] 诠释学对农村社区社会工作具有重要的意义。诠释学取向的农村社区社会工作关注如何有效地融入农村社区，要求工作者必须走进社区居民的生活世界，有效地理

---

[1] 张和清：《农村社会工作》，高等教育出版社，2008 年版，第 99 页。

解和评估社区居民的问题和需求，例如在少数民族社区能力建设项目中，我们采用诠释学常用的质性研究方法（深度访谈、参与式观察、口述史等），深入理解社区居民生活世界的意义，熟悉社区的文化传统、风俗习惯、社区网络等，与村民一起工作，最大限度地动员农村社区居民参与项目的发展。诠释学取向也有一些不足之处，它过分注重社会现象主观意义方面，而忽视社会的客观性，不会提供一整套现成的程序式的农村社区工作介入方案，使社区工作者在面临复杂的农村社区问题时容易陷入迷茫和无助，不利于工作的开展。

批判理论以冲突论作为社会本体论的基本假设，在此基础上寻求人性的解放和被压迫群体的社会公正。其对于社会工作的最大影响在于强调个人的困扰与社会结构连接起来，尝试从政治和权利的角度寻求社会变革，期望通过社会行动实现人性的解放。在农村社区社会工作中，批判取向的社会工作者主要扮演弱势群体代言人的角色。例如，通过分析市场化、全球化、发展主义对“三农问题”的影响，社区工作者以农村社区居民的需求为基础，努力改变不合理的权力结构和制度安排，致力于一种公平的环境，使农民的生计困扰得到缓解。但在具体的实践中要注意的是切忌把工作者自身的社会理想和价值观强加在农村社区居民身上。

女性主义属于批判理论的一个重要分支，集中批判两性不平等的权力结构，指向“男权制”及“父权制”。在女性主义社会工作者看来，“父权制”是不平等社会结构的集中表现，也是一切女性受压迫的全部根源。女权主义取向的农村社区社会工作可以从个人、群体、社区和社会政策等方面综合地帮助农村社区妇女。当然，女权主义取向的农村社区社会工作除了具有一般批判理论的局限外，过分突出女权主义，可能打破社区原有的权力格局，导致新的矛盾和冲突，因此，女性主义社会工作者应该注重选择合适的介入策略，才能收到良好的效果。❶

后现代主义于20世纪60年代在欧美兴起，主要通过社会批判，从微观层面去解构现代社会，致力于将人从制度、解构、实践和话语等社会规训中解放出来。其代表人物是福柯、鲍德里亚和利奥塔等，它的许多理论主张都对农村社区社会工作具有借鉴意义。首先后现代主义主张个人与社会关系的多元公正，倡导多维度思考问题，以便重构世界的多样性。重视服务对象的主体性、参与和自我意识的提升。这启示我们应该充分发挥农村社区居民的主体性、想象力和创造力；其次后现代主义重视需求为本的农村社区社会工作介入；再次，后现代主义密切关注边缘群体和弱势群体的生活状况，启示我们应重视社区居民的声音，使他们增权，同时应注意警觉话语霸权。但是我们也需注意后

❶ 张和清：《农村社会工作》，高等教育出版社，2008年版，第107页。

现代主义没有为我们提出一套具有建设性的社区工作介入模式，它在批判的同时却未能建立一套可以取代传统信仰并使人们信服的价值观和操作标准。

二、我国农村社区社会工作的实践

中国古代的赈灾、养老、善举及义诊等救助和优抚措施为农村社区社会工作提供了思想源流；现代农村社区社会工作起源于20世纪上半叶的乡村建设运动，对当代农村社区社会工作有重要的启示和意义。在此将对20世纪上半叶的乡村建设运动和当代专业社会工作在农村社区的实践做简要介绍。

（一）20世纪上半叶乡村社区建设运动

1. 晏阳初的定县平民教育运动

晏阳初（1893—1990），生于四川，第一次世界大战期间在法国工作时有感于“愚、贫、弱、私”是中国人的四大病根。遂于1923年与陶行知、蔡元培等人在北平发起组织中华平民教育促进会并任总干事。他认为中国的问题实际上是农村问题，因此平民教育的核心应该放在农村。为此，他设计了一个工作系统：通过社会、家庭和学校，实行文艺、生计、卫生和公民四大教育系统，提高中国民众特别是农民的知识力、生产力、强健力和团结力。开始在定县进行农村教育的改进实验，并取得了一定成效。该运动因1937年因抗日战争爆发而停顿。晏阳初本人于1943年在哥白尼逝世400周年纪念大会上当选为“世界上为社会贡献最大、影响最广的十大名人”之一。

2. 梁漱溟的乡村建设理论与实践

梁漱溟（1893—1988），生于北京，1931年在山东邹平创办乡村建设研究院。他认为，近代中国社会问题的根本原因是文化失调。中国的现代化必须走改造文化、民族文化自救的道路。要进行民族自救，关键在于乡村建设。乡村建设就是要建设一个既重视伦理关系又能吸收西洋人重团体的长处的组织。在该组织领导下，重建中国文化，走工农结合的道路。他同时认为，乡村建设的核心是乡村组织建设，要对乡约进行改造，通过建立注重伦理和积极向上的新型组织来形成地方自治。

3. 陶行知的教育改造社会运动

陶行知（1891—1946），安徽人。1926年在南京远郊筹建了一所乡村师范学院，也就是晓庄师范学院。它吸收了杜威的实用主义教育理念，提出了自己的“生活教育”理论，认为教育既为改良社会而设，就不能脱离社会孤立的发展，而社会的中心问题就是政治、经济问题。因此，必须从整体上来思考教育、政治和经济的关系。

4. 卢作孚的乡村现代化运动

卢作孚（1893—1952），重庆人。他关于社会发展的思想自成体系，具体概括起来：以乡村建设为基础，以教育为突破口，以经济建设为中心，尽快地实现国家的现代化。他认为中国的根本办法是建设成功一个现代化国家，而国家的现代化必须以乡村现代化为基础。这种思想对解决当代的“三农”问题，建设社会主义新农村依然有很强的借鉴意义。

（二）专业社会工作在农村社区的实践

1956年后，随着计划经济的实行和“单位制”推行，每个人都隶属于一定单位，政府不但成为全部社会资源的占有者，也成为解决各种社会问题的责任人，成为一个全能型的政府。在此情况下，农村社区工作失去了存在的必要性，进入了一个空白期。随之而来的是，尽管长期以来国家和单位也不断地进行扶贫、救助等工作，但是由于“单位人”的限制，忽视了农村社区组织的建设与发展的作用，再加上社会问题过分政治化，以致其作用并不明显，从而积累了大量的社会问题。改革开放后，农村社区社会工作又开创了一些新的领域，主要是对贫困户开展生产扶贫活动，帮助他们发展生产、脱贫致富；兴办农村福利工厂，安置残疾和贫困者就业；兴办农村敬老院等。

20世纪中期以来是农村社区社会工作的探索发展期。目前有三类实践的主体：政府组织、非政府组织（NGO）和高校教育机构。而在高校教育机构的实践中也出现了四种不同的农村社区社会工作实务：工业化派、乡村建设派、发展派和社会工作派。[1] 工业化派认为，“通过工业发展，振兴城市”来推动农村社区社会工作；新乡村建设派又有消灭农民说、改造农民说和农村善治说等不同的做法；发展派主张通过发展主义的思想，发展社区经济来改造农村社区。

而专业社会工作在农村社区的实践是近十年的事情，20世纪80年代末，我国启动社会工作专业教育，随后专业社会工作者深入城市社区开展社会工作的实务，经过十多年的发展，社会工作无论是理论的建构还是城市社区服务都取得了长足的发展，相比之下，专业的农村社区社会工作理论与实务发展都相对滞后。2001年3月，为了探索中国农村社区社会工作的理论和实务模式，回应“三农”问题，香港理工大学应用社会科学系与云南大学社会工作系合作，开始在少数民族村落平寨探索专业农村社会工作的发展模式，推动了名为“探索中国农村社区发展的能力建设模式——以云南为例”的项目。从2007年起张和清等开展“城乡合作、公平贸易”的项目，试图超越宏观与微观社会工作的两极化论争，总结出以能力建设和资产建立为核心的优势视角的农村社会工作实践模式，强调利用社会工作的介入手法和策略，挖掘农村当地社区和民众所拥有的资产和能力，从而使得当地社区和民众成为农村

---

[1] 史铁尔：“农村社会工作实务”，载于《中国社会工作发展报告》（1988—2008），社会科学文献出版社，2008年版，第115页。

发展的真正主体。经过十年的发展，“平寨”项目已经成为我国农村社区社会工作发展的典型。[1] 此外，2002 年湖南长沙民政职业技术学院在湘西凤凰县村落以及其他农村社区所做小规模的项目，并开始设立农村社会工作课程；江西万载县政府从 2007 年大力推广的农村社会工作试点，这也受到中国社会工作教育协会和社会工作协会的赞扬与支持，并逐渐在全国部分地区推广其经验等，这些都推动了农村社区社会工作专业化的发展。

三、当前我国农村社区社会工作面临的问题

由于我国社会工作和农村社区服务起步不久，其职业化和专业化进程面临着许多不容回避的体制、观念、价值定位和人才等方面的问题。概括起来，我国农村社区社会工作面临的问题如下。

第一，政府部门对某些农村社区社会工作事务的包办代替，扮演“仁慈的家长”。目前我国社会工作事业从总体上看还属于“政府主导型”的，这与我们所提倡的建立一个“小政府、大社会”的格局是不相称的。但关键问题在于，某些政府部门包括基层的乡镇政府，因本部门的权力和利益，不愿意放弃计划经济体制下的某些社会职能，故而“以政代社”、“政社不分”，热衷于包办本应由农村社区服务机构或社区工作人员所承担的事务。这不仅降低了政府的工作效率，而且客观上抑制或推迟了面向农村社区的各类社会服务和自组织的培育和成长，阻碍了农村社区工作的社区化和本土化。例如，有些基层政府为了发展经济和博取上级领导对基层政府领导的评价，他们在一些农村社区大搞产业结构调整，虽然政府也有为农民增收、增产的愿望，但是在市场化的浪潮中最终却事与愿违，损害了农民的利益。乡镇政府为了吸引社区居民，带领村支书和村民小组长外出参观，给农民补贴。于是在这样的引导下，村民纷纷改换了种植作物，却因种子、化肥、农药的不断涨价和规模种植后价格波动最终“折本”。在这里，政府过多的干预社区事务，就扮演“仁慈的家长”的角色。

第二，农村社区社会工作专业化程度不高。在我国广大农村社区中，常常有某些准政府的群众性政治团体以及非政府组织以非社会工作的手段涉足社会工作事务。这些准政府的政治团体如工会、妇联、共青团，在计划经济体制下确实做了许多诸如关心和保障儿童妇女权益、帮助贫困家庭等公益性活动，在改革开放的今天也拓展了一些社会服务的领域，如农村社区妇女职业培训等。但他们的行为主要还是政府行政行为的某些有计划的延伸，延续过去思想政治工作模式；非政府组织进入农村社区发展在过去的一段时间内的确给某些农村社区特别是少数民族社区带来了面貌的改观，但是其内容大多数是外源性扶贫

---

[1] 张和清：《农村社会工作》，高等教育出版社，2008 年版，第 248 页。

工作，不重视当地社区居民的参与，例如，对某贫困社区进行问题评估，确定儿童需要教育，就提供资金，盖学校，引进师资，其结果是社区依旧贫困，一段时间后孩子失学率依旧很高。或者是按照国外非政府组织的理念，不符合农村社区的基本情况，甚至有悖于我国政治状况和社会文化制度。这显然不利于农村社区社会工作的开展，影响工作成效。

第三，农村社区服务机构不发达，职业化水平不高。在我国农村社区，社区服务机构主要集中于发达先进地区的社区，在中西部农村社区中农村社区机构远不如发达地区发达。在已经建立的农村社区服务机构中，虽然已经初步具备了社会工作的某些要素，但在职业化和专业化方面还存在较大的差距。此外，我国政府领导层及社会各界对包括社区社会工作在内的社会工作职业的认识不尽一致，科学合理的评价体系尚未建立起来，高素质的人才从事职业化农村社区社会工作的积极性较低，这也造成了农村社区职业化水平较低。

第四，农村社区社会工作存在社区化、本土化问题。目前，对于农村社区社会工作的发展路径有两个极端：管理主义和专业主义。所谓专业主义是指某些社区工作者过分强调专业的地位和作用，将专业技巧作为自己手中的权力来使用，排斥社区居民参与社区事务。有的学者甚至指出社区化等同于去专业化，并与职业化对立起来，这是欠妥的。我国农村社区社会工作起步较晚，社区服务内容较为单一，至今在农村社区还未建立起社区工作工作人员的培养、使用、激励、评价机制。在已有的农村社区服务中，工作人员在服务的过程中最关心的是个案工作、小组工作、社区社会工作是什么，怎样做，怎样运用三大方法帮助社区居民，犯了社会工作专业主义的忌讳，或者宣称行动带来希望，却忽略了社区工作的最大限度关怀社区居民的职责，忘却了社会工作的社会责任——关注民生、服务民众。与此同时，单纯的运用某些先进的理念也未必能够在某社区取得成效，还要与本社区的政治、文化等体制相嵌入。例如，郭伟和对中国本土和运用国外先进的理念下的农村社区社会工作比较，指出体制内外之间的冲突，然后对制度性条件进行的反思，说明了农村社区社会工作的发展思路。[1]

第三节　我国农村社区社会工作的发展方向

一、农村社区社会工作的专业化

社会工作的发展经历了一个由经验性社会救助到专业性社会服务的过程，

---

[1] 郭伟和："体制内演进与体制外发育的冲突——中国农村社会工作的制度性条件反思"，载于《北京科技大学学报》（社会科学版），2007 年第 4 期。

也就是通常所说的社会工作的专业化的过程。[1]农村社区社会工作的专业化是社会工作专业化在农村社区场域中的具体落实和贯彻。它是一个动态的过程，是社会服务不断发展和趋于完善的过程，同时也是一个无止境的过程。这其中有两层意思：一是对农村社区社会工作学科而言，规范化的发展该专业的标准，促进学科发展；二是对农村社区社会工作工作者而言，要加强对农村社区工作者的培养、使用、激励、评价，促进农村社区社会工作职业化的进程。

在过去的很长时间里，社会工作内部对专业进行方法的划分影响了学科的发展，社会工作被分成个案工作、小组工作、社区工作以及社会行政等方法。这些方法也被运用于农村社区社会工作实践中。然而工作者在接受教育训练时主要是对某一种方法的专门训练，使他们成为这一领域的“专才”。这种专门化的训练方法结果造就了一批从事个案工作、小组工作、社区工作、社会工作行政的专家，但在社区服务时，他们往往遇到实际问题的尴尬。因为工作者需要处理不同的问题和社会因素，使用不同的工作方法或者方法间的整合才能真正有效地进行工作和服务。所以在 20 世纪后半期，尤其是 70 年代后，社区社会工作界出现了社会工作方法的整合。农村社区社会工作的专业化依赖于从事农村社区社会工作事业的工作者的职业化，需要他们学习社会工作实践通用的过程模式，并针对某一社区特有的问题和需要，适时的选择社会工作方法，并注意在实践过程中的反思，而不是把社会工作三大方法奉为法宝，割裂方法之间的联系。

同时，农村社区社会工作是一个十分复杂的问题，仅仅依靠社区工作者的自身努力是难以实现的，它需要通过各方的努力来实现：包括政府、学校、非政府组织在这其中都要发挥各自的作用，同时要建立协调机制，建立农村社区工作者和政府、学校、非政府组织四方的合作伙伴关系。他们之间良好的伙伴关系是中国农村社区社会工作专业化的决定性力量。

二、农村社区社会工作的社区化

当今一些相关研究，借鉴发达国家的经验，常常有意无意地将“社区化”与“去专业化”等同起来。在这个说法中，其实已经隐含着价值判断：“社区化”或“去专业化”是“好的”。[2]农村社区社会工作的社区化是指当农村社区工作者达到一定数量的时候，把服务拓展到大量的农村社区中，让农村社区服务成为惠及大众的服务，同时要提升社区服务的质量，以求农村社区工作更好地发挥作用和专业发展的过程。农村社区社会工作的社区化要建立在农村社

---

[1] 王思斌：《社会工作导论》，高等教育出版社，2004 年版，第 240 页。

[2] 唐钧：“从机构化到社区化”，载于《中国社会工作》，2007 年第 3 期。

区社会工作职业化和专业化的基础之上，只有农村社会工作学科发展以及从业人员增加，才能把专业的农村服务普惠到更多的民众。另外，农村社区社会工作的社区化是指以“社区为本”。我们关注农村社区问题的出发点，应该以社区居民的实际需要为根本，强调社区中的“民本意识”。同时，工作者的介入应该以一个实际的农村社区为依托，争取农村社区的支持和合作。它把农村社区社会工作的重点放在社区层面，而不是广大的农村社会或者过于细微的农村社区居民，着力于一种宏观的解决方式，有利于调动农村社区的资源，也符合以社区为联系纽带和经济单位的农村社区生活的实际。

三、农村社区社会工作的本土化

社会工作本土化最早是在1971年联合国第五次国际社会工作培训调查时提出的，其被定义为“将社会工作功能和教育与某个国家的文化、经济和社会现实结合起来的过程。这里所谓的社会工作的本土化是指当社会工作专业进入一个非原生社会时所必须完成的一种转变”。[1] 在将社会工作引入我国农村社区时，实际上要经历两次本土化：社会工作在我国本土化和农村社区社会工作的社区化，从这个意义上讲，农村社区社会工作的社区化也是本土化的过程。

社会工作是一个发端于西方国家的专业性社会服务，其知识体系、价值和伦理都深深囿于西方国家的文化传统中，而农村社区社会体系引入社会工作专业手法，首先面对的一个问题就是来自西方的社会工作专业对农村社区传统、农村社会结构乃至现实制度体系、意识形态等方面的适应问题；同时，在我国农村社区中，存在着较为丰富的助人传统，怎么使外来的助人方法与本土的助人方法嵌入性发展成了需要思考的问题。从现实层面看，这一层次本土化的过程已经初步解决，农村社区社会工作有了发展的空间，如民政部在江西万载进行的农村社会工作实验，并全国范围内推广经验。然而对农村社区工作者来说，本土化的任务还不仅限于适应社区文化，更重要的是在适应的基础上发挥作用。对于社会工作来说，只有在农村社区中发挥作用，才有生存的可能性，只有真正嵌入农村社区的体系中，并在社区中发挥作用才能说完成了本土化的过程。

农村社区社会工作的本土化途径主要有两条：一个是在实践中直接检验外来的社会工作专业模式，在实践中发现外来社会工作模式的不适应问题，以及适应的可能性。这种方式的问题在于直接的实践检验需要较长的时间，可能还会走许多弯路，但是只要从实践中走出来，也就说经过实践检验后，所总结出来的社会工作模式就变成一个已经完成本土化过程的实践模式。目前国内关于

[1] 王思斌：《社会工作导论》，高等教育出版社，2004年版，第242页。

专业农村社区社会工作的实践大多走的这一条道路。本土化的另一种方式是首先在理性层面进行检验。在理性检验的过程中首先要对社会工作知识、技能技巧和价值体系进行梳理，同时还要对社会工作专业所涉及的中国社会结构中的相关领域进行考察，在二者的对比过程中发现双方在相互适应中需要解决的问题，然后制定本土化的策略。

农村社区社会工作的专业化、社区化和本土化是农村社区社会工作的发展方向，其实现过程需要一段较长的时间，也需要有志于农村社区社会工作同仁的共同努力。

阅读延伸材料

社会工作扶危济困的缘起介入农村反人文贫困的契合性

所谓人文贫困，即“人们在寿命、健康、居住、知识、参与、个人安全和环境等方面的基本条件得不到满足，而限制了人的选择”。

社会工作最早起源于西方工业化初期的访贫问苦、慈善救助活动，并随着救助活动的逐渐规范化和制度化，最终发展成为专业化的社会工作。伴随着西方工业革命的发展，一方面，是社会生产力的提高，另一方面，是贫富差距的加大。工业化、城市化加剧了收入分配的两极化，工人、农民等在激烈的竞争中逐渐沦入赤贫者行列，贫困成为影响社会实现公平正义的主要社会问题。为解决贫困等社会问题，一些有激情的宗教人士及社会力量开始介入贫困救助事务的活动，即出现了早期社会工作的萌芽。英国是最早进行工业革命的国家，贫困问题比较突出，济贫事业也最为发达。1601 年《伊丽莎白济贫法》正式承认政府对济贫的责任，建立了初步的救济体系，成为各国现代社会救济事业的开端。其后美国、法国、德国等资本主义国家为解决日益严重的贫困问题，也相继实施了多项有特色的救济制度。

总之，从社会工作的发展历史来看，反贫困贯穿社会工作发展的整部历史，其产生与反贫困紧密联系在一起，二者从起源上看具有共源性。社会工作最初可能是对一些贫困群体的物质救济或施舍，后来逐步发展，突破了扶危济困的传统范畴，致力于改善生活、调整社会关系、推动政策改变、增加机会、提高社会福祉等人文扶困。社会工作的发展史充分体现出其扶贫的专业本质，即使在现代社会，社会工作仍以“消除贫困”为优先目标。

摘选自：东波：“农村人文贫困与社会工作的介入”，载《学术交流》，2010 年第 3 期。

参考文献

1. 张兴杰，游艳玲，谭均乐．农村社区建设与管理研究［M］．广州：华南理工大学出版社，2007
2. 王霄．农村社区建设与管理［M］．北京：中国社会出版社，2008
3. 戚学森．农村社区建设与实务［M］．北京：中国社会出版社，2008
4. 郑传贵．社会资本与农村社区发展——以赣东项村为例［M］．北京：学林出版社，2008
5. 詹成付，王景新．中国农村社区服务体系建设研究［M］．北京：中国社会科学出版社，2008
6. 高春凤．自组织理论下的农村社区发展研究［M］．北京：中国农业大学出版社，2009
7. 潘屹．家园建设：中国农村社区建设模式分析［M］．北京：中国社会出版社，2009
8. 师坚毅．新农村社区建设与管理［M］．北京：中国社会出版社，2010
9. 汪大海等主编．社区管理［M］．北京：中国人民大学出版社，2009
10. 赵勤，周良才主编．社区管理［M］．北京：中国劳动社会保障出版社，2007
11. 吴新叶主编．社区管理学［M］．北京：北京大学出版社，2008
12. 娄成武，孙萍主编．社区管理学（第二版）［M］．北京：高等教育出版社，2006
13. 顾建键主编．现代社区管理概论［M］．上海：上海人民出版社，2007
14. 朱国云主编．社区管理与服务［M］．天津：天津大学出版社，2010
15. 张堃，何玉峰．社区管理概论［M］．上海：上海三联书店，2000
16. 周沛．社区社会工作［M］．北京：社会科学文献出版社，2002
17. 唐忠新．迈向和谐社会的社区服务［M］．北京：中国社会出版社，2005
18. 潘小娟．中国基层社会重构：社区治理研究［M］．北京：中国法制出版社，2004
19. 侯钧生，陈钟林．发达国家与地区社区发展经验［M］．北京：机械工业出版社，2004
20. 于燕燕．社区自治与政府职能转变［M］．北京：中国社会出版社，2005
21. 贾征，刘化杰主编．社区治安与综合治理［M］．北京：中国社会出版社，2005

22. 徐永祥．社区发展论［M］．上海：华东理工大学出版社，2008
23. 古学斌，阮增媛琪．本土中国社会工作的研究、实践与反思［M］．北京：社会科学文献出版社，2004
24. 费孝通．费孝通文集（第五卷）［M］．北京：群言出版社，1998
25. ［美］R. E. 帕克，E. W. 伯吉斯等著，宋峻岭等译．城市社会学［M］．北京：华夏出版社，1987
26. 于显洋．社区概论［M］．北京：中国人民大学出版社，2006
27. 斐迪南·滕尼斯．共同体与社会［M］．北京：商务印书馆，1999
28. 王育山，刘继同．中国社区建设模式研究［M］．北京：中国社会科学出版社，2004
29. 俞可平．治理与善治［M］．北京：社会科学文献出版社，2000
30. ［英］齐格蒙特·鲍曼，欧阳景根译．共同体［M］．南京：江苏人民出版社，2007
31. 蔡肪．2000年：中国人口问题报告［M］．南京：社会科学文献出版社，2000
32. 奚从清．社区研究——社区建设与社区发展［M］．南京：华夏出版社，1996
33. 刘胜华，刘家彬．土地管理概论［M］．武昌：武汉大学出版社，2005
34. 孙在宏，陈惠明，乔伟峰，吴长彬．土地管理信息系统［M］．南京：科学出版社，2005
35. 陆红生．土地管理学总论［M］．北京：中国农业出版社，2002
36. 刘振华等主编．新编治安管理教程［M］．北京：中国人民公安大学出版社，2007
37. 胡卓萍等．广西农村社会治安问题研究［M］．南宁：广西人民出版社，2006
38. 同春芬，王书明，曲彦斌等．和谐渔村［M］．北京：社会科学文献出版社。
39. 张德江主编．社区服务工作文集［M］．北京：中国社会出版社，1991
40. 福建省农村社保模式及其方案研究课题组．农村社会养老保险制度创新［M］．北京：经济管理出版社，2004
41. 梁启东．社区发展研究报告［M］．沈阳：沈阳出版社，2002
42. 贺雪峰．新乡土中国［M］．南宁：广西师范大学出版社，2003
43. 张兴杰主编．社区管理［M］．广州：华南理工大学出版社，2007
44. 李小云．参与式发展概论：理论—方法—工具［M］．北京：中国农业大学出版社，2001
45. 李小云主编．谁是发展的主体［M］．北京：中国农业出版社，1999

后　　记

改革开放以来，农村社会结构发生了很大变化，大量农民从农业劳动中转移出来从事其他各种职业，农村社区异质性增加，并且出现了阶层分化，形成了不同的阶层。与城市社区相比，农村社区的内在凝聚力更强、生产功能更突出、生态地位更重要。然而，截至目前，国内出版的社区管理著作大多将城市社区作为研究对象，尚没有专门的农村社区管理学的著作。因此，撰写一本系统的关于农村社区管理学的著作非常有意义。

本书在编写中，力求简明、清晰，在吸取管理学、政治学、社会学、经济学等多学科知识营养的同时，立足于广大的农村社区，探讨符合中国农村实际的社区管理体制、机制与模式。同时，国内外各种论著及研究成果，为本书的编著提供了基本资料和参考。我们对各位编著者和出版部门表示诚挚的感谢。对未尽注释，请予见谅。

本书的编写分工是：

第一章：同春芬　刘宗霞

第二章：同春芬　陶顺君

第三章：同春芬　李岩　周艳

第四章：同春芬　左弦

第五章：党晓虹

第六章：宋宁而

第七章：耿爱生

第八章：杨振姣

第九章：王刚　张博

第十章：朱琳　高中亚

第十一章：张秀英　李娟

第十二章：何珊

第十三章：同春芬　韩晓　董黎莉

第十四章：同春芬　闫伟

本书的编写框架和提纲是在反复酝酿和讨论的基础上形成的，东北大学的娄成武教授对本书的编写提出了宝贵的建议。中国海洋大学2007级行政管理专业的硕士研究生对本书的编写付出了艰辛的劳动，何珊、高中亚参加了本书的校对，同时为本书的顺利出版花费了心血，在此表示感谢！

本书的编写得到了中国海洋大学文科处的全力支持，并为本书提供了出版资助，在此表示深深地谢意！

本书的编写和出版得到了知识产权出版社的鼎力帮助，尤其是责任编辑纪萍萍女士的支持，编者表示衷心感谢！

由于我们的水平所限，难免存在许多不足，甚至错误。我们衷心地欢迎同行学者和读者不吝赐教，提出批评，以便日后修改、提高。

编者

2010 年 7 月